Schleuter/Lecaux                    Cours de commerce

# COURS DE COMMERCE
## allemand – français

Dipl.-Hdl. Hans Schleuter

Dipl.-Ing. Jacques Lecaux

Den nachfolgend aufgeführten Firmen danken wir für die Zusendung von Informationsmaterial und Photos:
SOPEXA (Förderungsgemeinschaft für französische Landwirtschaftserzeugnisse), Düsseldorf,
Messe Köln
Informationszentrum KKW, Philippsburg

Für den Gebrauch an Schulen.
© 1988 Cornelsen Verlag Schwann-Girardet, Düsseldorf
Alle Rechte vorbehalten.
Bestellnummer 833459
1. Auflage
Druck  5  4  3  2 / 93  92  91  90
Alle Drucke derselben Auflage sind im Unterricht parallel verwendbar.
Vertrieb: Cornelsen Verlagsgesellschaft, Bielefeld
Redaktionelle Mitarbeit: Monique Boucheron
Satz: Typo Fröhlich, Düsseldorf
Druck: Fürst & Sohn, Berlin
Bindearbeiten: Fritzsche/Ludwig, Berlin
ISBN 3-590-83345-9

# Vorwort

Die Ausübung eines Fremdsprachenberufs in der Wirtschaft und auch die fremdsprachliche Kommunikation an einem kaufmännischen Arbeitsplatz erfordern fremdsprachliche und betriebswirtschaftliche Kenntnisse zugleich. Sowohl didaktische Ansätze im schulischen Bereich als auch Richtlinien der Weiterbildung stellen deshalb die Darstellung betriebswirtschaftlicher Sachverhalte in der Fremdsprache in den Vordergrund.
Dieses Lehrbuch ist daraufhin konzipiert. Es bietet einerseits einen „cours de commerce" und erschließt andererseits systematisch und ausführlich die Fachsprache.
Die elf Hauptkapitel des Buches behandeln in geschlossenen Einheiten wichtige Bereiche aus Landeskunde, Wirtschaftstheorie und betriebswirtschaftlicher Praxis. In den Textteilen der Kapitel wird ausführliches und in der Regel authentisches Material zur Erarbeitung des jeweiligen Themenfeldes in fachsystematischer Gliederung angeboten.
Bei der Erarbeitung der Fachsprache stehen konkrete Kommunikationssituationen sowie Übungen im Vordergrund. Dementsprechend schließen sich an die Texte „Compréhension et commentaires" zur Unterstützung der Durcharbeitung an, und es folgen Übersetzungsübungen in beiden Sprachrichtungen, Diktattexte sowie Übungen zur praktischen Kommunikation. Ein Vokabelverzeichnis schließt jedes Kapitel ab.
Diese wiederkehrenden Bestandteile der Kapitel können im Unterricht vielfältig genutzt und nach der jeweiligen Situation der Lerngruppe methodisch ausgestaltet werden.

# Avant-propos

L'exercice d'une profession commerciale nécessitant la connaissance de langues étrangères demande que l'on connaisse en même temps les langues étrangères et l'économie. Dans cet ouvrage, des données scolaires didactiques et des directives de perfectionnement mettent en avant la présentation du contenu économique en langue étrangère.
Ce manuel est rédigé selon cette conception. D'un côté il offre un «cours de commerce» et de l'autre il donne systématiquement et de façon détaillée les termes techniques.
Les onzes chapitres principaux de ce livre traitent par unités complètes des domaines importants sur la connaissance du pays, la théorie de l'économie et la pratique de la gestion. Des documents authentiques sont reproduits généralement dans les chapitres pour traiter les différents thèmes.
Des situations concrètes de communication et des exercices permettent en premier lieu l'étude du langage technique. Pour soutenir cette étude du langage est prévue une partie «compréhension et commentaires» suivie de traductions dans les deux sens, de dictées et d'exercices pratiques de communication. Un lexique se trouve à la fin de chaque chapitre.
Les différentes parties se retrouvent dans chaque chapitre, elles peuvent être utilisées de façon variée lors des cours et être adaptées méthodiquement à chaque groupe d'élèves.

# Table des Matières

## Généralités sur la France — A

| | | |
|---|---|---|
| 1. | Eléments de géographie physique | 17 |
| 1.1 | Le relief | 18 |
| 1.2 | Le climat | 18 |
| 1.3 | Les fleuves | 18 |
| 2. | La population et l'emploi | 19 |
| 2.1 | L'évolution démographique | 19 |
| 2.2 | La population active | 19 |
| 2.3 | La politique familiale | 20 |
| 3. | L'éducation | 20 |
| 3.1 | L'enseignement primaire | 21 |
| 3.2 | L'enseignement secondaire | 21 |
| 3.2.1 | Les collèges | 21 |
| 3.2.2 | Les lycées | 21 |
| 3.3 | L'enseignement supérieur | 21 |
| 3.3.1 | Les universités | 21 |
| 3.3.2 | Les grandes écoles | 23 |
| 4. | L'information | 23 |
| 4.1 | La presse écrite | 23 |
| 4.1.1 | Les quotidiens | 23 |
| 4.1.2 | Les périodiques | 24 |
| 4.2 | L'audiovisuel | 24 |
| 5. | Exercices | 26 |
| 5.1 | Compréhension et commentaires | 26 |
| 5.2 | Dictée | 26 |
| 5.3 | Traductions | 27 |
| 5.3.1 | Version | 27 |
| 5.3.2 | Thème | 29 |
| 6. | Lexique | 30 |

## Organisation politique et administrative de la France — B

| | | |
|---|---|---|
| 1. | Le pouvoir central | 35 |
| 1.1 | Le Président de la République | 35 |
| 1.2 | Le Gouvernement | 35 |
| 1.3 | Le Parlement | 35 |
| 1.4 | Les organismes de contrôle et de conseil | 36 |

| | | |
|---|---|---|
| 1.4.1 | Le Conseil Constitutionnel | 36 |
| 1.4.2 | Le Conseil d'Etat | 36 |
| 1.4.3 | Le Conseil Economique et Social | 36 |
| 1.4.4 | La Cour des Comptes | 36 |
| 1.4.5 | Le Médiateur | 36 |
| 2. | Le pouvoir local | 36 |
| 2.1 | Les régions | 38 |
| 2.2 | Le département | 40 |
| 2.3 | L'arrondissement | 40 |
| 2.4 | Le canton | 41 |
| 2.5 | Les communes | 41 |
| 3. | Le pouvoir judiciaire | 41 |
| 3.1 | Les juridictions de l'ordre judiciaire | 41 |
| 3.1.1 | Les juridictions civiles | 43 |
| 3.1.1.1 | Les tribunaux de droit commun | 43 |
| 3.1.1.2 | Les tribunaux spécialisés | 43 |
| 3.1.2 | Les juridictions pénales | 44 |
| 3.1.2.1 | Les tribunaux de droit commun | 44 |
| 3.1.2.2 | Les tribunaux spécialisés | 44 |
| 3.2 | Les juridictions de l'ordre administratif | 44 |
| 3.2.1 | Les tribunaux administratifs | 44 |
| 3.2.2 | Le Conseil d'Etat | 44 |
| 4. | Exercices | 45 |
| 4.1 | Compréhension et commentaires | 45 |
| 4.2 | Dictée | 45 |
| 4.3 | Traductions | 46 |
| 4.3.1 | Version | 46 |
| 4.3.2 | Thème | 47 |
| 5. | Lexique | 49 |

# C L'économie de la France

| | | |
|---|---|---|
| 1. | Généralités | 53 |
| 1.1 | Le plan | 53 |
| 1.2 | Le produit intérieur brut | 55 |
| 1.3 | Le budget de l'Etat | 55 |
| 1.4 | Les salaires | 57 |
| 1.4.1 | Le S.M.I.C. | 57 |
| 1.4.2 | Le salaire mensuel | 57 |
| 1.5 | Les échanges avec l'extérieur | 58 |
| 1.6 | L'encadrement du travail | 59 |
| 1.6.1 | Les organisations patronales | 59 |
| 1.6.1.1 | Les syndicats patronaux | 59 |
| 1.6.1.2 | Les Chambres de Commerce et d'Industrie | 60 |
| 1.6.1.3 | Les Chambres d'Agriculture | 60 |
| 1.6.1.4 | Les Chambres de Métiers | 60 |
| 1.6.2 | Les organisations ouvrières | 61 |

| | | |
|---|---|---|
| 2. | Les besoins énergétiques . . . . . . . . . . . . . . . . . . . . . . . . . . . . . . . . . . | 61 |
| 3. | L'agriculture et les industries agro-alimentaires . . . . . . . . . . . . . . . . . . | 63 |
| 3.1 | Caractéristiques de l'agriculture . . . . . . . . . . . . . . . . . . . . . . . . . . . . . | 63 |
| 3.2 | Les produits . . . . . . . . . . . . . . . . . . . . . . . . . . . . . . . . . . . . . . . . . . . | 64 |
| 3.2.1 | Les produits végétaux . . . . . . . . . . . . . . . . . . . . . . . . . . . . . . . . . . . . | 64 |
| 3.2.2 | Les produits animaux . . . . . . . . . . . . . . . . . . . . . . . . . . . . . . . . . . . . | 64 |
| 3.3 | Les industries agro-alimentaires . . . . . . . . . . . . . . . . . . . . . . . . . . . . . | 65 |
| 4. | L'industrie manufacturière . . . . . . . . . . . . . . . . . . . . . . . . . . . . . . . . | 65 |
| 4.1 | Les industries de biens intermédiaires . . . . . . . . . . . . . . . . . . . . . . . . | 66 |
| 4.1.1 | L'industrie des métaux . . . . . . . . . . . . . . . . . . . . . . . . . . . . . . . . . . . | 66 |
| 4.1.1.1 | La sidérurgie . . . . . . . . . . . . . . . . . . . . . . . . . . . . . . . . . . . . . . . . . . | 66 |
| 4.1.1.2 | L'industrie des métaux non ferreux . . . . . . . . . . . . . . . . . . . . . . . . . | 66 |
| 4.1.2 | L'industrie chimique . . . . . . . . . . . . . . . . . . . . . . . . . . . . . . . . . . . . . | 67 |
| 4.1.3 | Autres industries de biens intermédiaires . . . . . . . . . . . . . . . . . . . . . | 67 |
| 4.2 | Les industries de biens d'équipement . . . . . . . . . . . . . . . . . . . . . . . . | 67 |
| 4.2.1 | Les industries de biens d'équipement professionnels . . . . . . . . . . . . | 67 |
| 4.2.1.1 | L'industrie aéronautique et spatiale . . . . . . . . . . . . . . . . . . . . . . . . . | 67 |
| 4.2.1.2 | Les biens d'équipement mécaniques et électriques . . . . . . . . . . . . . | 67 |
| 4.2.1.3 | La robotique . . . . . . . . . . . . . . . . . . . . . . . . . . . . . . . . . . . . . . . . . . | 68 |
| 4.2.2 | Les industries des biens d'équipement ménagers . . . . . . . . . . . . . . . | 68 |
| 4.3 | Le matériel de transport terrestre . . . . . . . . . . . . . . . . . . . . . . . . . . . | 68 |
| 4.3.1 | L'industrie ferroviaire . . . . . . . . . . . . . . . . . . . . . . . . . . . . . . . . . . . . | 68 |
| 4.3.2 | L'industrie automobile . . . . . . . . . . . . . . . . . . . . . . . . . . . . . . . . . . . | 68 |
| 4.3.3 | L'industrie des deux-roues . . . . . . . . . . . . . . . . . . . . . . . . . . . . . . . . | 68 |
| 4.4 | Les industries des biens de consommation courante . . . . . . . . . . . . | 69 |
| 4.4.1 | L'industrie textile . . . . . . . . . . . . . . . . . . . . . . . . . . . . . . . . . . . . . . . | 69 |
| 4.4.2 | L'industrie du vêtement . . . . . . . . . . . . . . . . . . . . . . . . . . . . . . . . . . | 69 |
| 4.4.3 | L'industrie pharmaceutique . . . . . . . . . . . . . . . . . . . . . . . . . . . . . . . | 69 |
| 5. | Les industries de la construction . . . . . . . . . . . . . . . . . . . . . . . . . . . | 69 |
| 5.1 | L'industrie des matériaux de construction . . . . . . . . . . . . . . . . . . . . | 69 |
| 5.2 | Le B.T.P. . . . . . . . . . . . . . . . . . . . . . . . . . . . . . . . . . . . . . . . . . . . . . . | 70 |
| 6. | Exercices . . . . . . . . . . . . . . . . . . . . . . . . . . . . . . . . . . . . . . . . . . . . . | 70 |
| 6.1 | Compréhension et commentaires . . . . . . . . . . . . . . . . . . . . . . . . . . . | 70 |
| 6.2 | Dictée . . . . . . . . . . . . . . . . . . . . . . . . . . . . . . . . . . . . . . . . . . . . . . . . | 71 |
| 6.3 | Traductions . . . . . . . . . . . . . . . . . . . . . . . . . . . . . . . . . . . . . . . . . . . . | 71 |
| 6.3.1 | Version . . . . . . . . . . . . . . . . . . . . . . . . . . . . . . . . . . . . . . . . . . . . . . . | 71 |
| 6.3.2 | Thème . . . . . . . . . . . . . . . . . . . . . . . . . . . . . . . . . . . . . . . . . . . . . . . | 72 |
| 7. | Lexique . . . . . . . . . . . . . . . . . . . . . . . . . . . . . . . . . . . . . . . . . . . . . . . | 75 |

# Notions générales sur le commerce — D

| | | |
|---|---|---|
| 1. | Le commerce et le commerçant . . . . . . . . . . . . . . . . . . . . . . . . . . . . | 82 |
| 2. | Les entreprises commerciales . . . . . . . . . . . . . . . . . . . . . . . . . . . . . . | 83 |
| 2.1 | Les entreprises individuelles . . . . . . . . . . . . . . . . . . . . . . . . . . . . . . . | 84 |
| 2.2 | Les sociétés privées . . . . . . . . . . . . . . . . . . . . . . . . . . . . . . . . . . . . . | 84 |

| | | |
|---|---|---|
| 2.2.1 | La société en nom collectif | 84 |
| 2.2.2 | La société en commandite simple | 84 |
| 2.2.3 | La société à responsabilité limitée | 84 |
| 2.2.4 | La société anonyme | 84 |
| 2.2.5 | La société en commandite par actions | 85 |
| 2.2.6 | Les coopératives | 86 |
| 2.3 | Les entreprises publiques | 87 |
| | | |
| 3. | Les principales branches du commerce | 87 |
| 3.1 | Le négoce | 87 |
| 3.1.1 | Le commerce intérieur | 87 |
| 3.1.1.1 | Le commerce de gros | 87 |
| 3.1.1.2 | Le commerce de détail | 88 |
| 3.1.1.3 | La vente par correspondance | 91 |
| 3.1.1.4 | Le commerce ambulant | 91 |
| 3.1.2 | Le commerce extérieur | 92 |
| 3.1.2.1 | Le commerce d'importation | 92 |
| 3.1.2.2 | Le commerce d'exportation | 92 |
| 3.1.2.3 | Le commerce de transit | 92 |
| 3.2 | Les transports | 92 |
| 3.2.1 | Les transports terrestres | 94 |
| 3.2.1.1 | Les transports par route | 94 |
| 3.2.1.2 | Les transports par chemin de fer | 94 |
| 3.2.2 | Les transports par bateau | 95 |
| 3.2.2.1 | La navigation fluviale | 95 |
| 3.2.2.2 | La navigation maritime | 97 |
| 3.2.3 | Les transports aériens | 98 |
| 3.3 | Les banques | 100 |
| 3.3.1 | L'organisation bancaire | 100 |
| 3.3.2 | Les autorités de tutelle | 100 |
| 3.3.3 | Les services proposés par la banque aux entreprises | 101 |
| 3.3.3.1 | Le compte bancaire | 101 |
| 3.3.3.2 | Les crédits | 101 |
| 3.4 | Les assurances | 107 |
| 3.4.1 | Les secteurs d'assurances | 107 |
| 3.4.2 | Notions générales | 107 |
| 3.4.3 | Les assurances diverses | 108 |
| | | |
| 4. | Les auxiliaires du commerce | 108 |
| 4.1 | Le commissionnaire | 108 |
| 4.2 | Le courtier | 109 |
| 4.3 | Les agents commerciaux | 109 |
| 4.4 | Le représentant V.R.P. (voyageur, représentant, placier) | 110 |
| | | |
| 5. | Exercices | 110 |
| 5.1 | Compréhension et commentaires | 110 |
| 5.2 | Dictée | 111 |
| 5.3 | Traductions | 112 |
| 5.3.1 | Version | 112 |
| 5.3.2 | Thème | 113 |
| 5.4 | Pratique de communication | 113 |
| | | |
| 6. | Lexique | 115 |

# Services des télécommunications    E

| | | |
|---|---|---|
| 1. | Téléphone | 121 |
| 1.1 | Comment téléphoner d'Allemagne Fédérale en France | 121 |
| 1.2 | Comment téléphoner en France | 122 |
| 1.3 | Comment téléphoner de France en R.F.A. | 123 |
| 1.4 | Les communications spéciales | 124 |
| 1.5 | Les services supplémentaires de la commutation électronique | 125 |
| 1.6 | Les télécommunications et l'entreprise | 125 |
| 1.6.1 | Le service télex | 125 |
| 1.6.2 | La télécopie | 125 |
| 1.6.3 | Télétel | 126 |
| 1.6.4 | Visioconférence | 126 |
| 1.6.5 | Audioconférence | 126 |
| 1.6.6 | La réunion-téléphone | 126 |
| 1.6.7 | Répondeurs téléphoniques | 126 |
| 1.6.8 | Le numéro vert | 126 |
| 2. | Au bureau: comment s'exprimer au téléphone | 127 |
| 2.1 | Votre chef est présent | 127 |
| 2.2 | Votre chef est présent, mais il parle justement sur une autre ligne | 127 |
| 2.3 | Votre chef est absent | 128 |
| 2.4 | Monsieur Briand est présent | 128 |
| 2.5 | Monsieur Briand parle sur l'autre ligne | 128 |
| 2.6 | Monsieur Briand est absent | 129 |
| 3. | Exercices | 129 |
| 3.1 | Compréhension et commentaires | 129 |
| 3.2 | Dictée | 130 |
| 3.3 | Traductions | 130 |
| 3.3.1 | Version | 130 |
| 3.3.2 | Thème | 132 |
| 3.4 | Pratique de communication | 132 |
| 4. | Lexique | 133 |

# Travaux préliminaires à une vente    F

| | | |
|---|---|---|
| 1. | Problèmes de la conformité du produit sur le marché extérieur | 135 |
| 2. | Documents commerciaux | 136 |
| 2.1 | Présentation de l'entreprise | 136 |
| 2.2 | Présentation du produit | 139 |
| 2.3 | Les conditions commerciales | 139 |
| 2.4 | Le tarif | 139 |
| 3. | Exercices | 140 |
| 3.1 | Compréhension et commentaires | 140 |

| 3.2 | Dictée | 140 |
| 3.3 | Traductions | 141 |
| 3.3.1 | Version | 141 |
| 3.3.2 | Thème | 142 |
| 3.4 | Pratique de communication | 142 |
| 4. | Lexique | 143 |

# G La demande d'offre

| 1. | La recherche de partenaires commerciaux sur le marché intérieur | 146 |
| 1.1 | Le fichier «fournisseurs» | 147 |
| 1.2 | Le fichier «produits» | 147 |
| 2. | La recherche de partenaires commerciaux sur le marché extérieur | 150 |
| 2.1 | En Allemagne Fédérale | 150 |
| 2.1.1 | La recherche d'acheteurs | 150 |
| 2.1.2 | Les Postes d'Expansion Economiques (PEE) | 150 |
| 2.1.3 | La Chambre Officielle Franco-Allemande de Commerce et d'Industrie (COFACI) | 150 |
| 2.1.4 | La Chambre de Commerce et d'Industrie Française en Allemagne (CCFA) | 152 |
| 2.2 | En France | 152 |
| 2.2.1 | La Bundesstelle für Außenhandelsinformation (BfAI) | 152 |
| 2.2.2 | La Chambre Officielle Franco-Allemande de Commerce et d'Industrie (COFACI) à Paris | 152 |
| 2.2.3 | La Centrale Marketinggesellschaft der deutschen Agrarwirtschaft (CMA) | 154 |
| 3. | La documentation antérieure à la commande | 154 |
| 3.1 | La demande d'offre générale | 154 |
| 3.2 | La demande d'offre spéciale | 154 |
| 3.3 | L'appel d'offre | 154 |
| 4. | Exercices | 154 |
| 4.1 | Compréhension et commentaires | 154 |
| 4.2 | Dictée | 155 |
| 4.3 | Traductions | 156 |
| 4.3.1 | Version | 156 |
| 4.3.2 | Thème | 157 |
| 4.4 | Pratique de communication | 157 |
| 5. | Lexique | 158 |

# H L'offre

| 1. | Qualification de l'offre | 161 |
| 2. | Désignation de la marchandise | 162 |

| | | |
|---|---|---|
| 3. | Le prix | 163 |
| 3.1 | La remise | 163 |
| 3.2 | Le rabais | 163 |
| 3.3 | La ristourne | 163 |
| 3.4 | L'escompte | 164 |
| 3.5 | Réductions sur le poids | 164 |
| 3.6 | La taxe sur la valeur ajoutée (TVA) | 165 |
| 4. | Conditions de livraison | 166 |
| 4.1 | Conditionnement | 166 |
| 4.2 | Emballage | 166 |
| 4.3 | Mode d'emballage | 166 |
| 4.4 | Frais d'emballage | 166 |
| 4.5 | Le marquage | 167 |
| 4.6 | Les frais de transport | 168 |
| 4.7 | Incoterms terrestres 1980 | 170 |
| 4.8 | Incoterms maritimes 1980 | 173 |
| 5. | Délais de livraison | 176 |
| 5.1 | Force majeure | 176 |
| 5.2 | Point de départ | 176 |
| 6. | Conditions de paiement | 176 |
| 6.1 | En commerce intérieur | 176 |
| 6.2 | En commerce international | 177 |
| 7. | Droit | 178 |
| 7.1 | Droit applicable | 178 |
| 7.2 | Règlement des litiges | 178 |
| 8. | Exercices | 179 |
| 8.1 | Compréhension et commentaires | 179 |
| 8.2 | Dictée | 180 |
| 8.3 | Traductions | 180 |
| 8.3.1 | Version | 180 |
| 8.3.2 | Thème | 182 |
| 8.4 | Pratique de communication | 183 |
| 9. | Lexique | 184 |

# Le contrat commercial  I

| | | |
|---|---|---|
| 1. | Le contrat de vente d'après le droit allemand | 189 |
| 2. | Le contrat de vente d'après le droit français | 190 |
| 3. | Les obligations du vendeur et de l'acheteur | 191 |
| 4. | Réserve de propriété | 192 |
| 5. | Les cinq contrats | 193 |
| 5.1 | Le contrat de vente | 194 |
| 5.2 | Le contrat de paiement | 195 |
| 5.3 | Le contrat de transport | 195 |

| | | |
|---|---|---|
| 5.4 | Le contrat d'assurance | 196 |
| 5.5 | Le contrat d'assurance-crédit | 196 |
| 6. | Exercices | 196 |
| 6.1 | Compréhension et commentaires | 196 |
| 6.2 | Dictée | 197 |
| 6.3 | Traductions | 197 |
| 6.3.1 | Version | 197 |
| 6.3.2 | Thème | 198 |
| 6.4 | Pratique de communication | 199 |
| 7. | Lexique | 200 |

## J Les documents concernant le transport et la douane

| | | |
|---|---|---|
| 1. | Les transports terrestres | 203 |
| 1.1 | La lettre de voiture internationale L.V.I. – CMR | 203 |
| 1.2 | La lettre de voiture internationale L.V.I. – CIM | 205 |
| 1.3 | Le bulletin d'expédition | 207 |
| 1.4 | Le bulletin d'expédition colis express CIM–TIEx | 209 |
| 2. | Le transport fluvial | 211 |
| 2.1 | La lettre de voiture fluviale et le connaissement fluvial | 211 |
| 3. | Le transport maritime | 219 |
| 3.1 | Le connaissement | 219 |
| 3.2 | La charte-partie | 222 |
| 4. | Le transport aérien | 222 |
| 4.1 | La lettre de transport aérien (L.T.A.) | 222 |
| 5. | L'assurance de transport | 224 |
| 5.1 | L'assurance pour le transport intérieur | 224 |
| 5.2 | L'assurance maritime | 225 |
| 6. | Les documents d'expédition du transitaire (F.I.A.T.A.) | 227 |
| 6.1 | Attestation de prise en charge F.I.A.T.A. – FCR | 227 |
| 6.2 | Attestation de transport du transitaire F.I.A.T.A. – FCT | 227 |
| 6.3 | Connaissement F.I.A.T.A. négociable pour transports combinés – FBL | 227 |
| 7. | Les documents concernant la douane | 229 |
| 7.1 | Procédure simplifiée de dédouanement pour les marchandises d'une valeur inférieure à 20.000,– F | 229 |
| 7.2 | Procédure de dédouanement pour les marchandises d'une valeur supérieure à 20.000,– F | 232 |
| 8. | Les documents complémentaires | 235 |
| 9. | Exercices | 241 |
| 9.1 | Compréhension et commentaires | 241 |
| 9.2 | Dictée | 241 |
| 9.3 | Traductions | 242 |
| 9.3.1 | Version | 242 |

| | | |
|---|---|---|
| 9.3.2 | Thème | 244 |
| 9.4 | Pratique de communication | 244 |
| 10. | Lexique | 245 |

# Le règlement    K

| | | |
|---|---|---|
| 1. | Le chèque | 249 |
| 1.1 | Définition | 249 |
| 1.2 | Les mentions obligatoires du chèque | 250 |
| 1.3 | Délais de présentation à l'encaissement | 250 |
| 1.4 | Encaissement direct du chèque | 251 |
| 1.5 | Encaissement du chèque par l'intermédiaire d'une autre banque | 251 |
| 1.6 | Les différents types de chèque | 252 |
| 1.6.1 | Le chèque au porteur non-barré | 252 |
| 1.6.2 | Le chèque à ordre | 253 |
| 1.6.3 | Le chèque barré | 253 |
| 1.6.4 | Le chèque de banque | 253 |
| 1.6.5 | L'euro-chèque | 255 |
| 1.6.6 | Le chèque avalisé | 255 |
| 1.6.7 | Le chèque certifié | 255 |
| 1.6.8 | Le chèque visé | 255 |
| 1.6.9 | Autres chèques | 255 |
| 2. | Le virement | 256 |
| 2.1 | Définition | 256 |
| 2.2 | Le document utilisé | 256 |
| 2.3 | Les différents types de virement | 256 |
| 2.3.1 | Le virement international postal | 256 |
| 2.3.1.1 | D'Allemagne vers la France | 257 |
| 2.3.1.2 | De France vers l'Allemagne | 257 |
| 2.3.2 | Le virement international bancaire | 257 |
| 2.3.2.1 | D'Allemagne vers la France | 257 |
| 2.3.2.2 | De France vers l'Allemagne | 257 |
| 2.3.3 | Le virement télex | 258 |
| 2.3.4 | Le virement S.W.I.F.T. | 258 |
| 3. | Les effets de commerce | 261 |
| 3.1 | La lettre de change ou traite simple | 261 |
| 3.1.1 | Définition | 261 |
| 3.1.2 | L'émission de la lettre de change | 261 |
| 3.1.2.1 | Les mentions obligatoires d'une lettre de change | 261 |
| 3.1.2.2 | Acceptation de la lettre de change | 261 |
| 3.1.2.3 | Timbre fiscal | 261 |
| 3.1.2.4 | L'échéance de la lettre de change | 261 |
| 3.1.2.5 | Aval | 263 |
| 3.1.2.6 | Domiciliation | 263 |
| 3.1.3 | L'emploi de la lettre de change | 263 |
| 3.1.4 | La circulation de la lettre de change | 263 |
| 3.1.5 | Difficultés de paiement | 263 |

| | | |
|---|---|---|
| 3.1.6 | La traite dans le commerce extérieur | 265 |
| 3.2 | Le billet à ordre | 265 |
| 3.2.1 | Définition | 265 |
| 3.2.2 | L'émission d'un billet à ordre | 265 |
| 3.2.2.1 | Les mentions obligatoires d'un billet à ordre | 265 |
| 3.2.2.2 | Acceptation | 267 |
| 3.2.2.3 | Usage | 267 |
| 3.3 | Le warrant (voir page 102) | 267 |
| 4. | La remise documentaire | 267 |
| 4.1 | Définition | 267 |
| 4.2 | Les différents types | 267 |
| 4.3 | Le fonctionnement de la remise documentaire | 268 |
| 4.3.1 | Condition de paiement d/p (remise) | 268 |
| 4.3.2 | Condition de paiement d/a (remise) | 268 |
| 5. | Le crédit documentaire | 269 |
| 5.1 | Définition | 269 |
| 5.2 | Le fonctionnement du crédit documentaire | 269 |
| 5.2.1 | Ouverture et notification d'ouverture du crédit documentaire | 269 |
| 5.2.2 | Circuit des documents et des paiements | 270 |
| 5.3 | Les différentes modalités d'utilisation du crédit documentaire | 271 |
| 5.3.1 | Procédure: documents contre paiement d/p (crédit) | 271 |
| 5.3.2 | Procédure: paiement différé d/p (crédit) | 271 |
| 5.3.3 | Procédure: document contre acceptation d/a (crédit) | 272 |
| 5.4 | Les différents types de crédit documentaire | 272 |
| 5.4.1 | Le crédit documentaire révocable et irrévocable | 272 |
| 5.4.2 | Le crédit documentaire transférable | 272 |
| 5.4.3 | Le crédit documentaire revolving | 273 |
| 5.4.4 | Le crédit documentaire back to back | 273 |
| 5.4.5 | Le crédit documentaire red clause | 273 |
| 6. | Le rachat de créances | 273 |
| 6.1 | L'affacturage (le factoring) | 273 |
| 6.1.1 | Définition | 273 |
| 6.1.2 | La technique de l'affacturage | 273 |
| 6.2 | Le forfaitage | 274 |
| 6.2.1 | Définition | 274 |
| 6.2.2 | La technique du forfaitage | 274 |
| 7. | Exercices | 275 |
| 7.1 | Compréhension et commentaires | 275 |
| 7.2 | Dictée | 276 |
| 7.3 | Traductions | 277 |
| 7.3.1 | Version | 277 |
| 7.3.2 | Thème | 278 |
| 7.4 | Pratique de communication | 279 |
| 8. | Lexique | 280 |

# Généralités sur la France

## 1. Eléments de géographie physique

Avec 550.000 km² la superficie de la France métropolitaine est semblable à celles réunies de l'Allemagne Fédérale, du Royaume-Uni, de la Belgique et de la Hollande. Située entre le 42° et le 51° de latitude nord, c'est-à-dire à mi-chemin entre le pôle Nord et l'équateur, elle offre un équilibre naturel remarquable.
La France est entourée de 3.000 km de côtes donnant sur la Mer du Nord, la Manche, l'Océan Atlantique et la Mer Méditerranée et de 2.100 km de frontières terrestres pour la plupart naturelles.
Le contour de la France est relativement régulier et il pourrait être enfermé dans un hexagone, nom que l'on donne souvent à la France. La distance du nord au sud, de l'ouest à l'est est de l'ordre de 950 km.

## 1.1 Le relief

Le relief de la France est varié. On estime que les deux tiers du pays sont couverts de plaines, de plateaux et de collines. Au nord, la plaine qui touche à l'Artois n'est que le prolongement de la grande plaine européenne qui s'étend en Belgique, aux Pays-Bas et en Allemagne. Au sud de cette plaine se succèdent jusqu'aux Pyrénées une suite de bassins sédimentaires dont le plus important est le Bassin Parisien, qui s'étend sur un rayon de 250 km autour de la capitale et couvre ainsi près du quart de la France. Au sud, le Bassin Aquitain couvre 15% du territoire.

Au centre-sud de la France, le Massif Central est une vaste région montagneuse couvrant 90.000 km². Jadis constitué par des chaînes élevées, il a été largement érodé par le temps depuis le primaire. Soulevé de nouveau au tertiaire comme contre-coup du soulèvement alpin, il présente à l'est une chaîne de volcans éteints que l'on appelle la Chaîne des Puys, le point culminant de ce massif est le Puy de Sancy (1.886 m). Le Massif Central est un grand château d'eau.

A l'est on rencontre le Jura, en forme de croissant, formé de calcaire secondaire, au sud-est, les Alpes qui s'étendent sur 15% de la superficie du pays, avec le sommet le plus élevé d'Europe: Le Mont-Blanc (4.807 m). Les Alpes du nord sont traversées par des vallées larges et profondes qui permettent un développement industriel. Les Alpes du sud par contre sont arides et elles ne permettent pas d'exploitation rationnelle.

Entre la France et l'Espagne, les Pyrénées sont d'un accès difficile. Le point culminant des Pyrénées est le Pic de Vignemale (3.298 m).

## 1.2 Le climat

De par sa situation géographique, la France a un climat tempéré, influencé par l'Océan Atlantique et la Mer Méditerranée. L'Océan Atlantique offre une masse d'eau importante qui s'échauffe et se refroidit plus lentement que la terre. Il apporte ainsi un effet régulateur rafraîchissant en été et réchauffant en hiver. On appelle ce climat **le climat océanique.** Il concerne plus de la moitié de la France. Le climat océanique est déterminé par les zones de haute pression des Açores et de la Sibérie et celles de basse pression d'Islande. Selon la position de ces centres, les vents se déplacent ainsi que les perturbations. Les vents d'ouest dominent en France.

Le climat de la région parisienne est à mi-chemin entre le climat océanique et le climat continental. Au fur et à mesure que l'on s'éloigne des côtes et que l'on monte en altitude, le climat montagnard, humide et froid en hiver, frais en été, domine.

L'est de la France et les plaines encastrées entre les montagnes connaissent un **climat continental,** avec des hivers froids et des étés chauds, comme en Alsace, dans la vallée de la Saône et celle du Rhône jusqu'à Montélimar.

Le troisième grand type de climat français est le **climat méditerranéen.** Son effet est accentué par les montagnes du Massif Central et les Alpes, qui empêchent la descente des vents du nord et limitent l'influence des vents d'ouest. Dans le sud de la France il fait chaud en été, l'hiver y est doux, bien que parfois coupé par des vagues de froid. Le climat méditerranéen peut être violent avec des orages et des pluies diluviennes. Le vent du nord, le Mistral, est froid et violent. Il a fallu protéger les cultures de la vallée du Rhône par des coupe-vent se présentant sous la forme d'arbres ou de roseaux.

## 1.3 Les fleuves

La France dispose d'un réseau hydrographique important, mais il se compose de nombreuses rivières et de leurs affluents de dimensions modestes. Le plus grand fleuve français est la Loire, avec 1.020 km, elle est ensablée sur une grande partie de son cours et elle n'est pratiquement navigable que dans son estuaire. Le second fleuve est le Rhône, qui se jette dans la Méditerranée par un delta qui forme la Camargue. Il a un débit important, ce qui a permis de construire sur son cours diverses centrales hydrauliques. Il est navigable. La Seine s'étend sur 775 km, c'est le fleuve français qui joue le rôle économique le plus important car il sert au transport de nombreuses marchandises pour la région parisienne. La Garonne joue un rôle économique réduit, sur son cours, seul le port de Bordeaux connaît encore une certaine activité.

## 2. La population et l'emploi

### 2.1 L'évolution démographique

La population de la France a atteint en 1989 le seuil des 56 millions d'habitants, ce qui représente une densité de population de 100 habitants au km$^2$. Cette densité est relativement faible. Si la France avait une densité de population semblable à celle de la RFA, la population de la France serait de 140 millions d'habitants.
En l'an 2000, la population devrait atteindre 58,6 millions d'habitants et en l'an 2010 soixante millions.
En France l'excédent des naissances sur les décès, appelé excédent naturel, est de l'ordre de 200.000 par an, auquel il faut ajouter un excédent migratoire positif de 14.000 habitants pour l'année 1985. En Allemagne Fédérale, il y avait, en 1984, 112.000 décès de plus que de naissances et le solde migratoire était négatif de 151.000 habitants. Alors que la population de la France a augmenté de 215.000 habitants en 1984, celle de l'Allemagne Fédérale a diminué durant cette même période de 260.000 habitants. Vers la fin du siècle, la population des deux pays devrait être semblable.
La population étrangère s'élève en France à 4,4 millions d'habitants, soit 8% de la population totale de la France. Elle se compose surtout de Portugais, d'Algériens et de Marocains, concentrés dans la région parisienne et la région Rhône-Alpes.

### 2.2 La population active

On appelle population active la somme de la population active occupée, comprenant toutes les personnes ayant un travail, et les chômeurs, c'est-à-dire la «population sans emploi à la recherche d'un emploi».*)
La population active de la France s'élevait, en 1988, à 23,6 millions de personnes, la population active occupée à 21,5 millions. De 1980 à 1985, il y a eu en moyenne 230.000 demandeurs d'emploi de plus par an. Il ne devrait plus y en avoir que 130.000 de 1985 à 1990. En 1984, 67% de la population masculine était active et 45% de la population féminine. Comme dans tous les pays industrialisés, la population active salariée croît alors que les employeurs et les indépendants diminuent. La population active salariée de la France était, en 1984, de 82,6% (RFA 86,8%), contre 62,2% en 1950. La catégorie professionnelle la plus fréquente chez les hommes est celle des ouvriers avec 41% de la population active occupée, chez les femmes celle d'employées, avec 47%.
Depuis une dizaine d'années, l'augmentation de la production française est due essentiellement à une amélioration de la productivité, il n'y a pas eu de créations d'emplois dans son ensemble, si bien que le nombre de chômeurs n'a cessé de croître, pour atteindre, en 1985, 10,3% de la population active totale, soit un taux proche de celui de l'ensemble des pays de la Communauté.
Alors que le pourcentage de la population active du secteur primaire et celui du secteur secondaire décroissent régulièrement, celui du secteur tertiaire croît régulièrement. Le secteur primaire regroupe les activités économiques productrices de matières premières, le secteur secondaire l'ensemble des activités économiques transformant les matières premières en biens productifs ou en biens de consommation. Le secteur tertiaire regroupe les services.

---

[1]) Définition des chômeurs par le Bureau International du travail (BIT).

## Evolution de la population active de la France par branche d'activité, en %

|  | 1977 | 1988 |  |
|---|---|---|---|
| Agriculture, pêche | 9,3 | 7,2 | Secteur primaire |
| Industrie<br>Bâtiment, Génie Civil | 27,2<br>8,6 | 22,5<br>7,4 | Secteur secondaire |
| Commerce<br>Transports, services marchands<br>Assurances, finances<br>Services non marchands | 12,0<br>23,0<br>2,4<br>17,4 | 11,9<br>27,2<br>3,4<br>20,3 | Secteur tertiaire |

Les salariés à temps partiel, «effectuant un travail de façon régulière et volontaire pendant une durée plus courte que la durée normale»[1] représentent 5% de l'ensemble des salariés, et 11% pour les femmes. Ils demeurent surtout le fait du secteur tertiaire.

## 2.3 La politique familiale

Le gouvernement français pratique une **politique familiale** très active en attribuant des aides aux personnes salariées ayant des enfants à charge résidant en France. Parmi ces aides financières il faut citer
- les allocations familiales à partir du second enfant jusqu'à ce qu'il ait atteint l'âge de 16 ou de 20 ans s'il est en apprentissage ou s'il poursuit ses études
- complément familial pour les familles d'au moins trois enfants âgés de plus de trois ans
- l'allocation de logement, qui varie suivant les ressources et le nombre de personnes à charge du foyer
- l'allocation de parent isolé, allocation de soutien familial pour toute personne vivant seule ayant un ou plusieurs enfants à charge.

Il faut signaler d'autre part que le nombre des enfants à charge intervient dans le quotient familial pour déterminer le montant des impôts directs à payer sur le revenu.
Malgré l'importance de cette politique familiale, le pourcentage des personnes âgées dans la population totale ne cesse de croître. Au début de l'année 1985, il y avait 29,1% de la population qui était âgée de moins de 20 ans et 12,8% de la population âgée de 65 ans et plus. Le taux de vie maximale était estimé en France en 1985 à 71,2 ans pour les hommes et 79,3 ans pour les femmes.

## 3. L'éducation

L'Etat français assure depuis plus d'un siècle une école laïque, gratuite et obligatoire. A côté de l'école publique, qui rassemble environ 85% des élèves, il existe des écoles privées, catholiques pour la plupart, qui regroupent 15% des élèves. L'enseignement privé peut être sous contrat avec l'Etat ou totalement indépendant. Les enseignants des écoles privées sous contrat sont pris en charge par l'Etat qui verse aussi à ces écoles une allocation par élève.
Près de 25% de la population française est composée d'élèves et d'étudiants.
On divise l'enseignement français en trois catégories: l'enseignement primaire, l'enseignement secondaire et l'enseignement supérieur.

---

[1] Définition du Bureau International du travail (BIT) du salarié à temps partiel.

## 3.1 L'enseignement primaire

L'enseignement primaire appelé aussi enseignement élémentaire est obligatoire à partir de l'âge de 6 ans. En fait cet enseignement est souvent précédé d'un enseignement préélémentaire dès l'âge de 3 ans dans des jardins d'enfants ou des écoles maternelles. Environ 90% des enfants âgés de 4 à 5 ans fréquentent des écoles maternelles. L'enseignement primaire dure cinq ans, il commence par un cours préparatoire et se termine par un cours moyen deuxième année (voir fig. A 1). Les écoles primaires sont gérées par les communes. L'enseignement dans ces écoles est dispensé par des instituteurs ou des institutrices ayant suivi pendant trois ans avec succès les cours d'une «Ecole Normale».

## 3.2 L'enseignement secondaire

L'enseignement secondaire se déroule en deux cycles: le premier cycle dure 4 ans et s'effectue dans des collèges, le second cycle dure 3 ans et a lieu dans des lycées.

### 3.2.1 Les collèges

La première année en collège s'appelle la sixième, la seconde la cinquième, puis la quatrième et la troisième. Les langues étrangères sont enseignées dès la première année. L'informatique est au programme des collèges et en 1988 les quelques 6.700 collèges français disposeront de 100.000 micro-ordinateurs. Après quatre ans d'études les élèves, alors âgés de 15 ans, ayant atteint un niveau suffisant, seront orientés vers les lycées, les autres vers des écoles d'apprentissage. Les collèges sont gérés par les départements.

### 3.2.2 Les lycées

Il y a deux types de lycées: les lycées d'enseignement général qui conduisent aux études supérieures et les lycées d'enseignement professionnel. Chaque type de lycée reçoit environ la moitié des effectifs provenant des collèges.
Les études dans les lycées professionnels se terminent soit par un C.A.P. (Certificat d'Aptitude Professionnel), soit par un B.E.P. (Brevet d'Etudes Professionnelles).
La dernière année de lycée d'enseignement général est appelée terminale et elle est sanctionnée par l'un des huit baccalauréats que réussissent généralement les deux tiers des élèves. Les élèves alors âgés de 18 ans et munis d'un baccalauréat peuvent poursuivre leurs études.
Les lycées sont gérés par la Région.

## 3.3 L'enseignement supérieur

Les élèves qui ont un baccalauréat peuvent s'orienter soit vers l'université soit vers les classes préparatoires aux grandes écoles, soit vers des écoles spécialisées ou des instituts universitaires donnant, après deux ou trois ans d'études, des Brevets de Techniciens Supérieurs (BTS) ou des Diplômes Universitaires de Technologie (DUT).

### 3.3.1 L'université

L'université est chargée d'une mission d'enseignement et d'une mission de recherche. On compte actuellement 77 universités en France, fréquentées par plus de 900.000 étudiants, dont 120.000 étrangers admis sur présentation d'un diplôme équivalent au baccalauréat. Les études universitaires se déroulent en trois cycles. Le premier cycle dure deux ans et il est sanctionné par un DEUG (Diplôme d'Etudes Universitaires Générales). Les élèves peuvent redoubler une année, mais, si après trois ans d'études, ils n'ont pas obtenu un DEUG, ils ne peuvent poursuivre leurs études universitaires. Le deuxième cycle dure généralement 2 ans

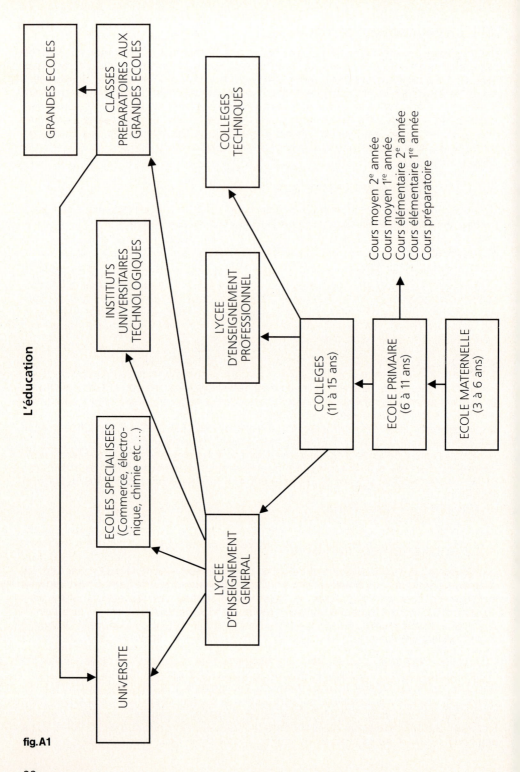

fig. A1

(4 ans pour la médecine) et il se termine par une licence ou une maîtrise. Le troisième cycle dure aussi 2 ans, il est consacré à la recherche et est sanctionné par un doctorat, une agrégation ou un concours analogue.

### 3.3.2 Les grandes écoles

Les grandes écoles sont très réputées en France et à l'étranger; elles sont spécialisées (administration, commerce, industrie, agriculture, magistrature etc . . .). On y accède par voie de concours très sélectif après deux ans de préparation après le baccalauréat dans des classes spéciales des lycées. Les études de certaines grandes écoles sont sanctionnées par un diplôme d'ingénieur.

## 4. L'information

L'information est assurée par la presse écrite et par les moyens de communication audio-visuels tels que la radio, la télévision, le cinéma et plus récemment la télématique. Chaque média, bien que concurrent, joue un rôle complémentaire, surtout en France où la presse écrite commente davantage les informations que dans la plupart des pays anglo-saxons ou en Allemagne Fédérale. En France, la radio annonce les nouvelles, la télévision présente les actualités et la presse écrite commente les informations.

### 4.1 La presse écrite

La presse écrite comprend les quotidiens et les périodiques, c'est-à-dire les hebdomadaires, les revues mensuelles et les publications à périodicité plus longue.
La France publie chaque année 16.000 titres diffusés à environ 7 milliards d'exemplaires. Il y a une certaine stabilité dans les publications françaises. Les Français dépensent en moyenne 1% de leurs revenus pour leur information.

### 4.1.1 Les quotidiens

En France, le prix de vente des journaux est relativement élevé; il a été longtemps réglementé. On ne trouve pas en France de journaux à grand tirage contenant quelques pages et vendus au public bon marché comme le «Bildzeitung» en RFA. La cherté des journaux français est une des raisons pour lesquelles les Français lisent peu de quotidiens. Pour 1.000 habitants il est vendu 200 journaux en France, contre plus de 400 en RFA.
La vente des journaux au numéro est la formule la plus employée en France qui dispose de 50.000 points de vente. Ce mode de vente entraîne un nombre élevé d'invendus «le bouillon» (20% pour Le Monde). En Allemagne Fédérale, aux Etats-Unis, au Japon par exemple, le portage à domicile est très développé; en France il n'atteint pas 4%. Or ce mode de distribution permet une vente régulière et limite le bouillon. Les ventes par abonnements varient beaucoup d'un journal à l'autre, elles atteignent 20% pour Le Monde mais seulement 1% pour France-Soir. Le prix de la diffusion, compte-tenu des invendus, est relativement élevé, il représente 60% du prix de vente des journaux de Paris et 50% de celui des journaux de province. La vente du papier journal en France est assurée pratiquement par un monopole, la Société Professionnelle des Papiers de Presse, qui effectue des péréquations sur les prix pour offrir le papier journal aux mêmes conditions à l'ensemble des éditeurs, quel que soit le lieu de leur implantation. Grâce au développement des techniques de transmission, certains journaux parisiens impriment en province les exemplaires qui leur sont destinés.
On distingue généralement en France les journaux de Paris et les journaux de Province. Le plus grand quotidien français est **Ouest-France** avec un tirage de plus de 700.000 exemplaires. Comme beaucoup de journaux, il est né après la seconde guerre mondiale. Ouest-France touche surtout une douzaine de départements de l'Ouest et il comporte une quarantaine d'éditions comprenant un corps commun: les faits internationaux et nationaux d'ac-

tualité, et une partie régionale adaptée aux besoins locaux. Comme la plupart des journaux de province ayant pratiquement une position de monopole, Ouest-France est un journal politiquement neutre qui évite de choquer ses lecteurs. Il ménage les élus locaux, quelle que soit leur couleur politique. La Voix du Nord (Lille), le Dauphiné Libéré (Grenoble), Sud-Ouest (Bordeaux), et le Progrès (Lyon) sont les principaux journaux de province qui tirent à plus de 400.000 exemplaires.

Le quotidien de Paris le plus important est **Le Monde,** qui a été fondé lui aussi en 1944. C'est un journal du soir. Ses éditions portant la date du lendemain sont disponibles à Paris entre 16 et 17 h. C'est le journal des cadres, des intellectuels cherchant avant tout une information objective. C'est un journal pondéré que l'on pourrait classer politiquement comme centre-gauche. Près de la moitié de ses lecteurs se situe dans la région parisienne, 35% en province et 20% à l'étranger. Il offre la particularité d'appartenir à ses salariés. Le Monde tire à plus de 550.000 exemplaires et les ventes sont de l'ordre de 450.000 exemplaires. Le second journal de Paris est **France-Soir,** qui n'est plus, malgré sa dénomination un journal du soir, mais un quotidien du matin. C'est un journal au style direct cherchant le sensationnel. Il tirait à plus de 1,3 million d'exemplaires en 1956 – 58. Aujourd'hui ses chiffres avoisinent ceux du Monde. Le journal de Paris le plus ancien est **Le Figaro,** fondé en 1854, qui appartient aujourd'hui au groupe de presse Robert Hersant. Il tire à plus de 400.000 exemplaires. Environ 60% de ses ventes sont effectuées dans la région parisienne.

### 4.1.2 Les périodiques

La télévision a entraîné le développement de publications spécialisées. Télé-7 Jours, avec un tirage de l'ordre de 2,7 millions d'exemplaires, est la publication française ayant le plus fort tirage, devant Télé-Poche (1,8 millions). La presse féminine connaît aussi un réel succès avec Modes et Travaux (1,3 millions d'exemplaires), Mode de Paris (680.000 exemplaires) et comme partout la presse du cœur avec «Nous Deux» (900.000 exemplaires) et Bonheur (750.000 exemplaires).

Plusieurs hebdomadaires d'information comptent un nombre élevé d'abonnés. L'Express, un des plus importants d'entre eux (600.000 exemplaires), est vendu pour 70% par abonnement. Le Nouvel Observateur (470.000 exemplaires) a 60% d'abonnés. Le magazine d'information illustré le plus vendu est «Paris Match» avec un tirage d'un million d'exemplaires, il est réputé pour ses reproductions photographiques.

## 4.2 L'audiovisuel

Les principaux média de l'audiovisuel sont la radiodiffusion sonore, la télévision avec les magnétoscopes, le cinéma et plus récemment la télématique. L'ensemble de l'audiovisuel est réglementé par la loi. La loi de 1982 a institué la Haute Autorité de la communication audiovisuelle et le Conseil national de la communication audiovisuelle. Ces organismes coordonnent et contrôlent diverses sociétés de production, de diffusion, de commercialisation et d'archivage.

La radiodiffusion est assurée par la Société Nationale pour la Radiodiffusion: Radio-France, qui offre divers programmes comme France-Inter, France-Culture, France-Musique. Il existe aussi la Société Nationale de Radio et de Télévision d'Outre-Mer (RTO) et une trentaine de radios locales publiques et de radios locales privées. Il faut ajouter à ces radios purement françaises quatre grandes stations périphériques à majorité ou à forte participation française qui émettent vers la France: Radio-Luxembourg, Radio Monte-Carlo, Europe N° 1 (Sarre) et Sud-Radio (Andorre).

La France dispose de six chaînes nationales de télévision: TF1 (Télévision Française 1), Antenne 2, FR3 (France-Régions 3), Canal Plus, France 5, 6. Les trois premières chaînes sont publiques et les trois autres privées[1]. Les principaux actionnaires des chaînes privées figurent sur le tableau suivant.

---

[1] Le gouvernement français envisage de privatiser, en 1986, TF1, et, ultérieurement, Antenne 2.

| | ACTIONNAIRES | | | CHAINES | |
|---|---|---|---|---|---|
| | Parts détenues | Chiffre d'affaires 1984 (en milliards de F) | Résultats nets 1984 (en millions de F) | | Budget[2]) (en milliards de F) |
| HAVAS | 37,7% | 8,3 | + 152 | CANAL + | 1,5 en 1985 |
| GENERALE DES EAUX | 15 % | 29,7 | + 417 | | |
| SOCIETE GENERALE | 10 % | – | + 893 | | |
| PERRIER | 5 % | 3,4 | + 173 | | |
| CHARGEURS REUNIS | 52 % | 11,8 | + 321 | FRANCE 5 | 1,5 en 1986 |
| FININVEST | 40 % | 6 | + 350 | | |
| EUROPE 1 | 6 % | 1,2 | + 16 | | |
| GAUMONT | 25 % | 1,2 | – 290 | 6 | 0,3 en 1985 |
| PUBLICIS | 25 % | 5,2 | + 51 | | |
| GILBERT GROSS | 12 % | 4,8 | + 50[1]) | | |

[1]) Estimation.
[2]) A titre de comparaison, les trois chaînes avaient chacune en 1985 un budget supérieur à 2,3 milliards de francs.

Source: Le Nouvel Economiste 7. 2. 1986

A côté des chaînes nationales, il y a douze chaînes de télévision régionales. Le fait d'avoir des chaînes publiques et privées permet une certaine concurrence entre les sociétés et permet aussi à l'Etat de diffuser des programmes pour des minorités qui ne peuvent être retenues par des chaînes à but essentiellement commercial. La télévision par câbles à fibres de verre se développe dans quelques grandes villes. La retransmission par satellite est aussi prévue à court terme. On considère que 95% des foyers français disposent d'un téléviseur. Les budgets de chacune des trois chaînes publiques sont de l'ordre de 2,3 milliards de Francs par an.
La télématique avec le programme de vidéotex français, Télétel et son terminal Minitel, permet d'accéder à faible prix à des banques de données. Au 1er janvier 1987, il y avait 2.250.000 terminaux installés dans les foyers et les usines; il devrait y en avoir 5 millions en 1990. En 1986 il avait servi 8,4 millions d'heures avec un taux de progression régulière de 25% tous les deux mois. Le Minitel est installé gratuitement aux personnes qui en font la demande par le service des P et T.
Les dépenses pour la radio et la télévision sont couvertes par une redevance des usagers et par la publicité. Le montant maximum des revenus publicitaires est fixé chaque année lors de la discussion budgétaire. Il était fixé avant la loi de 1982 à un maximum de 25% de l'ensemble des recettes de l'audiovisuel qui s'élevaient en 1984 à 10 milliards de Francs. La chaîne Canal Plus est une chaîne dont le montant de la redevance dépend de la fréquence de son utilisation. C'est une chaîne à péage qui disposerait de quelque 800.000 abonnés

dont les appareils de télévision sont munis d'un décodeur spécial. La chaîne FR3 a très peu recours à la publicité, ses frais sont essentiellement couverts par la redevance. La nouvelle chaîne «6» est une chaîne essentiellement musicale. La répartition des redevances entre les diverses chaînes est faite par une commission d'après les résultats d'une enquête effectuée auprès des consommateurs.

L'information se fait dans une moindre mesure par les actualités cinématographiques. La France dispose du parc immobilier cinématographique le plus étendu du monde, avec 4.500 salles dont 3.000 salles neuves. Le taux de fréquentation des salles est relativement plus élevé que dans la plupart des pays européens. Le nombre des entrées au cinéma est de l'ordre de 190 millions par an. Il y a une concentration verticale et une concentration horizontale de l'industrie cinématographique française. Certains producteurs de films sont aussi distributeurs et exploitent des salles. C'est le cas de Pathé et Gaumont qui possèdent ensemble 250 salles et qui sont chargés de la programmation de nombreuses salles régionales. Les litiges pouvant survenir à la suite de la forte concentration de la distribution des films cinématographiques peuvent être soumis au médiateur du cinéma.

# 5. Exercices

## 5.1 Compréhension et commentaires

1. Pourquoi appelle-t-on aussi la France «l'Hexagone»?
2. Enumérez et expliquez les principaux types de climat qui règnent en France.
3. Enumérez les principaux fleuves coulant en France.
4. Quelle est la densité de la population de la France?
5. Expliquez l'évolution de la population de la France et celle de la RFA.
6. Quelle est la population active de la France?
7. Quelles sont les principales aides qu'alloue le gouvernement français pour encourager le développement de la population?
8. Quelle est l'importance de la population française fréquentant une école ou une université?
9. De quelle classe à quelle classe les élèves fréquentent-ils un collège? Quelles sont les nouvelles matières que les élèves apprennent dans un collège?
10. Comment entre-t-on dans une grande école?
11. Quels sont les divers media d'information?
12. Comment est effectuée en France la vente des quotidiens?
13. Que savez-vous sur les principaux journaux français?
14. Par quels organismes est contrôlé l'audiovisuel?
15. Quelles sont les principales sociétés de radio périphériques émettant en langue française?

## 5.2 Dictée

### Le chômage en France

Le chômage constitue un problème majeur auquel sont confrontés la plupart des pays de l'OCDE[1]). La France ne saurait faire exception. Entre les années 1960 et 1985 le taux de chômage a décuplé, passant de 1% à 10%. Il correspond à la moyenne du taux de chômage de l'ensemble de la population active des pays de l'OCDE. Cette croissance du chômage a surtout touché les jeunes et les personnes ne disposant pas de qualification professionnelle. Il y a 20% de plus de femmes au chômage que d'hommes. Environ 25% des hommes et 30% des femmes au chômage étaient âgés de moins de 25 ans en 1985.

La crise économique entraînant une réduction de la demande a fait que dans l'industrie les gains de productivité sont devenus supérieurs à la croissance de la production, le nombre d'heures travaillées n'a donc cessé de diminuer. Depuis 1980 la baisse de l'emploi dans l'industrie n'a pu être compensée par une augmentation de l'emploi du tertiaire et comme la croissance de la population active, demanderesse d'emploi, reste forte, le taux du chômage n'a pu baisser.

Pour remédier au chômage, diverses mesures ont été prises tout en ayant conscience que chacune d'elles ne peut apporter qu'une solution partielle et que la situation sur le marché du travail pourrait se renverser vers 1995. Pour les jeunes, des centres de formation ont été créés, afin de leur donner une qualification professionnelle. En 1982, la durée hebdomadaire du travail a été ramenée à 39 h, cette durée devait diminuer au cours des années suivantes jusqu'à 35 h, mais cette évolution a dû être stoppée à cause des problèmes qu'elle soulevait dans la pratique. L'âge possible de la retraite fut ramené de 65 ans à 60 ans, mais on ne pouvait exiger de l'ensemble des salariés qu'ils prennent leur retraite à 60 ans, étant donné que le montant de celle-ci était diminué. Le travail partiel au lieu du travail à temps complet a été encouragé et il a surtout intéressé les mères de famille dont le mari travaillait.

Toutes ces mesures n'ont fait que freiner le développement du chômage, mais n'ont pu apporter une solution définitive à ce problème.

Compréhension et commentaires:

1. Quelles sont les principales causes du chômage?
2. Quelles mesures ont été prises pour remédier au chômage?
3. Pourquoi n'a-t-on pas poursuivi la réduction hebdomadaire du temps de travail?
4. Quels avantages apportent à une entreprise des emplois à mi-temps?

---

[1]) OCDE = Organisation de Coopération et de Développement Economique, elle comprend les pays de la Communauté, les pays nordiques, l'Autriche, la Suisse, la Yougoslavie, la Turquie, l'Islande, les Etats-Unis, le Canada, l'Australie, la Nouvelle-Zélande et le Japon.

## 5.3 Traductions

### 5.3.1 Version

#### L'Agence France-Presse (AFP)

L'AFP est la plus ancienne des agences de presse. Fondée en 1835 par Charles-Louis Havas, elle est passée, en cent cinquante ans, de la transmission des nouvelles par pigeon voyageur à la liaison par satellite, de l'emploi de la plume à celui de l'ordinateur. Elle est, aujourd'hui, l'une des principales composantes d'un système international d'information dominé par un club restreint – aussi restreint que celui des puissances nucléaires – dont les membres peuvent prétendre à une vocation mondiale: Associated Press et United Press International, d'origine américaine, Reuter, qui a ses sources au Royaume-Uni, l'AFP et, à un moindre titre, Tass pour l'URSS, Chine nouvelle pour la Chine communiste; ces deux dernières ne sont pas que des agences d'information, au sens où nous l'entendons, car elles sont étroitement liées aux appareils d'Etat de leur pays respectif au risque, parfaitement assumé, de passer pour les instruments de l'information officielle et de la propagande.

Parmi la multitude des agences nationales ou régionales, certaines ont une dimension internationale, c'est, notamment, le cas de DPA (Allemagne fédérale) ou de Kyodo (Japon) – mais sans atteindre la puissance de couverture et de pénétration des quatre grandes agences occidentales. Ces dernières constituent un réseau indispensable pour tous les organes de presse et autres utilisateurs, qui veulent savoir, au plus tôt et au moindre prix, ce qui se passe sur la planète. Peu de journaux, une vingtaine au maximum, entretiennent à grands frais leurs propres réseaux de correspondants à l'étranger, tel Le Monde, ce qui ne les dispense pas, au contraire, de compléter leur information par les dépêches d'agence. Les autres puisent l'essentiel de leur contenu informatif, quand ce n'est pas la totalité, dans le service de ces mêmes agences mondiales, qui ont aussi la clientèle de bien des petites agences nationales.

André Laurens

Source: Le Monde, 8 juin 1986

## Le statut de l'Agence France Presse

L'Agence n'appartient à personne mais elle est gérée par un conseil d'administration composé des représentants, majoritaires, de la clientèle de presse et de ceux des abonnés du service public et des personnels de l'entreprise. Voilà pour l'identité.

Statutairement, l'AFP n'est pas sous la dépendance de l'Etat mais elle l'est financièrement, car plus de la moitié de ses ressources proviennent du secteur public et chaque année, le montant global des abonnements de cette clientèle est calculé en fonction des besoins budgétaires de l'Agence. Les représentants, minoritaires, de l'Etat au conseil d'administration ne sont donc pas sans influence, et il leur est arrivé d'en jouer.

Ce statut de compromis, difficile à gérer, a permis à l'AFP de prendre sa dimension actuelle. La presse française, qui n'était pas en mesure de financer une telle entreprise et qui n'en avait pas forcément l'ambition, dispose ainsi d'un instrument d'information précieux. Pour nombre de journaux, l'Agence est une seconde rédaction, quand ce n'est pas la seule.

Pour ses abonnés de l'Etat (ministères, ambassades), elle est, bien sûr, un organe d'information irremplaçable mais, aussi, un pôle d'influence, politique et culturelle, dans le monde entier. La tentation est grande, pour tout pouvoir, d'en user immodérément et d'en faire l'instrument de son action. Les agences de statut commercial privé ne sont pas, du reste, à l'abri de débordements. Pendant la première guerre mondiale, l'Etat a financé les efforts d'Havas pour contrer la propagande allemande et, longtemps, Reuter a servi les intérêts du Foreign Office.

Une agence comme l'AFP remplit sa fonction de présence française par sa réputation professionnelle et l'étendue de son audience. Si l'on était tenté d'en faire un instrument de jeu politique, dans l'Hexagone, ou diplomatique, à l'étranger, elle y perdrait son crédit.

André Laurens

Source: Le Monde 8/6/1986

Compréhension et commentaires:
1. En quoi l'AFP diffère-t-elle de l'agence Tass ou de l'agence Chine nouvelle?
2. Quelles sont les grandes agences de presse internationales?
3. D'où proviennent les ressources de l'AFP?
4. Quels dangers peuvent provenir du fait qu'un état soit majoritaire ou unique propriétaire d'une agence de presse?

## 5.3.2 Thème
# Den Alterskassen ein Baby schenken?
SPIEGEL-Redakteurin Renate Merklein über Bevölkerungsentwicklung und Rentenfinanzen (I)

Fleißige Kommissionen auf Landes-, Bundes- oder Parteienebene, die Szenarien über die künftige Größe des deutschen Volkes entwickeln, kommen allenthalben zu dem Schluß, daß der Bundesrepublik bei „anhaltend niedrigem Geburtenniveau" eine drastische „Verminderung der Einwohnerzahl" drohe – so etwa die vom Bundeskabinett eingesetzte „Arbeitsgruppe Bevölkerungsfragen". Nach den Modell-Rechnungen dieser Arbeitsgruppe werden im Bundesgebiet Anno 2030 bestenfalls nur noch gut 43 Millionen, schlechtestenfalls gar lediglich 33,6 Millionen Deutsche leben.

Trotz der unterstellten Immigrationszunahme rechnen die amtlichen Schätzer damit, daß sich schon für das Jahr 2000 nur noch eine „Gesamtbevölkerung in der Bundesrepublik von rund 59,14 Millionen" ergebe, „die bis zum Jahr 2030 auf rund 45,74 Millionen weiter zurückgeht"...

In keinem anderen Land fiel allerdings die Fruchtbarkeit bislang so stark wie in der Bundesrepublik, wo schon seit dreizehn Jahren mehr Eingeborene sterben als geboren werden, wo selbst die zugezogenen Fremden nicht mehr sehr viel Vermehrungsfreude zeigen; denn selbst die Gastarbeiterfrauen gebären weitaus weniger Kinder, als nötig wären, um wenigstens den Bestand der hierzulande lebenden Ausländer zu sichern. Deshalb auch stehen keinem anderen Staat die Folgen, die ein Geburtenrückgang nach sich zieht, so dicht bevor.

DER SPIEGEL Nr. 52/1985

# 6. Lexique: Généralités sur la France

## Eléments de géographie physique

**la superficie** Fläche
**métropolitaine** zum Mutterland gehörig
**la latitude** nördliche Breite
**à mi-chemin** auf halbem Wege
**l'équateur (m)** Äquator
**être entouré(e) de** umgeben sein
**donner sur** angrenzen
**la Mer du Nord** Nordsee
**la Manche** Ärmelkanal
**l'Océan Atlantique (m)** Atlantischer Ozean
**la Mer Méditerranée** Mittelmeer
**le contour** Umriß, Konturen
**l'hexagone (m)** Hexagon (Sechseck)
**le relief** Relief, Bodenprofil
**la plaine** Ebene
**le plateau** Hochebene, Plateau
**la colline** Hügel
**Artois** ancienne province du Nord de la France, correspondant à la majeure partie du département du Pas-de Calais
**s'étendre** sich erstrecken
**se succéder** aufeinanderfolgen
**le bassin sédimentaire** durch Sedimente entstandenes Becken
**le Bassin Parisien** Pariser Becken
**le rayon** Umkreis
**le Bassin Aquitain** Aquitaine Becken
**le Centre-Sud** südlich vom Zentrum
**le Massif Central** Zentralmassiv
**montagneux(se)** gebirgig
**la chaîne (f)** Kette
**érodé(e)** ausgewaschen, erodiert
**le primaire** Primär
**le tertiaire** Tertiär
**le contre-coup** Gegenschlag
**le soulèvement alpin** Erhebung (Entstehung) der Alpen
**éteint(e)** erloschen
**le point culminant** höchste Erhebung
**le château d'eau** Wasserturm hier: Wasserreservoir
**le calcaire secondaire** Sekundärkalkstein
**la vallée** Tal
**aride** ausgetrocknet, ausgedörrt
**l'exploitation (f)** Bewirtschaftung
**le climat** Klima
**le climat tempéré** gemäßigtes Klima
**s'échauffer** sich erwärmen
**se refroidir** sich abkühlen
**l'effet régulateur (m)** regulierende Wirkung
**rafraîchir** abkühlen
**réchauffer** aufwärmen
**le climat océanique** Seeklima, ozeanisches Klima
**la haute pression** Hochdruck
**les Açores** Azoren
**la Sibérie** Sibirien
**la basse pression** Niederdruck
**l'Islande (f)** Island
**se déplacer** sich verlagern, sich fortbewegen
**la perturbation** Störung, Störausläufer
**le vent d'ouest** Westwind
**le climat continental** Festlandklima, Kontinentalklima
**au fur et à mesure que** je mehr
**l'altitude (f)** Höhe
**le climat montagnard** Bergklima
**humide** feucht
**frais, fraîche** frisch
**dominer** vorherrschen
**encastrer** einfügen, einbetten
**l'Alsace (f)** Elsass
**la vallée de la Saône** Saône Tal
**la vallée du Rhône** Rhône Tal
**Montélimar** Chef lieu de canton de la Drôme à 44 km au sud de Valence, dans la vallée du Rhône
**le climat méditerranéen** Mittelmeerklima
**les Alpes (f.pl.)** Alpen
**empêcher qch.** verhindern
**la descente** Herabsteigen, Niedersteigen
**le vent du nord** Nordwind
**la vague de froid** Kältewelle
**violent** heftig, stürmisch
**l'orage (m)** Gewitter
**la pluie diluvienne (pop.)** eine wahre Sintflut
**le vent du sud** Südwind
**torride** heiß, brennend
**les cultures (f. pl.)** Anbau
**le coupe-vent** Windschutz
**le roseau** Schilfrohr, Ried
**le réseau hydrographique** hydrographisches Netz (Gewässernetz)

**la rivière**  Fluß
**l'affluent (m)**  Nebenfluß, Zufluß
**modeste**  bescheiden
**le fleuve**  Strom
**ensablé(e)**  versandet
**navigable**  schiffbar
**l'estuaire (m)**  Flußmündung
**se jeter dans**  münden in
**la Camargue**  région de Provence – Bouches du Rhône –, entre les deux bras principaux du delta du Rhône
**le débit**  hier: Stromabflußmenge
**la centrale hydro-électrique**  Wasserkraftwerk

## La population et l'emploi

**l'emploi (m)**  Beschäftigung, hier: soziale Schichtung
**l'évolution démographique**  demographische Entwicklung
**le seuil**  Schwelle, Grenze
**la densité de population**  Bevölkerungsdichte
**l'habitant (m)**  Einwohner
**l'excédent (m) des naissances**  Geburtenüberschuß
**le décès**  Tod, Todesfall
**l'excédent naturel**  natürlicher Bevölkerungsüberschuß
**l'excédent migratoire**  Wanderungsüberschuß, Wanderungsgewinn
**la population active**  erwerbstätige Bevölkerung
**occupé (e)**  beschäftigt
**le chômeur**  Arbeitsloser
**l'emploi (m)**  Beschäftigung
**l'employeur (m)**  Arbeitgeber
**l'indépendant (m)**  Selbständiger
**la catégorie professionnelle**  Berufsbezeichnung
**essentiellement**  wesentlich, hauptsächlich
**l'amélioration (f)**  Verbesserung, Steigerung
**cesser de faire**  aufhören, etwas zu tun
**croître**  wachsen
**le taux**  (Prozent)satz
**le pourcentage**  Prozentsatz
**le secteur primaire**  primärer Wirtschaftsbereich
**le secteur secondaire**  sekundärer Wirtschaftsbereich
**décroître**  abnehmen

**le secteur tertiaire**  tertiärer Wirtschaftsbereich
**la branche d'activité**  Wirtschaftszweig
**la pêche**  Fischerei
**le bâtiment**  Baugewerbe
**le génie civil**  Straßen- und Brückenbau
**les services marchands (m)**  Dienstleistungen im kfm. Bereich
**les services non marchands**  Dienstleistungen, außerhalb des kfm. Bereichs
**le salarié à temps partiel**  Teilzeitbeschäftigter

## La politique familiale

**La politique familiale**  Familienpolitik
**avoir quelqu'un à charge**  für jemanden sorgen müssen
**résider**  wohnen
**l'allocation familiale (f)**  Kinderzulage, Kindergeld
**être en apprentissage**  in der Ausbildung sein
**le complément familial**  Familienzulage
**l'allocation de logement**  Wohngeld
**le foyer**  hier: Familie
**l'allocation de parent isolé**  Zulage für den Alleinerzieher
**le soutien**  Unterstützung
**le quotient familial**[1]  Berechnungsfaktor für Einkommensteuer
**déterminer**  bestimmen
**les impôts directs (m)**  direkte Steuern
**le revenu**  Einkommen

## L'éducation

**l'éducation (f)**  Erziehung
**l'école laïque (f)**  konfessionslose Schule, staatliche Schule
**l'école obligatoire (f)**  Pflichtschule
**l'école publique (f)**  öffentliche Schule
**l'école privée (f)**  Privatschule
**l'enseignant (m)**  Lehrer
**prendre en charge**  übernehmen, betreuen
**verser**  überweisen, zahlen
**l'enseignement (m) primaire**  Grund- und Volksschule

---

[1] Quotient familial: z. B. ein Ehepaar mit 2 Kindern: 1 + 1 + 0,5 + 0,5 = 3, ein Ehepaar mit 3 Kindern: 1 + 1 + 0,5 + 0,5 + 1 = 4

**l'enseignement secondaire** höheres Schulwesen/Sekundarschulwesen
**l'enseignement supérieur** Universitäts-, Hochschulwesen
**l'enseignement élémentaire** Grundschule
**l'enseignement préélémentaire** Vorschulwesen
**le jardin d'enfants** Kindergarten
**l'école maternelle** Kleinkinderschule, Vorschule
**le cours préparatoire** Vorbereitungskurs
**le cours moyen 2ème année** entspricht dem 5. Grundschuljahr
**être géré(e) par** geleitet werden
**gérer** die Trägerschaft übernehmen
**la commune** Gemeinde
**dispenser un enseignement** Unterricht erteilen
**l'instituteur (m), l'institutrice (f)** Grundschul-, Volksschullehrer(in)
**le collège** weiterführende Schule der Sekundarstufe I für alle 11- bis 16jährigen
**l'école normale d'instituteurs** Lehrerseminar
**le lycée** Gymnasium
**l'informatique (f)** Informatik
**le micro-ordinateur** Mikrocomputer
**le lycée d'enseignement général** allgemeinbildende höhere Schule
**le lycée d'enseignement professionnel** berufsbildende höhere Schule, oder berufsbildende Schule Sekundarstufe II
**le Certificat d'Aptitude Professionnel (C.A.P.)** „Berufsbefähigungszeugnis" (nach Abschluß einer dreijährigen Berufsausbildung)
**le Brevet d'Etudes Professionnelles (B.E.P.)** Abschlußzeugnis – nach zweijähriger Ausbildung an einer Berufsschule, das zum Facharbeiter oder Angestellten qualifiziert [1]
**la (classe) terminale** Abschlußklasse
**le baccalauréat** Abitur
**réussir** hier: bestehen
**la classe préparatoire** Vorbereitungsklasse
**la „grande école"** „Große Schule". Französische Hochschulen mit sehr schwierigen Aufnahmeprüfungen
**le Brevet de Technicien Supérieur (B.T.S.)** Fachdiplom, das nach einer Prüfung (z. B. Abitur) im Anschluß an eine zweijährige Ausbildung an den „Sections de Technicien Supérieur" (S.T.S.) erworben wird [2]
**le Diplôme Universitaire de Technologie (D.U.T.)** Abschlußdiplom der Fachhochschulen[3]
**la mission** Auftrag
**la recherche** Forschung
**équivalent** gleichwertig
**le Diplôme d'Etudes Universitaires Générales (DEUG)** Universitätsdiplom in 9 verschiedenen Fachrichtungen, mit dem das zweijährige Grundstudium abschließt [4]
**la licence** Akademischer Grad, der nach dreijährigem Universitätsstudium in Geisteswissenschaften („licence ès lettres"), Naturwissenschaften („licence ès sciences") oder Rechtswissenschaften („licence ès droit") erworben wird [5]
**la maîtrise** Universitätsdiplom, dem deutschen ersten Staatsexamen oder der Magisterprüfung vergleichbar, wird nach vierjährigem Studium im Anschluß an die „licence" erworben [6]
**le doctorat** der deutschen Promotion entspricht das doctorat du troisième cycle [7]
**l'agrégation (f)** aus einem schriftlichen und mündlichen Teil bestehende landesweite Ausleseprüfung für 29 Fächer des höheren Lehramtes[8]
**accéder** Zugang haben
**le concours** Aufnahmeprüfung
**le diplôme d'ingénieur** staatl. Ingenieurdiplom

## L'information

**les moyens de communication audiovisuels** audiovisuelle Kommunikationsmittel
**la télématique** Telematik
**les média (m.pl.)** Medien
**le quotidien** Tageszeitung
**le périodique** Zeitschrift
**l'hebdomadaire (m)** Wochenschrift

---

[1] Vgl. Haensch/Fischer: Kleines Frankreichlexikon – C. H. Beck – München, 1984, S. 31
[2] Ebda S. 37
[3] Ebda S. 69
[4] Ebda S. 66
[5] Ebda S. 107
[6] Ebda S. 113
[7] Ebda S. 68
[8] Ebda S. 16

la revue mensuelle   Monatsschrift
la cherté   überhöhter Preis, Kostspieligkeit
la vente des journaux au numéro   Einzelverkauf von Zeitungen
le point de vente   Verkaufsstelle
le bouillon (pop.)   unverkaufte Zeitungsexemplare
le portage à domicile   Lieferung ins Haus, Hauszustellung
le mode de distribution   Vertriebsmethode
la vente par abonnement   Bezug der Zeitung im Abonnement
le prix de vente   Verkaufspreis
le papier journal   Zeitungspapier
la péréquation sur les prix   Preisausgleich
l'implantation (f)   hier: Niederlassung
la technique de transmission   Übertragungstechnik
le tirage   Auflage
une quarantaine   etwa vierzig
ménager   hier: schonen
le journal du soir   Abendzeitung
le cadre   leitender Angestellter
pondéré   ausgeglichen, ausgewogen
la particularité   Besonderheit
appartenir à quelqu'un   jemandem gehören
la dénomination   Bezeichnung
le quotidien du matin   Morgenzeitung
avoisiner   grenzen an, nahe liegen an
entraîner   mit sich bringen
la presse du cœur   Regenbogenpresse
être réputé pour   berühmt, geschätzt wegen
la radiodiffusion   Rundfunk

le magnétoscope   Videogerät
l'archivage (m)   Archivierung
la station périphérique   Radiosender, der sich an der Grenze zu Frankreich befindet
la chaîne   Kanal
le câble à fibres de verre   Glasfaserkabel
la retransmission par satellite   Satellitenübertragung
le vidéotex français   französischer Videotext
le terminal   Terminal
accéder à quelque chose   Anschluß haben an
la banque de données   Datenbank
le taux de progression   Steigerungsrate/Quote
la demande   hier: Antrag
les P et T (depuis 1960)   Postes et Télécommunications
la redevance   Gebühr
l'usager (m)   Benutzer
la publicité   Werbung
la discussion budgétaire   Haushaltsdebatte
la chaîne à péage   gebührenpflichtiger Kanal
être muni de quelque chose   mit etwas versehen sein
le décodeur spécial   Spezialdecoder
avoir recours à quelque chose   sich einer Sache bedienen
le consommateur   Verbraucher
l'industrie cinématographique (f)   Filmwirtschaft
le litige   Streit
le médiateur   „Vermittler"

# B. Organisation politique et administrative de la France

La France est un état républicain et démocratique disposant d'une CONSTITUTION votée par le peuple souverain. Sur les quelque 160 pays existant dans le monde, seule une trentaine dispose d'un régime démocratique. Les Français jouissant de leurs droits civiques peuvent être consultés par voie directe lors de référendum ou par voie représentative par l'intermédiaire de leurs élus au sein de conseils et d'assemblées.

Le vote des citoyens est universel, égal et secret. Il est universel car il concerne tous les citoyens des deux sexes, il est égal car chaque citoyen dispose d'une voix et il est secret car les citoyens mettent leur bulletin de vote dans une enveloppe dans un isoloir avant de le déposer dans une urne.

La Constitution française établit un équilibre entre les pouvoirs du Gouvernement et ceux du Parlement. On parle donc d'un régime parlementaire. Elle admet l'existence de différents partis politiques.

Durant de nombreuses décades, la France a disposé d'un pouvoir très centralisé; depuis quelques années, les pouvoirs de décision ont été transférés aux conseils locaux sous le contrôle de l'Etat.

# 1. Le pouvoir central (voir fig. B 1)

## 1.1 Le Président de la République

Le Président de la République est élu pour 7 ans au suffrage universel direct. Pour pouvoir être candidat, il faut remplir les conditions d'éligibilité habituelles (être citoyen français, être âgé d'au moins 23 ans, ne pas avoir été privé de ses droits civils et politiques), être parrainé par au moins 500 élus de la France (maires, conseillers généraux, députés, sénateurs) répartis dans au moins 30 départements. Les élus d'un département donné ne peuvent constituer plus de 10% des parrains.
Le Président de la République dispose de pouvoirs étendus, il nomme le Premier Ministre et les ministres sur proposition du Premier Ministre, il préside le Conseil des Ministres qui a lieu généralement chaque mercredi, il peut dissoudre l'Assemblée Nationale, proposer un référendum, disposer en cas de besoin de pouvoirs exceptionnels. Il est le chef supérieur des armées et il peut seul décider de l'emploi des armes atomiques. Le Président de la République est entouré d'un cabinet qui assure la liaison avec les ministres et d'un Etat-Major particulier pour les problèmes militaires.

## 1.2 Le Gouvernement

Le Gouvernement se compose des ministres et des secrétaires d'état dirigés par le Premier Ministre. Le nombre des ministres et des secrétaires d'état peut varier d'un gouvernement à l'autre selon les priorités que se fixe le gouvernement. Le gouvernement est politiquement responsable de ses actes devant l'Assemblée Nationale, qui peut le sanctionner par une motion de censure et l'obliger, au cas où il n'obtiendrait pas la majorité, à démissionner.
Le Premier Ministre dépose au nom du gouvernement les projets de lois qui seront discutés par le Parlement.

## 1.3 Le Parlement

Le Parlement est composé de deux Chambres (on dit aussi »Assemblées«):
- l'Assemblée Nationale comprend des députés qui sont élus au suffrage universel direct pour 5 ans, sauf dissolution de l'Assemblée Nationale avant cette échéance.
- le Sénat est élu par tiers pour neuf ans au suffrage universel indirect par les élus locaux: députés, conseillers généraux et surtout par des délégués des Conseils Municipaux.

L'élection des députés au suffrage universel a connu diverses formes selon les gouvernements. C'est ainsi qu'en 1981 un député a été élu par circonscription électorale au scrutin majoritaire à un ou deux tours; l'Assemblée Nationale comprenait, en 1981, 491 députés. Pour être élu au premier tour, le candidat devait obtenir la majorité absolue, c'est-à-dire 50% des voix plus une. Au second tour l'emportait le candidat qui avait le plus de voix. En 1986, l'élection s'est faite au scrutin de liste à un tour par représentation proportionnelle au nombre de voix obtenu par chaque liste présentée dans le cadre d'un département et non plus d'un canton. Les listes n'obtenant pas plus de 5% des voix ne sont pas retenues pour l'attribution des sièges. Le nombre des candidats à élire par département dépend du nombre de ses habitants. Les départements ayant moins de 216.000 habitants ont élu deux députés, ceux ayant de 972.000 à 1.080.000 habitants dix députés, le département de la Seine, c'est-à-dire Paris, a élu 21 députés. L'Assemblée Nationale comprend, en 1986, 577 députés.
Le Parlement a deux sessions ordinaires par an. La première commence le 2 octobre et dure 80 jours, cette session a pour objet de discuter et de voter la loi des finances (le budget) pour l'année suivante. La seconde session débute le 2 avril et dure 90 jours au maximum. Des cessions extraordinaires peuvent avoir lieu sur la demande du chef du gouvernement ou celle de la majorité des membres d'une assemblée.

L'essentiel du travail du Parlement est effectué au sein de commissions qui rassemblent un nombre restreint de députés. Les commissions peuvent faire appel à des experts extérieurs. Le Parlement a pour but de discuter les projets de lois du gouvernement, de faire des propositions de lois, de voter le budget et de contrôler l'activité du gouvernement.

## 1.4 Les organismes de contrôle et de conseil

Différents organismes de contrôle et de conseil jouent le rôle de »sages« auprès des pouvoirs publics

### 1.4.1 Le Conseil Constitutionnel

Le Conseil Constitutionnel contrôle la régularité des élections et veille à la conformité des lois à la Constitution. Il peut être saisi par le Président de la République, le Premier Ministre, le Président des deux Assemblées ou par 60 députés ou sénateurs. Le Conseil Constitutionnel comprend 9 membres nommés pour neuf ans par tiers par le Président de la République, le Président du Sénat et le Président de l'Assemblée Nationale.

### 1.4.2 Le Conseil d'Etat

Le Conseil d'Etat est conseil et juge. Il jouit d'une grande indépendance vis à vis du gouvernement. Il est consulté sur tous les projets de lois et la plupart des décrets. Le Conseil d'Etat est la cour suprême des tribunaux administratifs qui jugent les litiges opposant les citoyens à l'administration.

### 1.4.3 Le Conseil Economique et Social

Le Conseil Economique et Social est consulté sur le Plan et sur les projets de lois à caractère économique et social. Le Conseil Economique et Social comprend 200 membres dont 140 sont nommés par les organisations professionnelles.

### 1.4.4 La Cour des Comptes

La Cour des Comptes contrôle l'exécution du budget et juge les comptes de tous les comptables publics. Elle est assistée par les 24 Chambres Régionales des Comptes. Les membres de la Cour des Comptes sont nommés par le gouvernement, ils sont inamovibles.

### 1.4.5 Le Médiateur

Le médiateur cherche à remédier aux difficultés que connaissent les citoyens avec l'administration. Son rapport annuel attire l'attention du gouvernement sur la nécessité d'effectuer certaines réformes administratives.

# 2. Le pouvoir local (voir fig. B 1)

Le territoire français connaît cinq types de divisions administratives: les régions, les départements, les arrondissements, les cantons et les communes.
Les régions, les départements et les communes jouent un rôle important, ce sont des **collectivités territoriales** qui disposent d'une personnalité juridique, d'un conseil élu au suffrage universel direct et d'un budget. Les autres divisions ne sont que secondaires: l'arrondissement est uniquement une **circonscription administrative** et le canton est une **circonscription électorale** établie pour élire les représentants du département.

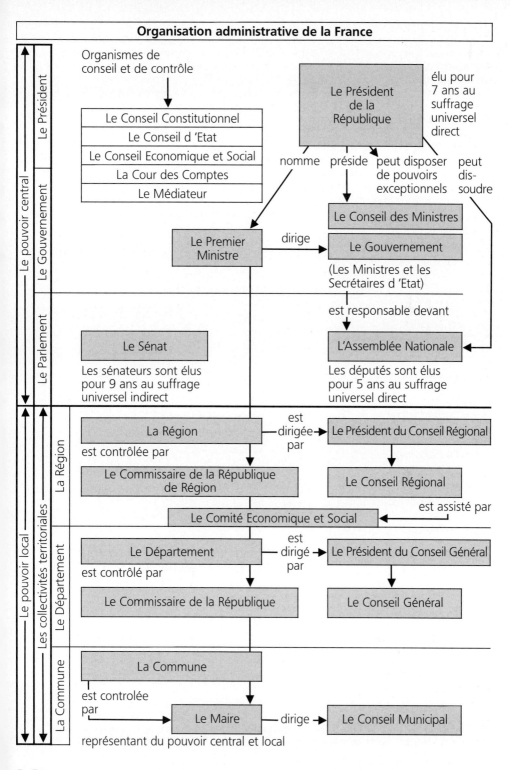
fig. B1

## 2.1 Les régions

La politique d'aménagement du territoire cherchant à mieux équilibrer les activités dans l'ensemble du pays a entraîné la création de régions en 1959. Simples circonscriptions administratives au début, elles évoluèrent pour devenir, en 1982, des collectivités territoriales.

La France dispose de 22 régions[1]) qui regroupent de 2 à 8 départements, dirigées par un **Conseil Régional** élu au suffrage universel direct par scrutin de liste et représentation proportionnelle.

D'après la loi du 2 mars 1982, art. 59:
»Le Conseil Régional a compétence
- pour promouvoir le développement économique, social, sanitaire, culturel et scientifique de la région et l'aménagement du territoire,
- pour assurer la préservation de son identité au sein de la France, de l'autonomie et des attributions des départements et des communes. Il peut engager des actions complémentaires à celle de l'Etat et à celles des autres collectivités territoriales et des établissements publics de la région...«.

Le nombre de conseillers régionaux varie suivant l'importance des départements. Il y a au moins trois conseillers par département. La France compte 1840 conseillers régionaux.

**Organisation administrative de la France**

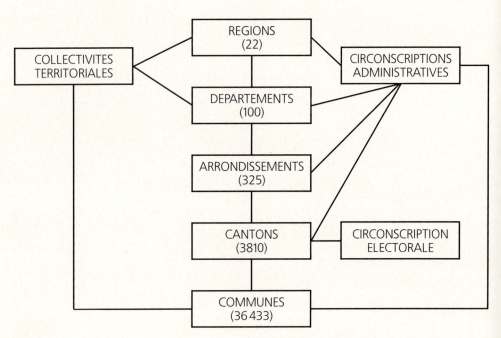

fig. B 2

---

[1]) Il faudrait ajouter à ce chiffre les quatre départements d'Outre-Mer (DOM): la Guadeloupe, la Martinique, la Guyane et la Réunion, qui jouissent d'un statut de région.

# France administrative: Régions

fig. B 3

Le Conseil Régional est assisté pour avis par un Comité Economique et Social Régional, composé de représentants d'employeurs, de travailleurs et d'experts. Le chef du pouvoir exécutif de la Région est le Président du Conseil Régional, élu par les conseillers régionaux lors de leur première assemblée.

La Région, en tant que circonscription administrative, est contrôlée par un **Commissaire de la République de Région** (appelé antérieurement Préfet de Région), qui dirige aussi sur son territoire les services extérieurs de l'Etat (Direction Régionale de l'Agriculture et des Forêts, Direction Régionale du Commerce Extérieur etc...).

La Région joue un rôle décisif dans la planification des investissements publics et peut signer des contrats d'investissement avec l'Etat.

La gestion des budgets régionaux, départementaux et communaux est contrôlée par une **Chambre Régionale des Comptes**.

## 2.2 Le département

La France était divisée, avant la Révolution Française de 1789, en provinces (la Normandie, la Bretagne, l'Alsace etc...) qui ont gardé encore aujourd'hui pour beaucoup d'entre elles leurs coutumes. L'étendue des Provinces et la diversité de leur population ne permettaient pas à un pouvoir central d'en assurer une gestion efficace. C'est pourquoi il fut décidé en 1790 de diviser la France en départements, dont on devait pouvoir atteindre le chef-lieu, c'est-à-dire la capitale administrative, en une journée.

La France compte aujourd'hui 100 départements, dont quatre départements d'Outre-Mer (DOM): la Martinique, la Guadeloupe, la Guyane et la Réunion. En plus des DOM il faut noter les Territoires français d'Outre-Mer (TOM) qui jouissent d'une semi-autonomie et peuvent accéder à l'indépendance. Ils comprennent la Polynésie française avec Tahiti, la Nouvelle Calédonie, Mayotte, Wallis-et-Futuna, Saint-Pierre-et-Miquelon, les Terres Australes et Antarctiques françaises.

Les départements métropolitains sont numérotés de 1 à 95 (les deux départements de la Corse portent les numéros 20 A et 20 B). Les départements d'Outre-Mer portent les numéros 971 à 974, Saint-Pierre-et-Miquelon le numéro 975 et Mayotte le numéro 976.

Le numéro 01 correspond au département »Ain«, le numéro 02 à »l'Aisne«, le 14 au »Calvados«, 75 à la »Seine« et 89 à »l'Yonne«.

Le numéro du département figure en tête du code postal de cinq chiffres des localités. Les numéros des départements figurent également sur les plaques minéralogiques des véhicules (ex. 2807 CMX 75 : 75 représente le département de la Seine, c'est-à-dire Paris).

Le département, en tant que collectivité territoriale, est dirigé par un **Conseil Général** élu au suffrage universel direct. On compte un conseiller général par canton, circonscription électorale, soit en moyenne une quarantaine de conseillers par département. Un conseiller général est élu pour six ans par scrutin majoritaire à un ou deux tours. La moitié des conseillers généraux est renouvelée dans toute la France tous les trois ans. Le président du Conseil Général est élu par les membres du Conseil Général pour trois ans.

Comme circonscription administrative, le département dispose d'un représentant de l'Etat, appelé **Commissaire de la République** (antérieurement Préfet), assisté d'un adjoint par arrondissement, nommé par le Conseil des Ministres. Il veille au respect des lois et à l'exécution des décisions gouvernementales. C'est un contrôleur administratif.

Le Conseil Général est seul compétent dans son département pour les problèmes scolaires, l'action sanitaire et sociale, la conservation du patrimoine etc...

## 2.3 L'arrondissement

Il s'agit d'une subdivision administrative du département. La France compte 325 arrondissements. La ville principale de l'arrondissement dispose d'une **sous-préfecture** à la tête de laquelle se trouve un Commissaire-Adjoint de la République.

## 2.4 Le canton

Le canton regroupe généralement plusieurs communes, mais parfois il se résume à une seule ville, voire à une partie de grande ville. La ville principale du canton est appelée **chef-lieu de canton**. Dans cette ville on trouve la gendarmerie et le comptable du Trésor. Le canton est surtout aujourd'hui une circonscription électorale. Chaque canton élit tous les six ans un conseiller général du département.

## 2.5 Les communes

La France compte aujourd'hui quelque 36.433 communes, dont environ 31.000 ont moins de 1.000 habitants et 37 plus de 100.000 habitants, regroupant 20% de la population française.

Afin de pouvoir assurer à leurs habitants un minimum de services, diverses formes de coopération intercommunale (syndicat de communes, communauté urbaine, district) ont vu le jour sans que les communes perdent leur autonomie.

Les communes sont gérées par un **Conseil Municipal** élu au suffrage universel direct. Le nombre des conseillers municipaux varie suivant l'importance de la commune. Ils sont neuf pour les communes de moins de 1.000 habitants, 33 pour les communes de 10 à 20.000 habitants, 55 pour celles de 100 à 150.000 habitants et 159 pour Paris.

Les élections peuvent se faire au scrutin de liste ou au scrutin plurinominal. Alors que dans le scrutin de liste les candidats sont élus à la proportionnelle dans l'ordre de la liste, en fonction du nombre de voix obtenues par la liste, dans le scrutin plurinominal, les candidats élus sont ceux qui auront obtenu le plus de voix sur la liste, quel que soit leur rang sur la liste, l'électeur est en effet autorisé à rayer et à ajouter des noms sur la liste, à mélanger les noms de plusieurs listes »panachage«, sans toutefois dépasser le nombre réglementaire de candidats. Les membres du Conseil Municipal élisent lors de leur première séance le maire et ses adjoints.

Le **maire** offre cette particularité d'être à la fois l'exécutif du Conseil Municipal et le représentant local du pouvoir central. Il est élu ainsi que ses adjoints par les membres du Conseil Municipal lors de sa première assemblée suivant les élections.

# 3. Le pouvoir judiciaire (voir fig. B 4)

Le pouvoir judiciaire est indépendant du pouvoir législatif et du pouvoir exécutif. Le Président de la République assisté du Conseil Supérieur de la Magistrature assure cette indépendance.

Le **Conseil Supérieur de la Magistrature** comprend neuf membres désignés par le Président de la République pour quatre ans. Le Conseil propose au Président de la République la nomination des hauts magistrats: présidents des Cours d'Appel, membres de la Cour de Cassation. Le Ministre de la Justice, appelé aussi **Garde des Sceaux** est vice-président du Conseil Supérieur de la Magistrature.

On distingue deux types de juridiction, en France comme en Allemagne Fédérale, à savoir les juridictions de l'ordre judiciaire et les juridictions de l'ordre administratif.

## 3.1 Les juridictions de l'ordre judiciaire

Les juridictions de l'ordre judiciaire sont divisées en juridictions civiles et en juridictions pénales. La justice civile juge les litiges concernant des personnes privées, tandis que la justice pénale est compétente pour les infractions à la loi.

**POUVOIR JUDICIAIRE**

```
                    CONSEIL SUPERIEUR DE LA MAGISTRATURE

         ┌──────────────────────────────┐                    ┌──────────────────────────┐
         │    JURIDICTION JUDICIAIRE    │                    │ JURIDICTION ADMINISTRATIVE│
         └──────────────┬───────────────┘                    └──────────────┬───────────┘
             ┌──────────┴──────────┐                                        │
             ▼                     ▼                                        ▼
      ┌─────────────┐       ┌─────────────┐
      │JUSTICE CIVILE│      │JUSTICE PENALE│
      └──────────────┘      └──────────────┘
```

| | Justice Civile | | | Justice Pénale | | | Juridiction Administrative | |
|---|---|---|---|---|---|---|---|---|
| 1ère Instance | Tribunal d'Instance | Tribunal de Grande Instance | Tribunaux spéciaux | Tribunal de Police | Tribunal Correctionnel | Cours d'Assises | Tribunal Administratif | Conseil d'Etat (except.) |
| 2ème Instance | Cour d'Appel | | | Cour d'Appel | | Pas d'Appel | Conseil d'Etat | Pas d'Appel |
| 3ème Instance | Cour de Cassation | | | Cour de Cassation | | | Conseil d'Etat (dans certains cas) | |

fig. B 4

## 3.1.1 Les juridictions civiles

La justice civile est rendue dans des tribunaux de droit commun ou dans des tribunaux spécialisés.

### 3.1.1.1 Les tribunaux de droit commun

Les tribunaux de droit commun de premier degré sont les tribunaux d'instance ou les tribunaux de grande instance. Les tribunaux d'instance sont compétents pour les litiges qui portent sur des sommes inférieures à 30.000 F, les tribunaux de grande instance pour des sommes supérieures. Devant un tribunal d'instance, le jugement est rendu par un seul juge et les plaideurs peuvent défendre directement leur cas sans le concours d'un avocat. Les jugements sont définitifs, c'est-à-dire sans appel pour les sommes inférieures à 13.000 F. Devant un tribunal de grande instance, le demandeur doit faire déposer sa plainte par un avocat, qui assigne l'adversaire. L'adversaire, appelé le défendeur, doit prendre aussi un avocat dans les quinze jours. S'il n'en a pas les moyens, il peut demander une aide judiciaire. Chaque partie présente ses arguments par écrit avant l'audience publique. Lors de celle-ci, les avocats plaident devant trois juges; le président rend la sentence ou demande à réfléchir avant de la prononcer: il met le jugement en délibéré. Le jugement est généralement prononcé dans ce cas de quinze jours à un mois après l'audience.
Les parties peuvent alors soit accepter le jugement, soit faire appel dans les deux mois suivants devant l'une des 35 Cours d'Appel. Les Cours d'Appel sont des tribunaux de second degré (seconde instance). L'appel suspend l'exécution du jugement de première instance. Les Cours d'Appel ne peuvent être saisies que par des avoués, officiers ministériels propriétaires de leur charge. Alors que les honoraires d'avocats sont libres en France – tandis qu'ils suivent un barème en RFA–, les honoraires d'avoués sont tarifés. Chaque partie doit supporter en France ses frais d'avocat mais les frais d'avoué sont à la charge de la partie perdante.
Parmi les autres auxiliaires de justice il faut noter les huissiers, qui sont, comme les avoués propriétaires de leur charge et qui ont pour but de transmettre aux parties les actes de procédure, les jugements de première instance, les arrêts de la Cour d'Appel et d'assurer l'exécution des jugements. Ils peuvent aussi dresser des constats.

### 3.1.1.2 Les tribunaux spécialisés

Les conflits entre commerçants sont de la compétence des Tribunaux de Commerce. Les membres des Tribunaux de Commerce ou juges consulaires sont des commerçants élus pour deux ans. Les Tribunaux de Commerce tiennent les registres des commerces et des sociétés.
Les conflits du travail sont de la compétence des Conseils des Prud'hommes. Il y a autant de Conseils des Prud'hommes que de Tribunaux de Grande Instance. Chaque Conseil comprend 5 sections (encadrement, industrie, commerce, agriculture, autres activités). Chaque section se compose d'un nombre pair d'employeurs et de salariés. Les conseillers sont élus à la représentation proportionnelle pour 5 ans. Les conseillers des Prud'hommes élisent un Président et un Vice-Président pour un an. La présidence doit être assurée alternativement par un conseiller employeur et un conseiller salarié. Les parties peuvent faire appel devant la Cour d'Appel si le litige est supérieur à 13.000 F.
Le Tribunal des affaires de Sécurité Sociale peut être saisi en cas de désaccord entre l'assuré et une caisse de Sécurité Sociale. Les litiges sont d'abord portés devant une commission de recours gracieux. Comme précédemment, les décisions de ce tribunal peuvent être portées devant la Cour d'Appel.
Les arrêts des Cours d'Appel peuvent être portés devant la Cour de Cassation. La Cour de Cassation ne juge pas, elle vérifie seulement que les arrêts ne contiennent pas de vices de forme et qu'ils ont bien été prononcés conformément à la loi. La Cour de Cassation peut casser les arrêts. Le dossier sera alors transmis pour un nouvel arrêt devant une autre Cour d'Appel.

### 3.1.2 Les juridictions pénales

#### 3.1.2.1 Les tribunaux de droit commun

- Le Tribunal de Police
  Le Tribunal de Police sanctionne les contraventions qui font l'objet d'un procès-verbal. Le juge est celui du Tribunal d'Instance.
- Le Tribunal Correctionnel
  Le Tribunal Correctionnel sanctionne les délits tels que les vols, les coups et blessures etc... après inculpation par le Juge d'Instruction. La Cour est composée par les juges du Tribunal de Grande Instance et un représentant du ministère public[1].
- La Cour d'Assises
  La Cour d'Assises juge les crimes (assassinat, vol à main armée, attentats etc...). La Cour comprend trois juges, un représentant du ministère public et un jury composé de neuf citoyens désignés par un tirage au sort sur les listes électorales. Pour que la majorité soit acquise, il faut obtenir au moins huit voix sur les douze votants.

#### 3.1.2.2 Les tribunaux spécialisés

Ils comprennent les Tribunaux pour Enfants et la Haute Cour de Justice qui concerne les trahisons.

## 3.2 Les juridictions de l'ordre administratif

### 3.2.1 Les tribunaux administratifs

Les tribunaux administratifs ont pour but de juger les différends entre les citoyens et l'administration. Avant de saisir un tribunal administratif, le plaignant peut transmettre son dossier à un parlementaire de sa circonscription électorale (député ou sénateur) pour qu'il le transmette au médiateur. Les différends locaux peuvent aussi être soumis au préalable directement au conciliateur, qui essaiera de régler l'affaire à l'amiable. Il y a généralement un conciliateur par canton.
En cas d'insuccès des instances précédentes, le citoyen peut s'adresser au tribunal administratif dont la procédure est entièrement écrite, c'est-à-dire qu'il n'y a pas de plaidoyer. Le recours aux juridictions administratives n'est pas suspensif, c'est-à-dire qu'un citoyen qui pense que son percepteur lui réclame trop d'impôts doit néanmoins payer la somme réclamée dans les délais prévus par la loi, même s'il a déposé une plainte devant un tribunal administratif.
Le Tribunal Administratif peut aussi être saisi par le Commissaire de la République pour annuler les décisions des Conseils Municipaux, Généraux ou Régionaux, qui ne seraient pas conformes à la loi.
Le jugement d'un Tribunal Administratif est rendu en délibéré, il est notifié par lettre recommandée.

### 3.2.2 Le Conseil d'Etat

Les décisions d'un Tribunal Administratif peuvent faire l'objet d'un appel devant le Conseil d'Etat.

---

[1] Lorsque la société est en cause, elle est représentée par un avocat spécial, on dit qu'il exerce le ministère public: il est au service des personnes qui constituent la société. On dit aussi le parquet pour le ministère public.

Le Conseil d'Etat peut être saisi en premier degré dans des cas particuliers: excès de pouvoir, litiges survenus dans les Territoires d'Outre-Mer ou à l'étranger. Dans ce cas, la décision est sans appel.
Le Conseil d'Etat est aussi une juridiction de Cassation pour certains tribunaux (tribunal des pensions).

# 4. Exercices

## 4.1 Compréhension et commentaires

1. Comment est élu le Président de la République? Pour combien d'années?
2. Qui propose et qui nomme les ministres?
3. De quoi se compose le Parlement?
4. Enumérez les cinq divisions administratives de la France!
5. Qui est responsable du pouvoir exécutif d'une région? Par qui est-il contrôlé?
6. Qu'est-ce qu'un Conseil Général?
7. Combien de régions existent en France et comment sont-elles dirigées?
8. Combien y a-t-il de départements en France? Qu'appelle-t-on les DOM et les TOM?
9. Quel est le rôle du Commissaire de la République?
10. Comment est élu le maire d'une commune?
11. Quand un Tribunal de Grande Instance est-il compétent?
12. Comment sont calculés les frais d'avocat en France? Qui paie ces frais?
13. Enumérez quelques tribunaux spécialisés!
14. Devant quel tribunal doivent être portés les litiges entre commerçants?
15. Qu'appelle-t-on Conseil des Prud'hommes?

## 4.2 Dictée

### La 5ème constitution française ou la Constitution de 1958

Article 2
La France est une République indivisible, laïque, démocratique et sociale. Elle assure l'égalité devant la loi de tous les citoyens sans distinction d'origine, de race ou de religion. Elle respecte toutes les croyances. L'emblème national est le drapeau tricolore: bleu, blanc, rouge.
L'hymne national est la Marseillaise.
La devise de la République est «Liberté, Egalité, Fraternité». Son principe est: gouvernement du peuple, par le peuple et pour le peuple.

Article 5
Le Président de la République veille au respect de la Constitution. Il assure par son arbitrage le fonctionnement régulier des pouvoirs publics ainsi que la continuité de l'Etat.
Il est garant de l'indépendance nationale, de l'intégrité du territoire, du respect des accords de Communauté et des traités.

Article 20
Le gouvernement détermine et conduit la politique de la Nation. Il dispose de l'administration et de la force armée. Il est responsable devant le Parlement dans les conditions et suivant les procédures prévues aux articles 49 et 50.

> **Compréhension et commentaires**
>
> 1. Expliquez la devise de la République française «Liberté, Egalité, Fraternité».
> 2. Comment le Président de la République peut-il garantir l'indépendance nationale et l'intégrité du territoire?
> 3. Quel est le rôle du gouvernement et quels sont ses moyens d'action?

## 4.3 Traductions

### 4.3.1 Version

L'Elysée et Matignon[1])

**Ce qui ne changera pas.** La Constitution donne au président de la République des pouvoirs et des responsabilités qui demeurent indiscutables, de quelque parti que soit issu le Premier ministre. Il y a d'abord les grandes missions symboliques. L'article 5: le président «assure par son arbitrage le fonctionnement régulier des pouvoirs publics, ainsi que la continuité de l'Etat», il est «le garant de l'indépendance nationale». L'article 16, capital en période troublée, définit les «pouvoirs exceptionnels». A l'inverse, une disposition jusque-là peu employée (dix fois seulement depuis 1958) pourrait être plus utile à Mitterrand qu'à ses prédécesseurs: l'article 18. Le président «communique avec les deux Assemblées par des messages qu'il fait lire et qui ne donnent lieu à aucun débat».
Tout aussi intangible, mais bien plus déterminant, l'article 12: le droit de dissolution. Le chef de l'Etat peut, quand il le souhaite, renvoyer les députés devant leurs électeurs. Une dissolution ne peut être suivie d'une autre avant un an, ce qui en limite l'usage.
**Ce qui changera.** Certains des pouvoirs du président de la République sont amoindris, voire annulés en cas de désaccord entre le Premier ministre et lui. Ainsi de l'article 8: le président «nomme le Premier ministre». Indiscutable! Oui mais...«il met fin à ses fonctions sur la présentation par celui-ci de la démission du gouvernement». Aucun des constituants de 1958 n'avait peut-être imaginé qu'un Premier ministre puisse refuser de démissionner! Résultat, vingt-huit ans plus tard, le Premier ministre de la cohabitation est, comme dit Valéry Giscard d'Estaing, «indéboulonnable».
Autre petit problème: L'initiative du référendum. Prérogative présidentielle par excellence? Oui, mais ... article 11: «Le président de la République, sur proposition du gouvernement (...), peut soumettre au référendum», etc. Autrement dit le président a besoin de la proposition du Premier ministre pour organiser une telle consultation.
Article 19: tous les actes du président de la République (à l'exception de ceux cités plus haut) «sont contresignés par le Premier ministre ou les ministres responsables».
Mais, en 1986, le résultat est que le président a besoin de l'aval du Premier ministre pour nombre de ses décisions ... en particulier pour les nominations aux «emplois civils et militaires». Après le 16 mars, le chef de l'Etat ne pourra plus nommer qu'il veut. Il lui faudra, auparavant, s'entendre avec le chef du gouvernement. Charmantes négociations en perspective.
**Ce qui peut donner lieu à conflit.** Principale source de ces conflits éventuels, l'article 20: «Le premier ministre détermine et conduit la politique de la nation. Il dispose

de l'administration et de la force armée». Non seulement il est »indéboulonnable«, mais il a les moyens constitutionnels de gouverner.
Quel match! D'un côté, pour le président, élu au suffrage universel direct, des pouvoirs anciens, consolidés au fil de l'Histoire et des pratiques successives. De l'autre, des pouvoirs tout neufs, jamais encore utilisés de manière extensive, et soudain révélés par une conjoncture inédite: un gouvernement et une majorité non plus aux côtés du président, mais dressés face à lui.
Tiré de: «L'Express», Revue de la Presse, n° 4, April 1986

### Compréhension et commentaires

1. Cet article a été publié en avril 1986, on parlait à cette époque de cohabitation. Expliquez dans ce contexte les titres des trois chapitres de l'Elysée et Matignon.
2. Le Président de la République nomme le Premier Ministre, peut-il le renvoyer?
3. Nommez quelques sources de conflit possibles entre le Président de la République et le Premier Ministre.

[1] Le Palais de l'Elysée est le siège de la Présidence de la République. L'Hôtel Matignon celui du Premier Ministre.

### 4.3.2 Thème

Die Regionalförderung

## Ein Dorn im Auge

Die Bundesländer wehren sich gegen Eingriffe der EG-Kommission in die deutsche Regionalpolitik. Aber auch unter den Ländern ist die Regionalförderung umstritten.
„Die Erfüllung des Verfassungsauftrages in der Bundesrepublik Deutschland zur Sicherung gleichwertiger Lebensbedingungen" werde durch das Kommissionsvorgehen „beeinträchtigt, wenn nicht sogar verhindert".
Die Europäische Kommission stützt sich dabei auf die Artikel des EWG-Vertrages, die wettbewerbsverfälschende Subventionen in der Gemeinschaft untersagen. Im Endergebnis aber, so die deutschen Wirtschaftsminister, nutzt die Kommission die Wettbewerbspolitik de facto, um die Zuständigkeit für die gesamte Regionalpolitik an sich zu reißen – die in der Bundesrepublik laut Verfassung vor allem in die Kompetenz der Bundesländer fällt.
Das Mißtrauen der Deutschen wird dadurch genährt, daß die Kommission für ihre Entscheidung, ob sie die Förderung einer Region untersagt oder billigt, eigene Kriterien heranzieht. So erkennen die Brüsseler im Grundsatz nur dann die Förderungswürdigkeit eines Gebiets in der Bundesrepublik an, wenn dort die Arbeitslosenquote um 45 Prozent über dem Bundesdurchschnitt oder die Wertschöpfung um mindestens 25 Prozent unter dem Bundesdurchschnitt liegt. Die für andere EG-Länder weitaus niedriger festgesetzten Schwellenwerte führten zudem zu „unvertretbaren Verzerrungen" (Memorandum-Text).
Die Deutschen lehnen die Brüsseler Prüfmethode aber auch ab, weil sie „wesentlich an Durchschnittswerten der Gemeinschaft" (Memorandum) anknüpfe – als ob ein deutscher Mittelständler nicht zwischen München und dem ländlichen Raum um München entscheidet, sondern zwischen Bayern und Sizilien.

Doch so einig sich die deutschen Minister gegenüber Brüssel sind, so uneins sind sie untereinander. Am 4. Juli wollen die Länderwirtschaftsminister zusammen mit dem Bundeswirtschaftsminister – unabhängig vom Streit mit der EG – über die Neuabgrenzung der Fördergebiete entscheiden.

Die vorgesehene Neuaufteilung, klagt Nordrhein-Westfalens Wirtschaftsminister Reimut Jochimsen, sei „unausgewogen, begünstigt ländliche Gebiete mit relativ niedrigem Einkommen und benachteiligt Gebiete mit alten Industrien im Strukturwandel". Seine Klage ist verständlich: Bochum beispielsweise, das wegen seiner hohen Arbeitslosigkeit sogar nach den EG-Kriterien wahrscheinlich als förderungswürdig anerkannt würde, soll nach der Neuabgrenzung kein Fördergebiet mehr sein.

Wirtschaftswoche Nr. 27  27.6.1986

# 5. Lexique: Organisation politique et administrative de la France

## Le pouvoir central

**la constitution** Verfassung
**le peuple souverain** das Volk ist Inhaber der Souveränität
**le régime démocratique** demokratische Regierungsform
**les droits civiques (m)** Bürgerrechte
**par voie directe** unmittelbar
**le référendum** Volksentscheid
**par voie représentative** mittelbar
**par l'intermédiaire de** durch die Vermittlung, vermittels, über
**l'élu (m)** Gewählter
**au sein de** innerhalb von
**le conseil** Rat
**l'assemblée (f)** Versammlung
**le vote** die Abstimmung, die Wahl
**universel** allgemein
**égal, e** gleich
**secret** geheim
**le sexe** Geschlecht
**le bulletin de vote** Stimmzettel
**l'isoloir (m)** Wahlkabine
**le régime parlementaire** parlamentarische Regierungsform
**admettre** zulassen
**la décade** Jahrzehnt
**le pouvoir de décision** Entscheidungsgewalt
**transférer** übertragen
**le pouvoir central** Zentralgewalt
**voter** wählen, beschließen, hier: verabschieden
**la prééminence** Vorrang, höhere Bedeutung
**l'inspirateur (m)** Anreger, Beseeler
**le garant** Garant, Bürge
**être élu pour ...** gewählt werden für ...
**le suffrage universel direct** allgemeine, direkte Wahl
**l'éligibilité (f)** Wählbarkeit, passives Wahlrecht
**être privé de qc.** etwas verloren haben
**les droits civils (m)** bürgerliche Rechte
**être parrainé** durch einen Paten unterstützt werden
**le maire** Bürgermeister
**le Conseil Général** Generalrat
**le conseiller général** Mitglied des Generalrates
**le député** Abgeordneter
**le sénateur** Senator
**réparti** verteilt
**le parrain** Pate
**étendu (e)** umfangreich, umfassend
**nommer quelqu'un** jemanden ernennen
**le Premier Ministre** Premierminister
**présider qc.** den Vorsitz führen
**le Conseil des Ministres** Ministerrat
**avoir lieu** stattfinden
**dissoudre** auflösen
**l'Assemblée Nationale (f)** Nationalversammlung
**proposer un référendum** einen Volksentscheid vorschlagen
**disposer de pouvoirs exceptionnels** über Sondervollmachten verfügen
**le chef supérieur des armées** Oberbefehlshaber der Streitkräfte
**les armes atomiques (f)** Atomwaffen
**le Cabinet** Kabinett
**la liaison** hier: Koordination
**l'Etat-Major (m)** Generalstab
**le Gouvernement** Regierung
**le Ministre** Minister
**le Secrétaire d'Etat** Staatssekretär
**sanctionner quelqu'un par une motion de censure** ein Mißtrauensvotum stellen
**obliger quelqu'un** jemanden verpflichten
**la majorité** Mehrheit
**démissionner** zurücktreten
**déposer les projets de lois** Gesetzesvorlagen einbringen
**être composé de** zusammengesetzt sein
**la Chambre** hier: Kammer
**le suffrage universel indirect** allgemeine, indirekte Wahl
**être renouvelé par tiers** drittelweise erneuert werden
**la circonscription** Wahlkreis
**élire** wählen
**le scrutin majoritaire** Mehrheitswahl
**à deux tours** in zwei Wahlgängen
**l'élection (f) des Députés** Wahl der Abgeordneten

être effectué(e)   durchgeführt werden
le cadre départemental   auf departementaler Ebene
le scrutin de liste   Listenwahl
la représentation proportionnelle   proportionale Vertretung
le délégué   Delegierter
le travail parlementaire   Parlamentsarbeit
la session ordinaire   ordentliche Sitzungsperiode
la loi des finances   Finanzgesetz
le budget   Haushalt
la session extraordinaire   außerordentliche Sitzung
les Conseils (m)   Räte
le Conseil Constitutionnel   Verfassungsrat
la régularité   Ordnungsmäßigkeit
veiller à ce que   auf etwas achten
être saisi(e)   hier: angerufen werden
le Conseil d'Etat   Staatsrat
le juge   Richter
jouir de   genießen
l'indépendance (f)   Unabhängigkeit
être consulté sur   gehört werden, befragt werden
le décret   Erlaß
la Cour Suprême des Tribunaux Administratifs   Oberstes Verwaltungsgericht
le litige   Streitfall
le Conseil Economique et Social   Wirtschafts- und Sozialrat
l'organisation professionnelle   Berufsorganisation
la Cour des Comptes   Rechnungshof
le compte   Konto
la Chambre Régionale des Comptes   Regionale Rechnungskammer
être inamovible   unabsetzbar sein (auf Lebenszeit berufen werden)
le Médiateur   Vermittler, Obmann, Schiedsmann (anglais »Ombudsmann«, Beauftragter des Parlaments für Beschwerden von Staatsbürgern)

## Le pouvoir local

la collectivité territoriale   Gebietskörperschaft
la personnalité juridique   Rechtspersönlichkeit
la circonscription administrative   Verwaltungsbezirk
la circonscription électorale   Wahlkreis
la région   Region
la politique d'aménagement du territoire   Raumordnungspolitik
entraîner   mit sich bringen
au début   anfangs
évoluer   sich entwickeln
le Conseil Régional   Regionalrat
avoir compétence   Zuständigkeit haben
promouvoir   hier: fördern, vorantreiben
le développement   Entwicklung
sanitaire   gesundheitlich
scientifique   wissenschaftlich
la préservation   Wahrung
l'attribution (f)   Obliegenheit, Befugnis
l'établissement public (m)   öffentliche Anstalt
le Conseiller Régional   Mitglied des Regionalrates
être assisté pour avis   in der Meinungsbildung unterstützt werden
le Comité Economique et Social Régional   regionaler Wirtschafts- und Sozialausschuß
les représentants d'employeurs   Arbeitgebervertreter
le pouvoir exécutif   exekutive/ausübende Gewalt
le Commissaire de la République de Région   Kommissar der Republik der Region
antérieurement   früher
le Préfet de Région   Präfekt der Region
les services extérieurs de l'Etat   Außenstellen der Ministerien
Direction Régionale de l'Agriculture et des Forêts   Regionaldirektion für Landwirtschaft und Forsten
Direction Régionale du Commerce Extérieur   Regionaldirektion für den Außenhandel
la planification   Planung
les investissements publics   öffentliche Investitionen
le contrat d'investissement   Investitionsvertrag
le budget régional   regionaler Haushalt
le budget départemental   departementaler Haushalt
le budget communal   kommunaler Haushalt
le département   Departement

**l'étendue (f)** Ausdehnung, Weite
**la diversité** Verschiedenheit, Mannigfaltigkeit
**le chef-lieu** Hauptstadt des Departements
**métropolitain** zum Mutterland gehörig
**le code postal** Postleitzahl
**la plaque minéralogique** Nummernschild
**le Commissaire de la République** Kommissar der Republik
**l'adjoint (m)** Stellvertreter, Beigeordneter
**le Conseil des Ministres** Ministerrat
**le patrimoine** Erbgut
**la commune** Gemeinde
**regrouper la coopération intercommunale** interkommunale Arbeit zusammenstellen
**voir le jour** entstehen, geboren werden
**le Conseil Municipal** Gemeinderat
**le scrutin plurinominal** Vorzugswahl
**la proportionnelle** Verhältniswahlrecht
**le nombre de voix** Stimmenzahl

## Le pouvoir judicaire

**le pouvoir judiciaire** judikative (die richterliche) Gewalt
**le pouvoir législatif** legislative (die gesetzgebende) Gewalt
**le Conseil Supérieur de la Magistrature** oberster Rat für Richterstand und Staatsanwaltschaft
**le magistrat** Richter
**la Cour d'Appel** Berufungs- oder Appellationsgericht
**la Cour de Cassation** Kassationshof, Revisionsgericht
**le Ministre de la Justice** Justizminister
**le Garde des Sceaux** Justizminister
**la juridiction judiciaire** ordentliche Gerichtsbarkeit
**la juridiction administrative** Verwaltungsgerichtsbarkeit
**la juridiction (la justice) civile** Zivilgerichtsbarkeit
**la juridiction (la justice) pénale** Strafgerichtsbarkeit
**l'infraction (f) à la loi** Gesetzesübertretung
**le tribunal de droit commun** ordentliches Gericht
**avec le concours de quelqu'un** mit der Hilfe von jemandem
**l'avocat (m)** Rechtsanwalt

**le plaideur** Prozeßführender
**sans appel** ohne Berufung
**la plainte** Klage
**assigner quelqu'un** jemanden belangen
**l'adversaire (m)** Gegner
**le défendeur** Beklagter
**l'audience publique (f)** öffentliche Gerichtssitzung
**plaider** plädieren, eine Sache vor Gericht vertreten
**le président** Vorsitzender
**mettre le jugement en délibéré** das Urteil zur Beratung aussetzen
**prononcer** verkünden
**l'audience (f)** Gerichtssitzung
**faire appel** Berufung einlegen
**suspendre l'exécution du jugement** die Vollstreckung eines Urteils aussetzen
**l'avoué (m)** Anwalt (en RFA l'avocat joue aussi le rôle de l'avoué en France. Le mot »avoué« n'a aucun correspondant exact en allemand)
**l'officier ministériel (m)** öffentlicher, beeidigter Beamter
**être propriétaire de sa charge** Inhaber eines Amtes sein
**l'honoraire (m)** Honorar
**le barème** Gebührenordnung
**être tarifé** in einer Gebührenordnung festgelegt sein
**les frais d'avocat (m)** Anwaltskosten
**être à la charge de quelqu'un** zu Lasten von jemanden sein
**perdre** verlieren
**l'auxiliaire (m) de justice** juristischer Helfer, juristische Hilfskraft
**l'huissier (m)** Gerichtsvollzieher, Urteilvollstreckungsbeamter
**les actes de procédure** Prozeßakten
**le jugement de première instance** erstinstanzliches Urteil
**l'arrêt de la Cour d'appel** Berufungsurteil
**assurer l'exécution d'un jugement** für die Urteilsvollstreckung sorgen
**dresser un constat** ein amtliches Protokoll aufnehmen
**les tribunaux spécialisés (m)** spezialisierte Gerichte
**la compétence** Zuständigkeit
**le tribunal de commerce** Handelsgericht
**le juge consulaire** Handelsrichter
**le registre du commerce** Handelsregister

**le registre des sociétés** Gesellschaftsregister
**le conflit du travail** Arbeitskonflikt
**le Conseil des Prud'hommes** Arbeitsschiedsgericht
**l'encadrement (m)** leitende Angestellte
**l'employeur (m)** Arbeitgeber
**le salarié** Arbeitnehmer
**la représentation proportionnelle** Verhältniswahlrecht
**la présidence** Vorsitz
**alternativement** abwechselnd
**le conseiller employeur** Handelsrichter von der Arbeitgeberseite
**le conseiller salarié** Handelsrichter von der Arbeitnehmerseite
**le tribunal des affaires de Sécurité Sociale** Sozialgericht
**le désaccord** Meinungsverschiedenheit
**la commission de recours gracieux** kostenfreie Schiedskommission
**la Cour de Cassation** Kassationshof (entspricht dem deutschen Bundesgerichtshof)
**le vice de forme** Formfehler
**casser un jugement** ein Urteil aufheben
**la juridiction pénale** Strafgerichtsbarkeit
**le tribunal de police** Polizeigericht
**la contravention** Übertretung, Gesetzesübertretung
**le procès-verbal** Protokoll
**le tribunal d'instance** Amtsgericht
**le tribunal de grande instance** Landgericht
**le tribunal correctionnel** Strafgericht
**sanctionner** bestrafen
**le délit** Vergehen
**le vol** Diebstahl

**les coups et blessures** Körperverletzung
**l'inculpation (f)** Anklage
**le juge d'instruction** Untersuchungsrichter
**le ministère public** Staatsanwaltschaft
**le parquet** Staatsanwaltschaft
**la Cour d'Assises** Schwurgericht, Schöffengericht
**le crime** Verbrechen
**l'assassinat (m)** Mord
**le vol à main armée** Raubüberfall
**l'attentat (m)** Attentat, Anschlag
**le tirage au sort** Aus-, Verlosung
**la liste électorale** Wahlliste
**le Tribunal pour Enfants** Jugendgericht
**la Haute Cour de Justice** Staatsgerichtshof
**la trahison** Verrat
**la juridiction de l'ordre administratif** Verwaltungsgerichtsbarkeit
**le tribunal administratif** das Verwaltungsgericht
**le plaignant** der Kläger
**le dossier** die Akte
**la circonscription électorale** der Wahlkreis
**le conciliateur** der Schlichter, der Schiedsmann
**régler une affaire à l'amiable** eine Angelegenheit gütlich regeln
**être suspensif (ve)** von aufschiebender Wirkung sein
**le percepteur** der Steuereinnehmer
**l'impôt (m)** die Steuer
**le jugement est rendu en délibéré** das Urteil ergeht schriftlich nach Beratung
**l'excès de pouvoir (m)** Zuständigkeitsüberschreitung, Machtmißbrauch

# L'économie de la France

## 1. Généralités

### 1.1 Le plan

La France offre la particularité d'avoir une économie libérale et planifiée. L'Etat intervient dans l'économie du pays grâce à des plans économiques et sociaux généralement quinquennaux, en favorisant certains secteurs par des aides financières et des commandes du secteur public. Le premier plan a été créé en 1947 par Jean Monnet pour reconstruire et moderniser la France et justifier de l'emploi de l'aide financière des Etats-Unis accordée par le plan Marshall.
Les plans sont élaborés et contrôlés par le Commissariat au Plan. Le travail est réparti entre diverses commissions et groupes de travail qui rassemblent des représentants du Conseil Economique et Social, des organisations professionnelles et de l'administration.

Le IXème Plan concerne la période allant de 1984 à 1988. Ce Plan est non seulement économique et social mais aussi culturel, ce qui est une innovation. Depuis le VIIème Plan, la France éprouve de plus en plus de difficultés à atteindre les objectifs qu'elle s'est donnés à cause des fluctuations de l'environnement économique mondial. Le Plan donne l'occasion à la France de faire le point de façon régulière sur sa situation économique et sociale, de discuter les problèmes existants et d'en proposer des solutions.

La Commission nationale de planification, qui regroupe entre autres les présidents des Conseils régionaux et qui est présidée par le ministre chargé du Plan, examine les propositions élaborées par le gouvernement au sein de neuf commissions spécialisées. Les textes de synthèse sont soumis par le Commissaire au Plan au Conseil Economique et Social et au Conseil d'Etat avant d'être proposés au vote du Parlement. Il en résulte la 1ère loi du Plan qui sera suivie par une seconde qui définira les moyens budgétaires nécessaires à la réalisation du Plan.

### Financement budgétaire du IXème Plan
### (en millions de F)

| Définition des programmes prioritaires d'exécution | Base 1984 | | Enveloppe 1984 – 1988 | |
|---|---|---|---|---|
| | Dépenses ordinaires | Autorisations de programme | Dépenses ordinaires | Autorisations de programme |
| 1. Moderniser l'industrie grâce aux nouvelles technologies et à un effort d'épargne | 499 | 2.677 | 3.871 | 16.009 |
| 2. Poursuivre la rénovation du système d'éducation et de formation des jeunes | 12.970 | 3.564 | 70.135 | 21.102 |
| 3. Favoriser la recherche et l'innovation | 519 | 10.164 | 3.342 | 60.963 |
| 4. Développer les industries de communication | 3.318 | 276 | 19.462 | 1.729 |
| 5. Réduire la dépendance énergétique | 672 | 2.095 | 3.403 | 12.059 |
| 6. Agir pour l'emploi | 5.140 | 216 | 34.980 | 1.298 |
| 7. Vendre mieux en France et à l'étranger | 3.611 | 1.165 | 20.308 | 7.882 |
| 8. Assurer un environnement favorable à la famille et à la natalité | 187 | 39 | 1.084 | 225 |
| 9. Réussir la décentralisation | 213 | 3.083 | 2.357 | 18.686 |
| 10. Mieux vivre dans la ville | 75 | 2.501 | 534 | 14.552 |
| 11. Moderniser et mieux gérer le système de santé | 3.745 | 1.362 | 20.767 | 7.931 |
| 12. Améliorer la justice et la sécurité | 567 | 708 | 3.562 | 4.299 |
| Total | 31.516 | 27.850 | 183.805 | 166.735 |

Source: Loi n° 83-1180 du 24 décembre 1983.

## 1.2 Le produit intérieur brut[1])

Les ressources de la France s'élevaient en 1984 à plus de 5.300 milliards de F, dont 80% étaient fournis par le Produit Intérieur Brut (P.I.B.) et 20% par les importations de biens et de services. Si l'on compare le PIB de la France à celui des autres pays, il se situe au cinquième rang mondial derrière les Etats-Unis, la Russie, le Japon et l'Allemagne Fédérale. Au point de vue des revenus par habitant, la France se situe au huitième rang. Les comparaisons internationales du PIB se font à partir d'une même monnaie, le dollar pour les pays de l'OCDE et l'écu pour les pays de la Communauté Européenne.

Calculé en termes de production, le Produit Intérieur Brut (PIB) est égal à la somme des valeurs ajoutées brutes, c'est-à-dire à la différence entre la valeur de la production et celle des consommations intermédiaires des diverses branches économiques et administratives, de la taxe sur la valeur ajoutée et des droits de douane et assimilés. En 1984 et 1985, il se composait comme suit:

|  | 1984 | 1988 |
|---|---|---|
|  | (en millions de F) | |
| Somme des valeurs ajoutées brutes | 3.889.733 | 5.167.378 |
| TVA sur les produits | 376.796 | 480.560 |
| Droits de douane et assimilés | 8.632 | 10.987 |
|  | 4.227.161 | 5.658.925 |

Le calcul du PIB fait partie des «Comptes de la Nation» effectués chaque année par le Ministère de l'Economie, des Finances et du Budget, en collaboration avec l'Institut National de la Statistique et des Etudes Economiques (INSEE). Les comptes de la dernière année paraissent généralement au mois de juin, ils sont qualifiés de «provisoires». Ils font l'objet de révisions au cours de trois années consécutives. Les comptes sont établis en valeurs aux prix courants, en valeurs aux prix de l'année précédente et en valeurs aux prix de 1970. On distingue le PIB marchand et le PIB non marchand (services non marchands des administrations). La variation du PIB marchand calculée sur la base des prix de 1970 est appelée taux de croissance.

Le taux de croissance annuel de la France a diminué de façon sensible au cours des 25 dernières années comme dans l'ensemble des pays industriels. Il est passé en France de 6,8% pour la période allant de 1960 à 1969, à 4,3% pour la période de 1970 à 1979 et à 0,9% pour 1980-84. Il était en 1985 de 1,1%. La diminution du taux de croissance est une des causes du chômage en France.

## 1.3 Le budget de l'Etat

L'Etat assure de nombreux services comme ceux de l'éducation nationale, de la police ou de la défense; il subventionne d'autre part les collectivités locales et de nombreuses entreprises publiques ou privées. Pour couvrir ses dépenses, l'Etat doit prélever de l'argent à ceux qui en gagnent. Au début de chaque année, le Ministre des Finances établit les grandes lignes du budget pour l'année suivante en tenant compte des impératifs du Plan. Ce document est soumis à l'approbation du Conseil des Ministres. Chaque ministre ou secrétaire d'Etat fait

---

[1]) On parle encore parfois de Produit National Brut (PNB), qui est du même ordre de grandeur et qui correspond au PIB + les revenus courants reçus de l'étranger – les revenus courants versés à l'étranger. Le terme de PNB est de moins en moins employé.

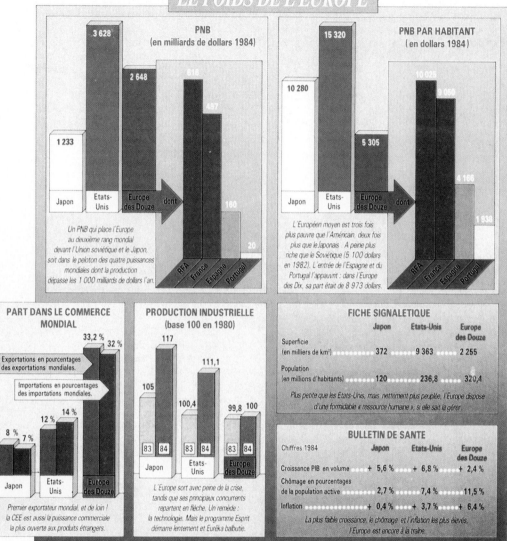

Source: Le Nouvel Economiste, n° 523, 10/1/86.

part de ses besoins au Ministre des Finances qui établit pour le mois de juillet le «projet de loi des finances» qui sera soumis au Parlement au mois d'octobre. Il en résultera la «loi de finances initiale» comprenant les recettes et les dépenses prévisionnelles. Cette première loi est souvent modifiée en cours d'exercice par une loi des finances rectificative appelée aussi «le collectif budgétaire». L'exercice terminé, les comptes de l'Etat sont alors vérifiés par la Cour des Comptes. Les comptes définitifs approuvés par le Parlement font l'objet de la loi de règlement.

Les dépenses budgétisées de l'Etat pour l'année 1985, compte-tenu de la loi des finances rectificative, s'élevaient à 1.255 milliards de francs, elles correspondaient à 27% du PIB, les recettes étaient de 1.105 milliards de francs. Il en résultait un déficit budgétaire de 150 milliards de francs, soit 3,3% du PIB, qui devra être couvert par des emprunts.

Les recettes de l'Etat proviennent pour 95% d'impôts. Les impôts sont soit directs, tels que les impôts sur le revenu des personnes ou des sociétés, soit indirects comme la taxe sur la valeur ajoutée (T.V.A.), la taxe sur le tabac, les droits de douane etc... Le reste des revenus de l'Etat concerne des recettes non fiscales comme le prélèvement sur les jeux. En 1985, les impôts directs représentaient 38% des recettes fiscales du budget et les impôts indirects 62%. Les dépenses de l'Etat comprennent les charges communes à toutes les administrations (11,4% du budget en 1985) ainsi que celles des différents ministères dont celui de l'éducation nationale et de la culture (23,4%), du secteur social (19,7%), de la défense (15,7%). Les dépenses d'investissement s'échelonnant sur plusieurs années comme la plupart de celles prévues au Plan doivent faire l'objet d'autorisations de programme.

## 1.4 Les salaires )

Le salaire est la rémunération payée à un travailleur lié à un employeur par un contrat de travail. Le salaire peut être payé en nature ou en espèces. Le calcul des salaires peut être effectué au temps (à l'heure, à la journée, au mois), au rendement, au pourcentage (c'est le cas de représentants de commerce) ou au pourboire (garçons de café).

### 1.4.1 Le S.M.I.C.

Depuis 1950, un salaire horaire minimum est garanti à chaque travailleur. Il s'intitule aujourd'hui le Salaire Minimum Interprofessionnel de Croissance (S.M.I.C.) (26,92 F au 1$^{er}$ juillet 1986). Le S.M.I.C. est indexé sur l'indice national des prix à la consommation. Dès que cet indice augmente de 2%, le S.M.I.C. est réajusté. De plus, chaque année, le gouvernement propose au mois de juillet une augmentation du S.M.I.C. comme participation à l'expansion nationale. En 1984, le S.M.I.C. concernait 7,3% des salariés, pour la plupart des ouvriers. Il y a en fait 13% des personnes qui touchent un salaire mensuel correspondant au S.M.I.C., mais 3% d'entre elles travaillent à temps partiel et 3% ont une activité secondaire. Le S.M.I.C. peut être réduit de 20% pour les jeunes ouvriers n'ayant pas 17 ans. Cet abattement ne peut être que de 10% pour les jeunes gens âgés de 17 à 18 ans. Les apprentis sous contrat touchent une rémunération calculée à partir du S.M.I.C.

### 1.4.2 Le salaire mensuel

Depuis 1979, la mensualisation a été rendue obligatoire pour les travailleurs à temps plein ou à temps choisi de la plupart des professions. Des primes peuvent être versées aux travailleurs par les entreprises en plus du salaire (13ème mois, prime pour le travail de nuit, prime de bilan...).

---

[1] On parle généralement pour un fonctionnaire d'un traitement, pour un militaire (soldat) d'une solde. Les personnes qui exercent une profession libérale reçoivent des honoraires.

Le salaire mensuel ne peut être inférieur au S.M.I.C. multiplié par 169 heures de travail. Il est fixé librement entre l'employeur et l'ouvrier ou bien il fait l'objet d'une convention pour la branche considérée.

Lorsque le salaire est supérieur à 2.500 F par mois il doit obligatoirement être payé par chèque barré ou par virement bancaire ou postal. Un bulletin de salaire doit être remis obligatoirement à chaque travailleur.

Le salaire net payé correspond au salaire brut appelé aussi salaire offert, déduction faite de la part ouvrière des charges sociales[1]. Les charges sociales comprennent l'assurance maladie (maladie, invalidité, maternité, décès), l'assurance veuvage, l'assurance chômage, calculées sur l'ensemble du salaire brut, l'assurance vieillesse et la cotisation de retraite complémentaire, calculées sur un salaire maximum appelé «plafond». L'employeur devra en plus payer une cotisation pour les prestations familiales (allocations familiales) et les accidents du travail.

Lorsque le travailleur perçoit un salaire brut inférieur au salaire plafonné, il paiera des charges sociales sur l'ensemble de son salaire. Dans le cas contraire, il paiera l'assurance maladie et l'assurance chômage sur son salaire brut, les autres charges sur son salaire plafonné.

Malgré les efforts entrepris par les divers gouvernements, le salaire des femmes pour une tâche semblable est en moyenne inférieur de 25% à celui des hommes. Les salaires les plus élevés sont offerts dans le tertiaire.

Les salaires nets font l'objet d'une déclaration annuelle aux services fiscaux par les employeurs. Les foyers doivent effectuer au début de l'année suivante une déclaration de leurs revenus pour l'année écoulée. Le montant des impôts directs dus sera calculé à partir de cette déclaration. Des avances sur impôts directs peuvent être demandées aux foyers sous la forme de tiers provisionnels. Le montant des impôts directs est moins élevé en France qu'en Allemagne Fédérale, par contre c'est l'inverse pour les impôts indirects (T.V.A.).

## 1.5 Les échanges avec l'extérieur

On a souvent tendance lorsque l'on parle de commerce extérieur d'un pays à ne considérer que les échanges de marchandises sans parler des services. Si la France a généralement une balance de transactions sur les produits déficitaire, celle concernant les services est par contre positive.

Pour établir la balance des paiements entre la France et l'étranger il faut tenir compte des échanges de marchandises, de services et des mouvements de capitaux.

Le principal poste déficitaire du commerce extérieur de la France concerne les hydrocarbures, qui représentent plus de 20% de l'ensemble des importations, soit quelque 200 milliards de F en 1985. Si l'on considère que la balance du commerce extérieur pour l'ensemble des marchandises était déficitaire de 61 milliards de F cette même année, on comprend l'importance que revêt le problème de l'énergie en France.

Le principal secteur bénéficiaire du commerce extérieur concerne le secteur des biens d'équipement professionnels, dont le solde dégage un excédent de 57 milliards de F, en seconde position se situent les exportations de produits végétaux, avec 39 milliards de F.

En 1985, les exportations françaises de produits s'élevaient à 907 milliards de F et les importations à 968 milliards de F. Il en résultait un solde négatif de 61 milliards de F. Les ser-

---

[1] Au 1er janvier 1987, la part ouvrière des charges sociales s'établissait comme suit:
- Assurance maladie, maternité, invalidité — 5,60%
- Assurance chômage — 2,31% du plafond, 2,81% au-delà
- Assurance vieillesse, assurance veuvage — 6,40% du plafond
- Plafond de la Sécurité Sociale — 9.480 F par mois
- Retraite complémentaire — 3,84% sur plafond

vices, par contre, dégagaient cette même année un excédent de 68 milliards de F, permettant d'équilibrer les transactions courantes.
Environ la moitié des échanges extérieurs de la France, aussi bien pour les importations que pour les exportations, s'effectue avec les pays de la Communauté Européenne et 22% avec les autres pays de l'O.C.D.E.[1])
La France entretient des relations privilégiées avec la plupart des pays de la zone franc[2]). L'Allemagne Fédérale est le premier fournisseur de la France et aussi son premier client. Les exportations françaises vers la RFA représentaient 14,7% de l'ensemble des exportations, les importations 16,3%. Environ la moitié du déficit du commerce extérieur de la France provient de ses échanges avec la RFA. Il s'agit d'un déficit conjoncturel, qui préoccupe les experts des deux pays.

## 1.6 L'encadrement du travail

De tout temps le monde du travail a cherché à s'organiser; les patrons au sein de corporations, les ouvriers au sein des compagnonnages qui sont à la base des syndicats ouvriers actuels. Il fallut néanmoins attendre le milieu du XIXème siècle en France et la révolution industrielle pour voir l'Etat limiter la durée quotidienne du travail des enfants et voir apparaître les premières conventions collectives du travail. En 1864 le droit de grève fut accordé aux ouvriers, en 1884 le droit de création des syndicats.
Les organisations patronales et ouvrières disposent de structures calquées sur celles de la France administrative. «Les syndicats professionnels ont exclusivement pour objet l'étude et la défense des droits ainsi que les intérêts matériels et moraux tant collectifs qu'individuels des personnes visées par leurs statuts» (Art. L 411-1 du Code du Travail). Les syndicats défendent donc généralement les intérêts d'un groupe de personnes exerçant une même activité ou des activités différentes concourant à la production d'un même objet (ex: automobile).

### 1.6.1 Les organisations patronales

#### 1.6.1.1 Les syndicats patronaux

Chaque département dispose d'une chambre syndicale pour les patrons et les artisans d'une même profession ou pour des professions annexes. Les chambres syndicales doivent défendre les intérêts privés de leurs membres. Les chambres départementales sont regroupées dans une Fédération Nationale qui est chargée de défendre les intérêts de la profession. Les Fédérations Nationales peuvent être à la base de codes des usages d'une profession (par ex. le code des usages de la charcuterie, des salaisons et des conserves à base de viande) reconnus par le ministère de tutelle. Les Fédérations Nationales d'une branche informent leurs membres par des bulletins ou des circulaires des nouveautés touchant l'ensemble de la profession. Les fédérations peuvent mettre au point des actions publicitaires générales, ouvrir des bureaux d'accueil pour leurs membres dans les pays étrangers dont le marché est porteur. Elles peuvent faire effectuer des études de marché et entreprendre toute action d'animation ou de défense de la profession.
Les Fédérations Nationales sont regroupées au sein du Conseil National du Patronat Français (C.N.P.F.) dont le président a des entretiens réguliers avec les ministres.

---

[1]) O.C.D.E. = voir aussi page 27

[2]) La zone franc regroupe les pays suivants: Bénin, Cameroun, Côte d'Ivoire, Gabon, Haute-Volta, Madagascar, Mali, Mauritanie, Niger, République Centre Africaine, République des Comores, République Populaire du Congo, Sénégal, Tchad, Togo.

Certaines professions peuvent avoir des problèmes spécifiques et leurs intérêts sont défendus sur le plan national et international par des organisations plus adaptées à leurs besoins. C'est le cas des P.M.E. (Petites et Moyennes Entreprises), dont les fédérations départementales et régionales sont regroupées, depuis 1944, au sein de la Confédération Générale des P.M.E. dont de nombreux membres adhèrent au C.N.P.F. La plupart des agriculteurs sont réunis dans la Fédération Nationale des Syndicats d'Exploitants Agricoles (F.N.S.E.A.), les jeunes de cette branche constituent un syndicat autonome: le Centre National des Jeunes Agriculteurs (C.N.J.A.), les professions libérales dans l'Union Nationale des Associations des Professions Libérales (U.N.A.P.L.).
Aucun patron ou artisan n'est obligé d'adhérer à une organisation patronale.

### 1.6.1.2 Les Chambres de Commerce et d'Industrie (C.C.I.)

Les chambres de commerce et d'industrie sont des établissements publics chargés de défendre l'intérêt général du commerce et de l'industrie. Tout commerçant ou industriel doit obligatoirement adhérer à une C.C.I. Il y a une Chambre de Commerce et d'Industrie dans le chef-lieu de chaque département. Les C.C.I. départementales sont regroupées autour de 22 Chambres de Commerce et d'Industrie régionales. Les présidents des C.C.I. forment l'Assemblée Permanente des Chambres de Commerce et d'Industrie (A.P.C.C.I.). Les délégués des C.C.I. sont élus pour 6 ans, renouvelables par moitié tous les 3 ans par les membres de la Chambre et parmi ceux-ci.
Les C.C.I. peuvent entreprendre toutes actions pouvant aboutir au développement du commerce dans la région: elles peuvent créer des installations portuaires, des aéroports régionaux, des parcs d'exposition, des zones industrielles. Elles sont aussi à la base de nombreuses écoles de commerce et de cours du soir.
De nombreuses Chambres de Commerce et d'Industrie ont signé un contrat de collaboration avec le Centre Français du Commerce Extérieur afin d'aider les entreprises de leur circonscription à aborder les marchés étrangers.
Les Chambres de Commerce et d'Industrie tiennent les registres de commerce et de sociétés dans lesquels doivent être inscrites toutes les entreprises ayant une activité commerciale.
Les Chambres de Commerce et d'Industrie perçoivent une taxe auprès de leurs membres pour faire face à leurs frais de fonctionnement. Elles touchent des subventions pour des actions particulières. Elles peuvent effectuer des emprunts pour subvenir aux investissements, elles touchent d'autre part des subventions pour des actions particulières (ex. enseignement).

### 1.6.1.3 Les Chambres d'Agriculture

Créées en 1924, les Chambres d'Agriculture ont pour but de défendre les intérêts de ce secteur. Elles jouent un rôle consultatif auprès des pouvoirs publics. Il y a une chambre d'agriculture par département et une chambre interdépartementale pour l'Ile de France. Les Chambres d'Agriculture sont regroupées autour d'une Chambre Régionale d'Agriculture. L'ensemble des Chambres d'Agriculture dispose d'une organisation centrale, l'Assemblée Permanente des Chambres d'Agriculture, dont les membres sont les présidents des Chambres d'Agriculture.
Les Chambres d'Agriculture gèrent les établissements départementaux de l'élevage (EDE) chargés de contrôler les performances du cheptel, les services fonciers et ceux de la formation professionnelle.

### 1.6.1.4 Les Chambres de Métiers

Les Chambres de Métiers défendent les intérêts des artisans c'est-à-dire des personnes exerçant un métier manuel et commercialisant le produit de leur travail. Pour ouvrir une boutique un artisan doit faire preuve de qualification professionnelle.

Les Chambres de Métiers comprennent six sections professionnelles: alimentation, bâtiment, bois, cuirs et textiles, métaux et électricité, autres. Chaque section est constituée par quatre maîtres-artisans et par un compagnon.

Les Chambres de Métiers comprennent 24 artisans, 6 compagnons et 10 chefs d'entreprise élus par les organisations syndicales. Les délégués des Chambres de Métiers sont élus pour 6 ans renouvelables par moitié tous les 3 ans. Les délégués sont rééligibles. Ils doivent se rassembler au moins quatre fois par an.

Les Chambres de Métiers sont réunies sur le plan national en une Assemblée Permanente des Chambres de Métiers, qui regroupe les présidents des diverses Chambres départementales de Métiers.

Les Chambres de Métiers sont chargées d'organiser et de contrôler l'apprentissage. Elles délivrent les diplômes d'artisan et de maître-artisan. Elles tiennent à jour le registre des métiers sur lequel doit être inscrit tout artisan exerçant une activité professionnelle.

Les Chambres de Métiers sont financées par le prélèvement d'une taxe auprès de leurs membres, des subventions pour l'enseignement professionnel et des emprunts.

### 1.6.2 Les organisations ouvrières

Alors que les organisations patronales disposent d'organisations syndicales peu politisées, il n'en est pas de même pour les ouvriers et les employés, qui disposent de plusieurs organisations syndicales de tendance différente pour une même profession.

On considère qu'il y a en France 5 organisations syndicales ouvrières représentatives, à savoir:
- La Confédération Générale du Travail (C.G.T.)
  Cette organisation a été fondée à la fin du XIXème siècle et elle est de tendance communiste-marxiste. Elle est reliée à la Fédération Syndicale Mondiale.
- La Confédération Générale du Travail – Force Ouvrière (C.G.T.-F.O.)
  Il y a eu en 1948 une scission au sein de la C.G.T., pour donner ce nouveau syndicat qui se veut non politique. La C.G.T.-F.O. est membre de la Confédération Internationale des Syndicats libres.
- La Confédération Française des Travailleurs Chrétiens (C.F.T.C.)
  Créé en 1919, ce syndicat reste fidèle à sa pensée fondamentale.
- La Confédération Française Démocratique du Travail (C.F.D.T.)
  La C.F.D.T. provient d'une scission de la C.F.T.C. en 1964. La C.F.D.T. a regroupé un nombre important de membres de la C.F.T.C. qui ne voulaient plus de référence chrétienne à leur organisation. La C.F.D.T. est affiliée à la Confédération Mondiale du Travail.
- La Confédération Générale des Cadres
  Ce syndicat créé en 1945 regroupe le personnel d'encadrement des entreprises.

Il existe aussi dans la plupart des entreprises des syndicats autonomes et indépendants.

# 2. Les besoins énergétiques

Avant la première crise pétrolière de 1973, la France importait 78% de l'énergie primaire[1] qu'elle consommait, surtout sous la forme d'hydrocarbures et de charbon. Devant les dangers flagrants qui résultent d'une telle dépendance, le gouvernement français a mis au point une nouvelle politique qui a porté ses fruits. En 1985 elle ne dépendait plus que de 55% de l'extérieur pour couvrir ses besoins en énergie primaire et ce taux devrait être ramené à 50% vers 1990.

---

[1] On comprend sous l'appellation «énergie primaire» le pétrole, le gaz, le charbon, l'électricité hydraulique et nucléaire, mais pas l'électricité provenant d'autres centrales thermiques qui est une énergie secondaire.

La France consomme 3% de l'énergie primaire mondiale, mais sa production n'en représente que 1% et ses réserves 0,1%. Alors que quelques grands partenaires économiques de la France, comme la RFA ou la Grande-Bretagne, disposent de réserves de charbon importantes, celles de la France sont faibles. Par contre, avec 120.000 tonnes d'uranium dans son sous-sol, soit 3% des réserves mondiales, la France a pu concentrer ses efforts sur le nucléaire pour produire de l'électricité.

Les besoins de la France en pétrole sont quasi entièrement couverts par les importations de même que les trois quarts de ses besoins en gaz naturel et la moitié de ses besoins en charbon. Pour réduire les risques au minimum, la France a réparti ses achats d'hydrocarbures et de charbon entre différents pays producteurs.

Evolution des différentes énergies primaires consommées par la France – en % –

|  | 1973 | 1980 | 1988 | 2000*) |
|---|---|---|---|---|
| Charbon | 15,2 | 15,8 | 8,8 | 11,0 |
| Gaz | 7,3 | 10,8 | 12,0 | 14,0 |
| Pétrole | 69,1 | 56,6 | 42,5 | 32,0 |
| Electricité primaire | 7,3 | 15,2 | 34,7 | 37,0 |
| Energies nouvelles | 1,1 | 1,6 | 2,0 | 6,0 |
| TOTAL | 100 | 100 | 100 | 100 |

*) chiffres prévisionnels

Les disponibilités françaises d'énergie primaire étaient, en 1985, de l'ordre de 200 millions de tonnes d'équivalent pétrole (Mtep)[1], dont 125 Mtep ont été importées. Les exportations françaises d'énergie s'élevaient en 1985 à 20 Mtep.

L'utilisation de l'électricité comme source énergétique a été encouragée depuis la première crise pétrolière. L'électricité primaire représentait 30% de l'énergie consommée en 1985. En 1990, la France disposera d'une soixantaine de centrales thermiques nucléaires couvrant plus des trois quarts des besoins en électricité, la production d'électricité d'origine hydraulique devrait être alors de 20%, celle à partir des centrales thermiques classiques alimentées soit avec du charbon soit avec du fuel sera donc alors négligeable. Des recherches importantes sont entreprises pour développer la production d'énergies nouvelles: solaire, géothermique, éolienne, biomasse.

Malgré le développement de son industrie, la consommation énergétique ne devrait augmenter que de façon modérée d'ici la fin du siècle, grâce au programme d'économie d'énergie mis en place.

On emploie souvent en RFA l'unité équivalent houille «Steinkohleeinheit» (SKE), au lieu d'unité équivalent pétrole «Rohöleinheit» (ROE). Entre ces deux valeurs, la corrélation est la suivante: 1 ROE = 0,7 SKE.

---

[1] Pour pouvoir évaluer la consommation d'énergie entre différents pays, une unité commune a été définie: la tonne d'équivalent pétrole (tep) et des coefficients sont appliqués aux diverses formes d'énergie, par exemple:
 1 tonne de houille =   0,619 tep
 1 tonne de gaz liquéfié =   1,095 tep
 1 tonne de fuel lourd =   0,952 tep
 1000 KWh d'électricité =   0,222 tep

## 3. L'agriculture et les industries agro-alimentaires

La France est le premier pays agricole de la Communauté. Pour de nombreux secteurs de produits végétaux et animaux elle est soumise aux organisations communes du marché européen. Certaines productions dominent régionalement, comme la production animale dans l'ouest du pays, les céréales dans le bassin parisien, le vin et les fruits dans le sud.

L'agriculture et les industries agro-alimentaires qui en découlent jouent un rôle important dans l'économie française. Elles représentaient 10% du produit intérieur brut (voir page 55) sans tenir compte des nombreuses activités annexes. La recherche fondamentale et appliquée est assurée par l'Institut National de Recherche Agronomique (INRA), qui regroupe plus de 2.000 chercheurs. On doit à cette organisation de nombreuses variétés nouvelles de semences, la transplantation d'embryons, l'ultrafiltration du lait etc... qui font sa renommée mondiale.

### 3.1 Caractéristiques de l'agriculture

La surface agricole utilisée (S.A.U.), c'est-à-dire l'ensemble des terres arables, des cultures permanentes, des surfaces en herbe, couvrent 57% de la surface du pays, contre 48% pour la RFA.

Avec 15 millions d'hectares, les forêts couvrent plus du quart de la France. Sa surface boisée est double de celle de la RFA et elle représente la moitié de celle de la Communauté. Les deux tiers de la forêt sont plantés en feuillus, dont le chêne représente la moitié de ce secteur, et un tiers en conifères. Le quart des forêts appartient à des collectivités publiques, les trois quarts à des privés. Bon an, mal an, la production de bois rond s'élève à 30 millions de m$^3$, ce qui correspond environ à la moitié de la production biologique. La France devant importer beaucoup de pâte à papier, un plan est mis en place pour améliorer l'exploitation de la forêt.

Comparaison entre la répartition des surfaces agricoles
en France, en Allemagne fédérale et dans la CEE (en %)

|  | France | R.F.A. | C.E.E. |
|---|---|---|---|
| Céréales | 30,6 | 41,8 | 27,2 |
| Plantes sarclées | 3,4 | 6,5 | 3,7 |
| Plantes industrielles | 2,7 | 1,8 | 1,8 |
| Légumes | 0,8 | 0,3 | 1,1 |
| Fourrage vert | 15,9 | 8,9 | 12,2 |
| Autres | 0,8 | 0,2 | 1,6 |
| TOTAL TERRES ARABLES | 54,7 | 59,6 | 48,3 |
| Cultures permanentes (vignes, arbres fruitiers) | 4,3 | 1,5 | 5,9 |
| Prairies, pâturages | 39,8 | 38,5 | 45,3 |
| Jardins familiaux | 0,8 | 0,4 | 0,4 |
| Divers | 0,4 | – | 0,1 |
| SURFACE AGRICOLE UTILISEE | 100 | 100 | 100 |
| SUPERFICIE BOISEE | 26,6 | 29,5 | 21,0 |

Source: Tableaux de l'Economie Française, 1985, Source INSEE

En 1983, on comptait 1.166.000 exploitations agricoles, dont 796.000 à temps complet. La moitié de la S.A.U. est mise en valeur en faire-valoir direct, c'est-à-dire par le propriétaire, l'autre moitié est en fermage, c'est-à-dire en location. La S.A.U. moyenne des exploitations est en France de 27,1 ha contre 16 ha de moyenne pour l'ensemble des pays de la Communauté des Dix.
La production agricole de la France représente 25% de celle de la Communauté des Dix.
La valeur des livraisons de l'agriculture, c'est-à-dire celle qui correspond à l'ensemble de la production commercialisée et auto-consommée se répartit environ pour la moitié entre les productions animales et les productions végétales. Les exploitations orientées vers l'agriculture générale (céréales, oléagineux, betteraves...) ont contribué en 1985 pour 25% à la valeur des livraisons de l'agriculture, celles orientées vers l'élevage bovin (lait, viande) à 26%. Les productions hors-sol (volailles, porcs) permettent les revenus les plus élevés par exploitation, les productions de vins de table ou de viandes bovines les plus faibles.

## 3.2 Les produits

### 3.2.1 Les produits végétaux

La Communauté est au 6ème rang des producteurs mondiaux de céréales avec 140 millions de tonnes dont près de la moitié concerne le blé. La France produit 40% des céréales de la Communauté. La moitié de la production française est exportée. Les céréales représentent 20% des exportations de produits agro-alimentaires, c'est le poste le plus important.
La France est l'un des grands producteurs mondiaux de vins et spiritueux. Le vignoble français couvre un million d'hectares. La qualité de ses produits fait leur renommée mondiale. Les exportations de vins et spiritueux représentent un peu moins de 20% de l'ensemble des exportations de produits agro-alimentaires, c'est donc un poste très important.
La Communauté est le premier producteur mondial de sucre et le second exportateur après Cuba. Environ 60% de la production mondiale de sucre, évaluée à 100 millions de tonnes, provient de la canne à sucre, 40% de betteraves sucrières. La France est le premier producteur européen de sucre.
La production de plantes oléagineuses comme le colza et le tournesol se développe en France, mais ne couvre encore que les deux tiers de ses besoins en huiles végétales. Pour son élevage elle a aussi besoin de tourteaux riches en protéines et la culture de plantes protéagineuses est aussi appelée à se développer.
L'Italie et l'Espagne produisent la moitié des légumes de la Communauté. La France se situe en 3ème position. Environ 30% de la production française sont destinés à l'industrie de transformation (conserves de petits pois, de haricots, de champignons, de tomates...). La production fruitière ne suffit pas à couvrir les besoins du pays. Certaines productions sont néanmoins excédentaires comme celle de la pomme de table.

### 3.2.2 Les produits animaux

Avec 23 millions de têtes, la France possède près de 40% du cheptel bovin de la Communauté. Elle en est le plus grand producteur de lait, de viande bovine et de veau. Le cheptel bovin comprend des races spécialisées pour la production de lait, de viande et des races mixtes. Avec une production de plus de 1,2 millions de tonnes de fromages, la France est le plus grand producteur et exportateur de spécialités fromagères dans le monde. La production laitière de la France est semblable à celle de la RFA, elle représente le quart de la production communautaire.
La France a aussi une production importante de viande de porc. La production porcine est concentrée dans l'ouest de la France, elle est semblable à celle des Pays-Bas, mais elle ne représente que la moitié de celle de la RFA. La production de viande de porc est largement déficitaire, il en est de même de celle de viandes ovines.

La France dispose d'une large palette de volailles: poulets industriels, poulets élevés en liberté, canards, pintades, dindes, oies, pigeons. Les volailles élevées dans des conditions naturelles et traditionnelles ont une qualité remarquable et appréciée des gastronomes. La production de viandes de volailles est de l'ordre de 1,3 millions de tonnes, dont les deux tiers concernent les poulets. La France assure 30% de la production communautaire de volailles et 23% de celle de l'œuf de consommation. Elle est le plus grand exportateur européen de volailles.

### 3.3 Les industries agro-alimentaires (IAA)

D'après le rapport sur les Comptes de la Nation, les industries agro-alimentaires auraient effectué en 1985 un chiffre d'affaires de 550 milliards de F. Il s'agit donc de la plus grande branche industrielle de la France. Elle emploie 610.000 personnes réparties dans 58.000 entreprises. Ses exportations ont atteint cette même année 89 milliards de F. La plupart des entreprises agro-alimentaires sont des petites et moyennes entreprises (P.M.E.) puisque 4.000 d'entre elles seulement emploient plus de 10 personnes. Ces 4.000 entreprises regroupent 400.000 personnes et elles effectuent un chiffre d'affaires de 450 milliards de F. Plus de 60% de la production agricole sont transformés avant d'être commercialisés. Le chiffre d'affaires des industries agro-alimentaires représente deux fois et demie celui de l'industrie automobile et trois fois celui des industries chimiques.

Le quart du chiffre d'affaires des industries agro-alimentaires revient au secteur laitier, suivi de celui de l'industrie de la viande avec 21%, le travail du grain, 17%. Les coopératives de transformation représentent 20% du chiffre d'affaires des I.A.A. Elles contrôlent les 3/4 de la vinification, 45% de la collecte du lait et 41% des abattages de bétail.

### Principales entreprises de l'agro-alimentaire

|  | C.A.[1]) 1985 en milliards de F | Effectifs |
|---|---|---|
| 1. BSN (divers)[2]) | 27,3 | 37.000 |
| 2. Générale Occidentale | 24,1 | 23.000 |
| 3. Sodima (lait) | 12,8 | 11.000 |
| 4. Union Laitière Normande[3]) | 12,3 | 7.000 |
| 5. Groupe Socopa[3]) | 12,0 | 5.000 |
| 6. Beghin-Say (sucre)[4]) | 11,0 | 8.000 |

[1]) Chiffre d'affaires
[2]) BSN ne réalise pas tout son chiffre d'affaires dans les produits alimentaires. Ses principales filiales sont: Gervais-Danone, Bières Kronenbourg, Evian (eaux minérales)
[3]) Coopératives.
[4]) Chiffre non consolidé

# 4. L'industrie manufacturière

L'industrie regroupe la production d'énergie, les industries agro-alimentaires et les industries manufacturières. Les deux premiers types d'industries ont été évoqués précédemment, on se contentera donc d'évoquer dans ce paragraphe l'industrie prise au sens strict, c'est-à-dire l'industrie manufacturière.

L'industrie emploie le quart de la population active et elle fournit 20% du produit intérieur brut. Ce pourcentage tend à décroître, car la crise économique touche particulièrement les grandes entreprises industrielles qui sont obligées pour rester compétitives de moderniser leur équipement et de rationaliser leurs usines, ce qui est une cause de la diminution de leurs effectifs.
Dans les Comptes de la Nation, les industries sont réparties en cinq groupes, à savoir:
- les industries de biens intermédiaires
- les industries de biens d'équipement professionnel
- les industries de biens d'équipement ménager
- le matériel de transport terrestre
- les industries de biens de consommation

## 4.1 Les industries de biens intermédiaires

Les industries de biens intermédiaires concernent la transformation des matières premières en demi-produits utilisés par les autres industries. Les industries de biens intermédiaires représentent 37% de la valeur ajoutée du secteur industriel.

### 4.1.1 L'industrie des métaux

L'industrie des métaux est à la base d'une multitude d'industries comme celle de la mécanique, de l'automobile . . . Elle comprend la sidérurgie, productrice d'acier et de fonte, et l'industrie des métaux non ferreux.

#### 4.1.1.1 La sidérurgie

La sidérurgie française, comme celle du reste de l'Europe, est en crise à cause de la concurrence de nouveaux producteurs d'acier et de la substitution de l'acier par des matières plastiques. La sidérurgie française est regroupée autour de deux entreprises: USINOR et SACILOR qui sont d'importance semblable. Environ la moitié de l'acier produit en France provient de minerai importé. Sur une production mondiale de 710 millions de tonnes en 1984, la France a fourni 20 millions de tonnes. En 1990, la production mondiale devrait être de 722 millions de tonnes et en 1995 de 745 millions de tonnes.

#### 4.1.1.2 L'industrie des métaux non ferreux

A côté de la sidérurgie, l'industrie des métaux non ferreux joue un rôle important en France. La production d'aluminium de première fusion, c'est-à-dire à base de bauxite (c'est en France que fut exploité pour la première fois ce minerai trouvé en Provence près du village des Baux) était, en 1984, de 341.000 tonnes. Il faudrait ajouter à ce chiffre 170.000 tonnes d'aluminium provenant des industries de la récupération. La production française est le seul fait de la société PECHINEY, dont le chiffre d'affaires est de l'ordre de 35 à 40 milliards de F, semblable à celui des entreprises sidérurgiques. La moitié de la production de la société PECHINEY est effectuée en France, l'autre en Australie, au Cameroun et aux Pays-Bas. La France doit importer la totalité du cuivre qu'elle consomme. Elle dispose par contre de mines de nickel en Nouvelle – Calédonie, exploitées par »Imétal« et d'une production d'uranium en France de plus de 3.000 tonnes par an, soit 10% de la production mondiale. Elle importe en plus 3.500 tonnes d'uranium en provenance du Niger et du Gabon, où elle possède des participations financières dans les mines.

## 4.1.2 L'industrie chimique

L'industrie chimique est une branche industrielle très ramifiée. Elle produit des biens intermédiaires comme les produits chimiques de base, l'ammoniaque, des engrais pour l'agriculture, des matières plastiques, du caoutchouc synthétique, mais aussi des biens de consommation courante comme les médicaments et les produits de parachimie (colles, peintures...). L'industrie chimique connaît un développement régulier. Le chiffre d'affaires du premier groupe chimique français RHONE-POULENC ne représente que la moitié de chacun des trois grands de la RFA (BAYER, HOECHST, BASF).

## 4.1.3 Autres industries de biens intermédiaires

En dépit de son important patrimoine forestier, la France est déficitaire en pâte à papier. La production française est de l'ordre de 2 millions de tonnes par an et ses besoins de 3 millions de tonnes.
L'industrie du caoutchouc synthétique est liée à l'industrie automobile. La production est de l'ordre de 1 million de tonnes, dont 60% concernent les pneumatiques. Les besoins en caoutchouc sont couverts pour 60% par le caoutchouc synthétique et pour 40% par du caoutchouc naturel entièrement importé. La société MICHELIN connaît une renommée mondiale dans ce secteur.
L'industrie des matières plastiques est développée. La France est le 4ème producteur mondial. La production dépasse largement ses besoins. Les exportations jouent un rôle économique important.
L'industrie du verre s'est beaucoup développée jusqu'en 1980, depuis cette période, elle stagne. Les trois quarts des tonnages produits concernent le verre creux (bouteilles), 18,5% le verre plat (vitres, miroirs), le reste la fibre de verre – dont les besoins augmentent pour isoler les logements – et le verre technique (lampes électriques).

## 4.2 Les industries de biens d'équipement

Les biens d'équipement professionnels représentent 29% de la valeur ajoutée du secteur industriel, celle des biens d'équipement ménagers 1%. C'est un secteur où l'excédent des échanges avec l'extérieur est important grâce à l'industrie aéronautique et spatiale et à celle des télécommunications.

### 4.2.1 Les industries de biens d'équipement professionnels

#### 4.2.1.1 L'industrie aéronautique et spatiale

L'industrie aéronautique française est la troisième dans le monde après celle des Etats-Unis et celle de l'URSS, grâce à ses hélicoptères, ses avions militaires et plus récemment l'avion européen Airbus. Dans le domaine spatial, la fusée Ariane est un succès. L'Etat joue un rôle important dans ce domaine grâce à ses besoins en matériel militaire. Près des deux tiers du chiffre d'affaires des industries aéronautiques sont effectués avec l'étranger.

#### 4.2.1.2 Les biens d'équipement mécaniques et électriques

Les biens d'équipement mécaniques et électriques sont souvent produits par de petites et moyennes entreprises (P.M.E.). Sur les 7.000 entreprises de l'industrie mécanique (automobile non comprise), 90% emploient moins de 200 ouvriers. Les grandes entreprises sont concentrées sur certains secteurs comme l'équipement pour la production et le transport de l'électricité, pour l'exploitation des mers, l'équipement de cimenteries, la robotique.

#### 4.2.1.3 La robotique

La robotique est en plein développement grâce à une dizaine de constructeurs dont le plus important est ACMA-CRIBIER, filiale de RENAULT. Environ les deux tiers des robots sont installés dans les ateliers de construction automobile, mais ils servent aussi comme télémanipulateurs dans la recherche sous-marine. Le développement de la robotique permet de rendre à l'industrie manufacturière sa compétitivité, mais bouleverse les conditions de travail car les robots demandent uniquement du personnel qualifié et ils doivent fonctionner le plus possible pour faciliter leur amortissement.

### 4.2.2 Les industries de biens d'équipement ménagers

La petite mécanique, la construction d'appareillage électrique et ménager emploie quelque 500.000 personnes réparties le plus souvent dans des P.M.E. Il faut citer néanmoins sur le marché la société MOULINEX, qui dispose d'une place importante dans ce secteur. La mécanique de précision a vu ses conditions de travail bouleversées par le développement de l'électronique et du plastique.

## 4.3 Le matériel de transport terrestre

### 4.3.1 L'industrie ferroviaire

L'industrie des transports et notamment l'industrie ferroviaire est un des points forts de l'industrie française.
Depuis 1982, la Société Nationale des Chemins de Fer (S.N.C.F.) dispose d'un statut semblable à celui de Renault et de l'Electricité de France (E.D.F.). Les objectifs de la S.N.C.F. sont définis dans un contrat de Plan. Le réseau des trains à grande vitesse (T.G.V.) qui effectuent les trajets à une moyenne de l'ordre de 250 km/h doit être développé afin d'encourager les personnes qui ont à voyager à prendre le train plutôt que la route.
L'industrie française du matériel ferroviaire roulant est au premier rang mondial. Elle fournit de nombreux équipements dans le monde pour les métros, dont certains fonctionnent sans conducteur.

### 4.3.2 L'industrie automobile

L'industrie automobile est un symbole de l'activité industrielle d'un pays. Près de 10% de la population française vit de l'automobile. Près de 10.000 voitures sortent chaque jour ouvrable des usines françaises. La France est le quatrième producteur mondial d'automobiles. La production de voitures particulières tend à régresser, car le marché est saturé et concurrencé par les producteurs japonais qui fabriquent à eux seuls autant de véhicules que l'ensemble des pays européens. L'industrie des véhicules utilitaires est dominé par RENAULT. Renault-véhicules industriels produit les deux tiers des poids lourds.
Plus de la moitié des véhicules fabriqués sont exportés, la France est le 3ème exportateur mondial d'automobiles. Les deux tiers de ses ventes sont effectués dans la Communauté. L'industrie automobile française dispose de deux groupes importants: RENAULT et PEUGEOT-CITROEN.

### 4.3.3 L'industrie des deux-roues

L'industrie des deux-roues a fabriqué quelque 2 millions de bicyclettes et de vélomoteurs par an. Elle est par contre absente du marché des motocyclettes. La production correspond aux besoins du marché intérieur, ce qui n'empêche pas cette branche de connaître un commerce extérieur actif, puisque les exportations portent sur 500.000 engins et les importations sur un chiffre semblable. La RFA et les USA sont les principaux clients de la France, l'Italie le principal fournisseur étranger. La production de cyclomoteurs est de l'ordre de 500.000 unités par an, elle est en régression puisqu'elle a atteint 1.400.000 engins en 1974. La moitié des cyclomoteurs est exportée.

## 4.4 Les industries de biens de consommation courante

### 4.4.1 L'industrie textile

L'industrie textile englobe toutes les industries qui transforment les matières premières (laine, coton) en produits semi-finis (fibres, tissus) et en produits finis (maille et bonneterie). Elle ne concerne pas l'industrie du vêtement.
L'industrie textile emploie 280.000 personnes réparties dans 2.500 entreprises. Plus de 40% des effectifs sont dans des entreprises employant plus de 500 personnes. L'industrie du textile est particulièrement forte dans le nord du pays et dans la région Rhône-Alpes.

### 4.4.2 L'industrie du vêtement

L'industrie du vêtement est très dispersée, elle emploie 180.000 personnes réparties entre quelque 3.000 entreprises. La sous-traitance joue dans ce secteur un rôle important, si bien que l'ensemble de la population active de ce secteur doit être de l'ordre de 230.000 personnes. L'industrie du vêtement tend à faire fabriquer ses produits dans des pays où la main d'œuvre est bon marché.

### 4.4.3 L'industrie pharmaceutique

Avec le développement des dépenses de santé, l'industrie pharmaceutique connaît une croissance soutenue de 15% en moyenne par an. L'industrie pharmaceutique dispose d'implantations à l'étranger, de même les grands groupes étrangers sont très actifs en France.

# 5. Les industries de la construction

Les industries de la construction regroupent deux branches différentes mais complémentaires, à savoir:
- la production de matériaux de construction
- la construction des bâtiments et les travaux publics

## 5.1 L'industrie de matériaux de construction

L'industrie des matériaux de construction emploie 150.000 personnes.
L'industrie cimentière se situe à la seconde place dans la Communauté, après celle de l'Italie. L'industrie cimentière française dispose d'investissements importants en Afrique et en Amérique du Nord. Cette industrie est très concentrée puisque deux sociétés contrôlent les deux tiers de la production (CIMENTS LAFARGE, CIMENTS FRANÇAIS).
L'industrie des briques et des tuiles est répartie dans l'ensemble du pays, il s'agit le plus souvent de P.M.E. travaillant à l'échelon régional. L'industrie des granulats regroupe l'exploitation des carrières et les fabrications de bétons prêts à l'emploi.

## 5.2 Bâtiment-Travaux Public (B.T.P.)

Il faut comprendre par B.T.P. la construction des logements, des bâtiments industriels, des édifices publics ainsi que la construction d'infrastructures comme les routes, les barrages hydrauliques, les aéroports etc...

Le B.T.P. est le secteur qui emploie le plus de travailleurs en France, avec 1.300.000 personnes, soit 6% de la population active. Le bâtiment est le premier secteur économique français, son chiffre d'affaires est le double de celui de l'industrie automobile.

Il existe dans ce secteur de nombreuses entreprises artisanales, mais aussi de très grands groupes.

### Les grands du B.T.P. en 1984

|  | C.A.[1] en milliards de F | Effectifs[2] |
|---|---|---|
| 1. BOUYGUES | 21,9 (h.t.) | 51.000 |
| 2. SCREG | 21,0 (h.t.) | 51.000 |
| 3. S.A.E. | 15,0 (h.t.) | 20.500 |
| 4. S.P.I.E. Batignolles | 14,1 (h.t.) | 31.000 |
| 5. SGE Sanirapt et Brice | 14,5 (h.t.) | 35.000 |

(h.t. = hors taxe)

[1] Chiffre d'affaires
[2] Zahl der Beschäftigten

Les travaux publics appelés aussi travaux de génie civil se répartissent entre le marché national qui est le plus souvent un marché d'Etat et les marchés étrangers qui représentent le tiers des activités de ce secteur.

# 6. Exercices

## 6.1 Compréhension

1. Expliquez pourquoi on dit de la France qu'elle a une économie planifiée.
2. Comment est calculé le produit intérieur brut d'un pays?
3. Lors de l'établissement du budget de l'Etat, énumérez les différentes phases qui précèdent le vote de la loi des finances initiale.
4. Par quoi peut être augmenté et diminué le salaire brut figurant sur un bulletin de paie?
5. Quelles sont les principales sources énergétiques de la France?
   Comment évoluent-elles?
6. Que savez-vous sur la forêt française?
7. Quelles sont les principales productions animales et végétales de la France?
8. Dans les Comptes de la Nation, les industries sont réparties en cinq groupes. Quels sont ces groupes?
9. Quelles sont les principales industries des biens d'équipement que vous connaissez?
10. Quels sont les avantages et les inconvénients de la robotique?
11. Quelles activités regroupe l'industrie textile?

## 6.2 Dictée

### Les réserves mondiales de charbon

Il ne saurait faire de doute que les ressources mondiales de charbon sont amplement suffisantes pour permettre de faire face à l'accroissement attendu de la demande. Même s'il est malaisé de réunir des données précises sur les réserves mondiales qui soient comparables, on peut toutefois affirmer sans crainte de se tromper que les réserves de combustibles solides représentent probablement plus de trois fois celles de pétrole et de gaz naturel réunis. Les réserves prouvées de pétrole dans le monde – établies par des forages et récupérables au moyen des techniques connues et à des coûts de l'ordre de ceux actuellement pratiqués – sont estimées à 96,1 milliards de tonnes, celles de gaz à 3.400 trillions de pieds cubes (million x million), ce qui équivaut grosso modo à 88,4 milliards de tonnes de pétrole. Soit au total 184,5 milliards de tonnes, dont 134 milliards (73%) sont détenus par l'Occident. Ce volume d'hydrocarbures équivaut, en utilisant les taux habituels de conversion, à environ 275 milliards de tonnes de charbon.
Or les réserves mondiales de charbon ne sont pas seulement beaucoup plus importantes que celles de pétrole et de gaz, elles sont également réparties plus largement sur toute la surface du globe: il n'existe pas dans ce domaine de situation dominante analogue à celle du Moyen-Orient pour le pétrole. Il s'ensuit qu'une proportion bien plus importante des combustibles solides – c'est le cas en particulier pour le lignite – trouve son utilisation dans le pays même de production, de sorte que par rapport à l'extraction, seulement un dixième de la production est destinée au commerce international.

20 février 1986 – No 1.962 – PROBLEMES ECONOMIQUES

### Compréhension et commentaires

1. Quels avantages offre le charbon pour les pays occidentaux?
2. Pourquoi la France importe-t-elle du charbon?
3. Quelle est l'importance du commerce international du charbon?

## 6.3 Traductions

### 6.3.1 Version

### C.E.E.: croissance et désinflation

Selon la Commission de Bruxelles, le taux de croissance des pays européens devrait être supérieur aux prévisions initiales en 1986 et 1987.

Soutenue par l'augmentation de la demande intérieure, la croissance économique de la C.E.E. devrait être supérieure d'un point en 1986 et 1987 par rapport aux prévisions initiales faites par les services de la Commission des Communautés européennes.
C'est l'une des conséquences à espérer de la baisse des prix du pétrole et de la chute du cours du dollar. Les services de la Commission, qui viennent de publier des prévi-

sions mises à jour en fonction des dernières données disponibles, font remarquer que cette croissance économique se développera malgré le ralentissement de la croissance américaine.

Autre élément positif, le processus de désinflation dans la Communauté devrait s'accélérer, en partie sous l'effet de l'évolution des taux de change et des prix pétroliers, mais surtout à la suite de la convergence accrue des politiques monétaires et économiques des Etats membres.

France: assez bien

Selon les prévisions des services de la Commission, la croissance du produit intérieur brut de la C.E.E. devrait atteindre 2,7% cette année et 2,8% l'année prochaine. Dans l'ensemble de la Communauté, le taux annuel de croissance de la consommation privée devrait être supérieur à 3% tant en 1986 qu'en 1987.

Grâce à la baisse rapide des taux d'inflation, le revenu disponible réel devrait atteindre 3,8% en 1986 et 3,1% en 1987, contre 1,6% en 1985. De même, la reprise des investissements d'équipement devrait se poursuivre avec des taux de croissance proches de 7% pour les deux années 1986 et 1987.

Les facteurs qui sont à l'origine de cette reprise des investissements d'équipement devraient rester inchangés au cours de ces deux années: le taux de liquidité des entreprises est généralement favorable, le degré d'utilisation des capacités est assez élevé, les perspectives de la consommation s'améliorent, les pressions exercées par les coûts salariaux ne devraient pas s'accroître de façon excessive dans un avenir prévisible et les taux d'intérêt nominaux devraient poursuivre leur baisse.

Robert de Suzannet, Le Figaro, Jeudi 5 juin 86<br>Avec l'aimable autorisation du journal Le Figaro. Copyright Le Figaro 1987

### Compréhension et commentaires

1. Y a-t-il une relation entre l'évolution du produit intérieur brut d'un pays et celle de la consommation des ménages?
2. Quels sont les facteurs qui peuvent favoriser les investissements d'équipement des entreprises?
3. Quelles influences peuvent avoir les investissements d'équipement sur l'emploi?

### 6.3.2 Thème

## BSN in Deutschland: Künftig als Trio

Das Berliner Bundeskartellamt hat keine Einwände zur Übernahme von Générale Biscuit durch BSN. Die Nahrungsmittel-Aktivitäten beider Franzosen addieren sich in der Bundesrepublik nicht.

Schon seit Jahren ist die Münchner BSN-Tochter Gervais Danone AG in der Bundesrepublik einer der führenden Hersteller von Frischmilchprodukten. Ihr Umsatz betrug im vergangenen Jahr rund 370 Millionen Mark. Ein zweites Deutschland-Bein legte sich BSN im vergangenen Februar zu. Mit 20 Prozent stiegen die Franzosen bei der Sonnen-Bassermann-Werke Sieburg & Pförtner GmbH & Co. KG in Seesen am Harz ein. Fertiggerichte, Konfitüren und Teigwaren gehören zur Angebotspalette, der Umsatz lag 1985 bei 175 Millionen Mark.

Kostenersparnisse dürften sich für das künftige deutsche BSN-Trio vor allem im Vertrieb ergeben. Gervais Danone befindet sich seit nunmehr zwei Jahren in einer sehr stark ausgeprägten Rationalisierungs- und Umstrukturierungsphase.
Um 200 Leute auf jetzt 825 Mitarbeiter sank dabei die Belegschaft. Das Münchner Verwaltungsgebäude wurde an einen Immobilienfonds verkauft, die bundesweiten Verteilzentren wurden ebenso radikal zusammengestrichen wie das bislang recht üppige Sortiment. Nur so konnten wenigstens 1,3 Millionen Mark Jahresüberschuß ausgewiesen werden.
Eine ähnliche harte Schlankheitskur machte in den vergangenen Jahren Sonnen-Bassermann durch. Seit 1982 sank der Umsatz dadurch von 200 auf 175 Millionen Mark. Lediglich neue Fertiggerichte und Feinkostsuppen legen derzeit zu.

Wirtschaftswoche Nr. 24 – 6.6.1986

# 7. Lexique: L'économie de la France

## Généralités

**la particularité** Besonderheit, Eigenheit
**l'économie planifiée** Planwirtschaft
**intervenir** intervenieren
**le plan économique et social** Wirtschafts- und Sozialplan
**quinquennal, ale, aux** fünfjährig
**le secteur public** öffentliche Hand
**le plan Marshall** Marshall-Plan (1947 von Georg C. Marshall begründeter amerikanischer Plan zur Wirtschaftshilfe von Westeuropa)
**le Commissariat au Plan** staatl. Planungskommissariat
**le groupe de travail** Arbeitsgruppe
**le Conseil Economique et Social** Wirtschafts- und Sozialrat
**l'organisation professionnelle** Berufsverband, -organisation
**l'innovation (f)** Neuerung
**la fluctuation** Schwankung
**l'environnement (m)** Umwelt, Umfeld
**faire le point** eine Bestandsaufnahme machen
**proposer des solutions** Lösungen vorschlagen
**la Commission Nationale de planification** nationale Planungskommission
**le conseil régional** Regionalrat
**le ministre chargé du plan** mit dem Plan beauftragter Minister
**le Commissaire au Plan** Planungskommissar
**le Conseil d'Etat** Staatsrat
**le produit intérieur brut (P.I.B.)** Bruttoinlandsprodukt
**le produit national brut (P.N.B.)** Bruttosozialprodukt
**l'écu (m)** Ecu (European Currency Unit) = europäische Währungseinheit
**l'OCDE = Organisation de Coopération et de Développement Economique** OECD = Organisation for Economic-Cooperation and Development = Organisation für wirtschaftliche Zusammenarbeit und Entwicklung
**en termes de production** zu Faktorkosten

**la valeur ajoutée brute** Bruttomehrwert, Bruttowertschöpfung
**la consommation intermédiaire** «Vorleistung» (es handelt sich um die im Zuge der Produktion verbrauchten Güter)
**la taxe sur la valeur ajoutée (T.V.A.)** Mehrwertsteuer
**les droits (m) de douane** Zollabgaben
**assimilé(e)** gleichgestellt, ähnliche(s)
**les «Comptes de la Nation»** volkswirtschaftliche Gesamtrechnung
**le Ministère de l'Economie, des Finances et du Budget** Ministerium für Wirtschaft, Finanzen und Haushalt
**l'Institut National de la Statistique et des Etudes Economiques (I.N.S.E.E.)** staatl. Institut für Statistik und Wirtschaftsforschung (entspricht in Deutschland dem Statistischen Bundesamt)
**provisoire** provisorisch, vorläufig
**la révision** Revision, Überprüfung
**consécutif (ve)** darauffolgend
**en valeurs aux prix courants** zu Marktpreisen
**le P.I.B. marchand** staatliches + privates Volkseinkommen aus Unternehmertätigkeit
**le P.I.B. non marchand** staatliche Dienstleistungen, die nicht zum Volkseinkommen gerechnet werden
**le taux de croissance** Wachstumsrate
**le chômage** Arbeitslosigkeit
**le budget de l'Etat** Staatshaushalt
**l'éducation nationale** nationales Unterrichtswesen
**la défense** Verteidigung
**subventionner** subventionieren
**la collectivité locale** Gebietskörperschaft
**prélever** abziehen, einbehalten
**les impératifs du Plan (m.pl.)** Planerfordernisse
**l'approbation (f)** Genehmigung, Zustimmung
**le Conseil des Ministres** Ministerrat
**le secrétaire d'Etat** Staatssekretär
**le projet de loi des finances** Haushaltsentwurf
**la loi de finances initiale** erstes Haushaltsgesetz, Finanzgesetz

**la recette** Einnahme
**la dépense** Ausgabe
**prévisionnel(elle)** mutmaßlich
**rectificatif(ive)** berichtigend
**le collectif budgétaire** Nachtragsetat
**la Cour des Comptes** Rechnungshof
**la loi de règlement** Haushaltsabschlußgesetz
**la dépense budgétisée** Haushaltsausgabe
**compte-tenu de quelque chose** unter Berücksichtigung
**le déficit budgétaire** Haushaltsdefizit
**l'emprunt (m)** Anleihe
**l'impôt (m)** Steuer
**les impôts directs** direkte Steuer
**les impôts indirects** indirekte Steuer
**les impôts sur le revenu des personnes** Einkommensteuer
**les impôts sur le revenu des sociétés** Körperschaftssteuer
**la taxe sur le tabac** Tabaksteuer
**le prélèvement sur les jeux** Glücksspielabgabe
**les dépenses (f) d'investissement** Investitionsausgaben
**s'échelonner sur** sich auf etwas verteilen
**le salaire** Lohn (für Handarbeit)
**la rémunération** Vergütung
**l'employeur (m)** Arbeitgeber
**le contrat de travail** Arbeitsvertrag
**le salaire en nature** Naturallohn
**le salaire en espèces** Geldlohn
**le salaire au temps** Zeitlohn
**le salaire au rendement** Leistungslohn
**le salaire au pourcentage** Verhältnislohn
**le pourboire** Trinkgeld
**le traitement** Entlohnung bei Beamten, Gehalt bei leitenden Angestellten
**la solde** Sold (Offiziere und Unteroffiziere)
**les honoraires (m.pl.)** Honorar (bei freien Berufen)
**le S.M.I.C. (le Salaire Minimum Interprofessionnel de Croissance)** allgemein garantierter, gesetzlicher Mindestlohn
**l'indice national des prix à la consommation** nationaler Lebenshaltungskostenindex
**réajuster** berichtigen
**travailler à temps partiel** einer Teilzeitbeschäftigung nachgehen
**l'activité secondaire** Zweitbeschäftigung

**l'abattement (m)** Kürzung, Minderung, Abzug
**l'apprenti (m)** Auszubildender
**le salaire mensuel** Monatslohn
**la mensualisation** Umstellung auf monatliche Zahlung (des Lohnes)
**la prime** Prämie
**13ème mois** 13. Monatsgehalt
**la prime pour le travail de nuit** Nachtarbeitszuschlag
**la prime de bilan** Jahresgratifikation, Abschlußprämie
**la convention** Abkommen
**la branche** Branche
**le bulletin de salaire** Lohnstreifen/Gehaltsabrechnung
**le salaire offert** Bruttogehalt
**déduction faite de quelque chose** nach Abzug von
**le salaire net** Nettolohn
**le salaire brut** Bruttolohn
**la part ouvrière** Arbeitnehmeranteil
**l'assurance maladie (f)** gesetzliche Kranken- und Unfallversicherung
**l'assurance invalidité** Invalidenversicherung
**l'assurance maternité** Mutterschaftshilfe
**le décès** Tod
**l'assurance veuvage** Witwenversicherung
**l'assurance chômage** Arbeitslosenversicherung
**l'assurance vieillesse** Altersversicherung
**le plafond de la Sécurité Sociale** Beitragsbemessungsgrenze
**le salaire plafonné** entspricht der Beitragsbemessungsgrenze
**la cotisation** Beitrag (in der Sozialversicherung im Gegensatz zur Privatversicherung)
**les prestations familiales (f.pl.)** Familienbeihilfe
**les allocations familiales (f.pl.)** Kindergeld
**l'accident de travail (m)** Arbeitsunfall
**la retraite complémentaire** Zusatzrente
**percevoir** erheben, einziehen
**les charges sociales (f.pl.)** Sozialabgaben
**le tertiaire** Dienstleistungsbereich
**la déclaration annuelle** jährliche Steuererklärung
**les services fiscaux (m.pl.)** Finanzämter

**les foyers (m.pl.)** private Haushalte
**le revenu** Einkommen
**l'année écoulée** vergangenes Jahr
**l'avance (f)** Vorauszahlung
**le tiers provisionnel** Vorauszahlung eines Drittels der voraussichtlichen Steuerschuld
**l'inverse (m)** Gegenteil
**la balance de transactions sur les produits** Warenbilanz
**déficitaire** defizitär, „mit Verlust abschließend"
**les services (m.pl.)** Dienstleistungen
**la balance des paiements** Zahlungsbilanz
**l'hydrocarbure (m)** Kohlenwasserstoff (Brennstoffe wie Erdgas und Erdöl)
**la balance du commerce extérieur** Außenhandelsbilanz
**revêtir** annehmen, haben
**les biens (m) d'équipement professionnels** Investitionsgüter, Ausrüstungsgüter für die Industrie
**dégager** auslösen, bewirken
**l'excédent (m)** Überschuß
**les produits végétaux (m.pl.)** pflanzliche Produkte
**les exportations (f) françaises de produits** französische Warenexporte
**entretenir** unterhalten
**la zone franc** «Franc Zone» (Währungsgebiet des frz. Franc)
**le déficit du commerce extérieur** Außenhandelsdefizit
**préoccuper** Sorgen machen
**le monde du travail** Arbeitswelt
**l'encadrement (m)** Einrahmung (hier die organisatorische Struktur)
**le patron** Arbeitgeber
**au sein de** innerhalb
**la corporation** Gilde, Zunft
**le compagnonnage** Gesellenzunft
**le syndicat ouvrier** Gewerkschaft
**le milieu** Mitte
**la révolution industrielle** industrielle Revolution
**la durée quotidienne du travail** tägliche Arbeitszeit
**la convention collective du travail** kollektives Arbeitsabkommen
**le droit de grève** Streikrecht
**le droit de création des syndicats** Gewerkschaftsgründungsrecht

**l'organisation patronale (f)** Arbeitgeberorganisation
**l'organisation ouvrière (f)** Arbeitnehmerorganisation, Arbeiterorganisation
**calquer** nachahmen
**le syndicat professionnel** Berufsverband
**le code du travail** Arbeitsrecht
**concourir à quelque chose** zu etwas beitragen
**le syndicat patronal** Arbeitgeberverband
**la chambre syndicale** Berufskammer
**la chambre départementale** Berufskammer des Départements
**la Fédération Nationale** Zusammenschluß von Fachverbänden auf nationaler Ebene = Bundesverband
**le code des usages d'une profession** Leitsätze
**l'industrie (f) de la charcuterie et de la salaison** Fleischwarenindustrie
**le ministère de tutelle** aufsichtsführendes Ministerium
**le bulletin** Mitteilungsblatt
**la circulaire** Rundschreiben
**l'action publicitaire (f)** Werbeaktion
**le bureau d'accueil** Empfangsbüro
**le marché porteur** potentieller Markt
**l'action d'animation (f)** Absatzförderungsaktion
**le Conseil National du Patronat Français (C.N.P.F.)** Nationalrat des franz. Arbeitgeberverbandes (entspricht in der BRD dem BDI (Bund der Deutschen Industrie) und dem BDA (Bundesvereinigung der Deutschen Arbeitgeber)
**P.M.E. (Petites et Moyennes Entreprises)** Kurzbezeichnung für kleine und mittlere Unternehmen
**la Confédération Générale des PME** Hauptverband der kleinen und mittleren Unternehmen
**la Fédération Nationale des Syndicats d'Exploitants Agricoles (F.N.S.E.A.)** Nationaler Landwirtschaftsverband
**le Centre National des Jeunes Agriculteurs (C.N.J.A.)** Nationaler Verband der jungen Landwirte
**les professions libérales (f.pl.)** freie Berufe
**l'Union Nationale des Associations des Professions Libérales (U.N.A.P.L.)** Nationale Union der Verbände der freien Berufe

la Chambre de Commerce et d'Industrie   Industrie- und Handelskammer
adhérer   angehören
le chef-lieu   Hauptort des Départements
l'Assemblée Permanente des Chambres de Commerce et d'Industrie (A.P.C.C.I.)   Zentralverband der Industrie- und Handelskammern (entspricht in der BRD dem Deutschen Industrie- und Handelstag (DIHT)
aboutir   zuführen
l'installation portuaire (f)   Hafenanlage
l'aéroport régional (m)   regionaler Flughafen
le parc d'exposition   Ausstellungsgelände
la zone industrielle   Industriegebiet
le cours du soir   Abendkurs
le contrat de collaboration   Kooperationsvertrag
le Centre Français du Commerce Extérieur (C.F.C.E.)   französisches Amt für Außenhandel
le registre du commerce et des sociétés   Handelsregister (wird in der BRD von den Registergerichten am Amtsgericht geführt)
la taxe   hier: Mitgliedsbeitrag
les frais de fonctionnement (m.pl.)   Betriebskosten, lfd. Kosten
toucher des subventions   Subventionen erhalten
effectuer des emprunts   Anleihen aufnehmen
la Chambre d'Agriculture   Landwirtschaftskammer
le rôle consultatif   beratende Rolle
l'Assemblée Permanente des Chambres d'Agriculture   Zentralverband der Landwirtschaftskammern
gérer   leiten
l'établissement départemental de l'élevage (E.D.E.)   Zuchtamt des Départements
les performances du cheptel (f.pl.)   Viehbestandleistungen
le service foncier   Abteilung für Grundbuchangelegenheiten
la formation professionnelle   Berufsausbildung
les Chambres de Métiers   Handwerkskammern
l'artisan (m)   Handwerker
le métier manuel   handwerklicher Beruf

l'alimentation (f)   Ernährung
le bâtiment   Baugewerbe
le bois   Holz
le cuir   Leder
le textile   Textilien
le métal   Metallgewerbe
l'électricité (f)   Elektrogewerbe
le maître-artisan   Handwerksmeister
le compagnon   Geselle
le chef d'entreprise   Unternehmensleiter
l'organisation syndicale (f)   gewerkschaftliche Organisation
renouvelable   verlängerbar
rééligible   wiederwählbar
le délégué   Mitglied des Personal- oder Betriebsrates
l'Assemblée Permanente des Chambres de Métiers   Zentralverband der Handwerkskammern
l'apprentissage (m)   Lehrlingsausbildung
le diplôme d'artisan   Gesellenbrief
le diplôme de maître-artisan   Meisterbrief
le registre des métiers   Handwerksrolle
le prélèvement   Erhebung
l'enseignement (m) professionnel   berufsbezogener Fachunterricht
politiser   politisch orientieren
le syndicat ouvrier   Arbeitergewerkschaft
la Confédération Générale du Travail (C.G.T.)   kommunistisch-marxistisch orientierte Gewerkschaft
la Fédération Syndicale Mondiale   Weltgewerkschaftsbund
la Confédération Générale du Travail-Force Ouvrière (C.G.T.-F.O.)   sozialdemokratisch-reformistisch orientierte Gewerkschaft
la scission   Spaltung
au sein de   innerhalb
la Confédération Française des Travailleurs Chrétiens (C.F.T.C.)   christliche Gewerkschaft
la Confédération Française Démocratique du Travail (C.F.D.T.)   sozialistisch orientierte Gewerkschaft, die oft mit der C.G.T. zusammenarbeitet
la Confédération Mondiale du Travail   Weltarbeiterbund
la Confédération Générale des Cadres   Zentralverband der leitenden Angestellten
être affilié à   angehören

**le personnel d'encadrement** Führungskräfte

## Les besoins énergétiques

**la crise pétrolière** Ölkrise
**l'énergie primaire (f)** Primärenergie
**flagrant** offenkundig
**mettre au point** klarstellen
**ramener** zurückführen, senken
**l'uranium (m)** Uran
**le sous-sol** Untergrund
**nucléair** atomar
**le pétrole** Erdöl
**le gaz naturel** Erdgas
**le charbon** Kohle
**la centrale thermique nucléaire** Kernkraftwerk
**la production d'électricité d'origine hydraulique** Stromerzeugung durch Wasserkraftwerke
**la centrale thermique** Heizkraftwerke
**le fuel (lourd)** Schweröl
**négligeable** unwesentlich
**l'énergie solaire** Sonnenenergie
**l'énergie géothermique** Erdwärme (die Geothermik)
**l'énergie éolienne** Windenergie
**la biomasse** Biomasse
**la tonne d'équivalent pétrole (tep)** T. Rohöleinheit (t ROE)
**la houille** Steinkohle
**le gaz liquéfié** Flüssiggas

## L'agriculture et les industries – agro-alimentaires

**le produit végétal** pflanzliches Erzeugnis
**le produit animal** tierisches Erzeugnis
**les céréales (f.pl.)** Getreide
**l'industrie agro-alimentaire** Nahrungs- und Genußmittelindustrie
**découler** folgen, sich ableiten
**la recherche fondamentale** Grundlagenforschung
**appliquer** anwenden
**assurer** sicherstellen
**l'Institut National de Recherche Agronomique (I.N.R.A.)** Nationalinstitut für landwirtschaftliche Forschung
**le chercheur** Forscher
**la variété de semences** Samensorte

**la transplantation d'embryons** Verpflanzung von Embryos
**l'ultrafiltration (f)** Ultrafiltrierung (bei der Milch)
**la surface agricole utilisée (S.A.U.)** Nutzfläche
**arable** bestellbar, pflügbar
**les cultures permanentes** Dauerkulturen
**les surfaces en herbe (f)** Grünland
**les forêts (f)** Wälder
**boisé(e)** bewaldet, waldig
**les arbres feuillus** Laubholz
**le chêne** Eiche
**les conifères (m)** Nadelbäume (-wald)
**bon an, mal an** jahraus, jahrein
**le bois rond** Rundholz
**la pâte à papier** Papiermasse, Papierbrei
**mettre en place** aufstellen
**améliorer** verbessern
**l'exploitation (f)** Bewirtschaftung, Ausbeutung
**la répartition** Aufteilung
**les plantes sarclées (f.pl.)** Hackfrüchte
**les plantes industrielles (f.pl.)** Industriepflanzen
**la légume** Gemüse
**le fourrage vert** Grünfutter
**la vigne** Rebe
**les arbres fruitiers (m.pl.)** Obstbäume
**la prairie** Wiese
**le pâturage** Weide
**le jardin familial** Familien-, Hausgarten
**l'exploitation agricole** landwirtschaftlicher Betrieb
**à temps complet** Vollzeit...
**le faire-valoir direct** Eigen-, Selbstbewirtschaftung
**le propriétaire** Eigentümer
**en fermage** in Pacht
**moyen** durchschnittlich
**la production agricole** Agrarproduktion, landwirtschaftliche Erzeugung
**l'auto-consommée (f)** Eigenverbrauch
**se répartir** sich verteilen
**les oléagineux (m.pl.)** Ölfrüchte
**la betterave** Rübe
**l'élevage bovin (m)** Rinderzucht
**les productions hors-sol (f)** flächenungebundene Veredelungsproduktion
**la volaille** Geflügel
**le porc** Schwein
**la viande bovine** Rindfleisch
**le blé tendre** Weichweizen
**le blé dur** Hartweizen

l'orge (f)   Gerste
l'avoine (f)   Hafer
la pomme de terre   Kartoffel
les légumes frais (m)   Frischgemüse
les légumes secs   Trockengemüse
les fruits (m)   Früchte
les betteraves (f) industrielles   Zuckerrüben
le vin courant   Tischwein
le vin de qualité   Qualitätswein
les plants (m) de pépinières   Baumschulpflanzen
les gros bovins (m)   Rinder
équin, ine   Pferd...
ovin, ine   Schaf...
caprin, ine   Ziege...
le blé   Weizen
le spiritueux   alkoholisches Getränk
le vignoble   Weinberg
la betterave sucrière   Zuckerrübe
la canne à sucre   Zuckerrohr
le colza   Raps
le tournesol   Sonnenblume
l'huile (f) végétale   Pflanzenöl
les tourteaux (m.pl.)   Ölkuchen
la protéine (f)   Protein
protéagineux   proteinhaltig
l'industrie de transformation   Veredelungswirtschaft, Verarbeitungsindustrie
la production fruitière   Obstproduktion
excédentaire   überschüssig
la pomme de table   Tafelapfel
le cheptel   Viehbestand
le veau   Kalb
le fromage   Käse
la spécialité fromagère   Käsespezialität
la production laitière   Milcherzeugung
la viande de porc   Schweinefleisch
porcin, ine   Schweine...
la viande ovine   Schaf(s)fleisch
le poulet industriel   Hähnchenmassenproduktion
le poulet élevé en liberté   Freilandhähnchen
le canard   Ente
la pintade   Perlhuhn
la dinde   Pute
l'oie (f)   Gans
le pigeon   Taube
l'œuf (m) de consommation   Konsumei
le secteur laitier   Milchsektor
l'industrie de la viande   fleischverarbeitende Industrie
le travail du grain   Getreideverarbeitung

la coopérative de transformation   Weiterverarbeitungsgenossenschaft, Veredelungsgenossenschaft
la vinification   Weinbereitung
la collecte du lait   Milchsammlung
les abattages (m) du bétail (m)   Viehschlachten
le chiffre non consolidé   nicht bereinigte Zahl

## L'industrie manufacturière

l'industrie manufacturière   verarbeitendes Gewerbe
décroître   abnehmen
l'équipement (m)   Ausrüstung
la diminution   Abnahme
l'effectif (m)   Belegschaft, Personal
les industries de biens intermédiaires   Grundstoff- und Produktionsgüterindustrie
les industries de biens d'équipement professionnels   Investitionsgüterindustrie (betr. Industrie)
les industries de biens d'équipement ménager   Investitionsgüterindustrie (betr. Haushalte)
le matériel de transport terrestre   Landtransportmittel
les industries de biens de consommation   Konsumgüterindustrie
la transformation   Umformung
le demi-produit   Halbzeug (nur in der Metallindustrie)
l'industrie des métaux   Metallindustrie
l'industrie mécanique   mechanische Industrie
l'industrie de l'automobile   Automobilindustrie
la sidérurgie   Eisen- und Stahlindustrie
l'acier (m)   Stahl
la fonte   Gußeisen
l'industrie des métaux non ferreux   NE-Metallindustrie (Nichteisenmetall-Industrie)
le minerai   Erz
l'aluminium (m) de première fusion   Aluminium aus erster Gewinnung (Primäraluminium)
la bauxite   Bauxit (Naturaluminium)
les industries de la récupération   Wiedergewinnungsindustrie
le cuivre   Kupfer
le nickel   Nickel

**l'industrie chimique**   chemische Industrie
**ramifié(e)**   verzweigt
**les biens intermédiaires**   Zwischenprodukte
**le produit chimique de base**   chemischer Grundstoff
**l'ammoniaque (f)**   Ammoniak
**l'engrais (m)**   Dünger
**les matières plastiques (f.pl.)**   Kunststoffe
**le caoutchouc synthétique**   synthetischer Kautschuk
**les produits de la parachimie**   Produkte der chemieverwandten Industrie
**la colle**   Klebstoff, Leim
**les peintures (f.pl.)**   Farben
**en dépit de**   trotz
**le patrimoine forestier**   Waldgut
**le pneumatique**   Autoreifen
**le caoutchouc naturel**   Naturkautschuk
**l'industrie (f) du verre**   Glasindustrie
**stagner**   stagnieren
**le verre creux**   Hohlglas
**le verre plat**   Flachglas
**la vitre**   Glasscheibe
**le miroir**   Spiegel
**la fibre de verre**   Glasfaser
**le verre technique**   Industrieglas
**l'industrie aéronautique et spatiale**   Raum- und Luftfahrtindustrie
**l'industrie des télécommunications**   Fernmeldeindustrie
**l'hélicoptère (m)**   Hubschrauber
**la fusée**   Rakete
**la cimenterie**   Zementfabrik
**la robotique**   Robotertechnik
**le télémanipulateur**   Fernsteuerung
**la recherche sous-marine**   Unterseeforschung
**la petite mécanique**   Kleinapparatebau
**la construction d'appareillage électrique et ménager**   Bau von Elektro- und Haushaltsgeräten
**la mécanique de précision**   Feinmechanik
**l'industrie ferroviaire**   Eisenbahnindustrie
**l'industrie du matériel ferroviaire roulant**   Industrie für rollendes Eisenbahnmaterial (Waggons, Triebwagen etc...)
**le trajet**   Strecke
**le jour ouvrable**   Arbeitstag
**la voiture particulière**   Personenwagen, Privatwagen

**régresser**   abnehmen
**saturer**   saturieren, sättigen
**l'industrie des véhicules utilitaires**   Nutzfahrzeugindustrie
**le poids lourd**   LKW
**l'industrie des deux-roues**   Zweiradindustrie
**la bicyclette**   Fahrrad
**le vélomoteur**   Leichtmotorrad, Mofa
**la motocyclette**   Motorrad
**le cyclomoteur**   Moped
**l'engin (m)**   Maschine
**l'industrie textile**   Textilindustrie
**englober**   umfassen
**le produit semi-fini**   Halbfabrikate
**la laine**   Wolle
**le coton**   Baumwolle
**la fibre**   Faser
**le tissu**   Stoff
**les produits finis (m)**   Endprodukte
**la maille**   Strickware
**la bonneterie**   Wirkwaren
**l'industrie du vêtement**   Bekleidungsindustrie
**la sous-traitance**   Zulieferung
**la main d'œuvre**   Arbeitskräfte
**l'industrie pharmaceutique**   pharmazeutische Industrie
**la croissance soutenue**   gleichbleibend starkes Wachstum

## Les industries de la construction

**l'industrie de la construction**   Bauindustrie
**complémentaire**   ergänzend
**la production de matériaux de construction**   Baumaterialproduktion
**la construction des bâtiments**   Hausbau
**les travaux publics (m.pl.)**   öffentliche Bauten, Tiefbau
**l'industrie des briques**   Backsteinindustrie
**l'industrie des tuiles**   Ziegelbrennerei
**l'industrie des granulats**   Sand- und Kiesgewinnung
**l'exploitation des carrières**   Ausbeutung von Steinbruchen
**la fabrication de bétons prêts**   Herstellung von Betonfertigteilen
**la construction des logements**   Wohnungsbau

**les bâtiments industriels**  Wirtschaftsbau
**les édifices publics (m.pl.)**  öffentliche Gebäude
**la construction d'infrastructures (f)**  Infrastrukturbauten
**le barrage hydraulique**  Staudamm, Talsperre
**l'entreprise artisanale (f)**  Handwerksbetrieb
**les travaux de génie civil**  Hoch- und Tiefbau
**malaisé(e)**  schwierig
**le combustible**  Brennstoff
**le forage**  Bohrung
**le pied cube**  Kubikfuß
**grosso modo**  im großen und ganzen
**le taux de conversion**  Umrechnungsrate
**le lignite**  Braunkohle

# D. Notions générales sur le commerce

## 1. Le Commerce et le commerçant

Pour qu'une marchandise parvienne au destinataire final, il faut faire appel le plus souvent à des intermédiaires que ce soit pour la vente, pour l'acheminement ou pour le paiement de cette marchandise. Le commerçant sert de relais entre le fabricant et l'utilisateur. Mais il est aussi un intermédiaire indispensable pour une meilleure connaissance des besoins du consommateur ou de l'utilisateur qui seront retransmis au fabricant. Les fonctions du commerce sont donc multiples.

Le commerce peut prendre différentes formes mais nous nous contenterons dans cet ouvrage de parler de la forme de commerce la plus usuelle c.-à-d.: de l'échange de marchandises contre des capitaux.

Le commerçant est une personne qui fait du commerce par profession et qui, de ce fait, est tenu en France à
- l'inscription au Registre du Commerce (R.C.) et à l'Institut National de la Statistique et des Etudes Economiques (I.N.S.E.E.)
- payer des impôts
- tenir des livres de comptabilité

- conserver les documents commerciaux pendant un certain délai
- subir les conséquences de la faillite et, en cas de cessation de paiements, le règlement judiciaire ou le concordat extra-judiciaire.

## 2. Les entreprises commerciales (voir fig. D 1)

Une personne peut être capable au point de vue technique ou avoir une formation qui lui permet d'ouvrir p. ex. un commerce de cycles. Elle est propriétaire unique de ce commerce. On parle dans ce cas d'entreprise individuelle. Pour développer son commerce, cette personne peut avoir besoin de capitaux étrangers et de spécialistes. Elle s'associera pour fonder une société. On appelle les sociétés personnes morales pour les distinguer des êtres humains, appelés personnes physiques.

La création d'une société doit faire l'objet de statuts dans lesquels seront repris:
le nom de la société:                c'est sa **raison sociale**
son domicile:                        c'est son **siège social**
l'activité qu'elle exerce:           c'est son **objet social**
la forme juridique de la société:    c'est p.ex. une S.a. ou S.à r.l. etc.
le montant, exprimé en francs,
de son capital:                      c'est son **capital social**

Une société, unité juridique, peut être dénommée «entreprise». Elle peut disposer de plusieurs établissements qui sont des unités géographiques. Diverses entreprises peuvent se rassembler autour d'une société principale pour former un groupe. La société principale est appelée «société-mère». Les entreprises dans lesquelles elle dispose d'au moins 50% du capital sont nommées filiales.

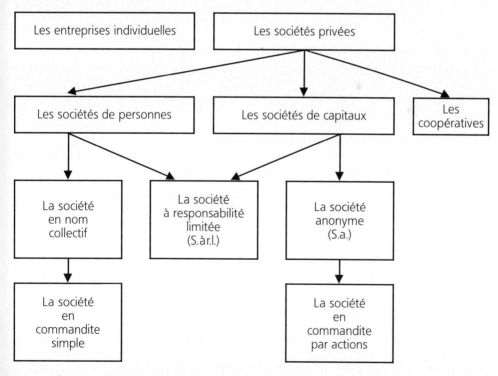

**fig. D1**   (Le type GmbH & Co KG n'existe pas en France.)

83

## 2.1 Les entreprises individuelles

Dans l'entreprise individuelle, le capital est fourni par une seule personne, l'entrepreneur, qui dirige l'entreprise. Il est seul bénéficiaire des gains. Mais aussi il devra supporter seul les risques, sa responsabilité est engagée de même que sa fortune personnelle vis-à-vis des créanciers.

## 2.2 Les sociétés privées

Lorsque les capitaux d'une entreprise proviennent de différentes personnes physiques ou morales, il y a création d'une société. Cette création peut être provoquée pour renforcer les capitaux propres de l'entreprise, pour une meilleure répartition du travail et un renforcement des effectifs, pour une répartition des risques de l'entreprise, pour pouvoir obtenir plus de crédit, pour des raisons privées (âge, héritage, maladie etc.).
Si lors de la fondation de la société le travail de l'entrepreneur et sa responsabilité sont prépondérants, on parle de **sociétés de personnes**. Si lors de la création de la société le capital est essentiel et non la responsabilité ou le travail du pourvoyeur de fonds, on parle de **sociétés de capitaux**.
Les entreprises de type «coopérative» ont pour but, contrairement aux autres formes de société, de développer l'activité économique de leurs membres et non d'obtenir des gains.

### 2.2.1 La société en nom collectif

Parmi les sociétés privées il faut d'abord noter la société en nom collectif. Celle-ci est formée par deux ou plusieurs associés pour exploiter un commerce sous une même raison sociale. Chaque sociétaire est directement et solidairement responsable de l'ensemble des résultats d'exploitation. Si les résultats sont mauvais, il risque non seulement de perdre l'apport qu'il a fait à la société, mais aussi tout ou partie de ses biens personnels.

### 2.2.2 La société en commandite simple

La société en commandite simple comprend deux catégories d'associés, **les commandités** qui sont comme dans la société en nom collectif directement et solidairement responsables de façon illimitée et **les commanditaires** qui ne sont responsables que du montant des capitaux apportés à la société.

### 2.2.3 La société à responsabilité limitée (S.à r.l.)

La société à responsabilité limitée a, en France, un caractère mixte. Il s'agit d'une société de personnes et d'une société de capitaux, alors qu'en Allemagne Fédérale la forme de société correspondante, la GmbH, est uniquement une société de capitaux.
Les sociétaires d'une S.à r.l. ne sont responsables que du montant apporté à la société. Les décisions d'une S.à r.l. sont prises à la majorité, ce qui facilite la gestion d'une telle entreprise. Le capital social d'une S.à r.l. est divisé en parts sociales. La S.à r.l. est dirigée par un gérant nommé par les associés.

### 2.2.4 La société anonyme (S.a.)

La société anonyme est une société par actions dont les membres sont nommés «actionnaires». Ils ne sont responsables financièrement que pour le montant de leur apport.
Il y a deux formes de S.a. en France (voir fig. D 2).
Les actionnaires étant généralement trop nombreux pour pouvoir participer à la gestion de l'entreprise se réunissent en assemblée générale ordinaire ou extraordinaire pour désigner soit un conseil d'administration, soit un conseil de surveillance. Le conseil d'administration désigne un président qui est en même temps directeur général de l'entreprise. Il peut se faire assister par un ou plusieurs directeurs généraux. Cette forme d'administration est plus cou-

rante en France. Il est préférable pour les grandes entreprises de disposer d'un conseil de surveillance. Dans ce cas, les trois à douze membres du conseil de surveillance élisent un directoire qui se compose de une à cinq personnes. Le conseil de surveillance nomme aussi le président et contrôle le travail de cet organe. Cette dernière forme de S.a. est de type allemand et elle tend à se développer en France.

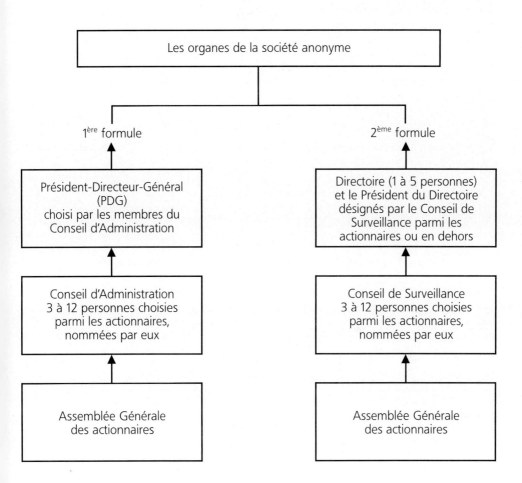

**fig. D2**    Les statuts de la société précisent laquelle de ces formules est choisie.

## 2.2.5 La société en commandite par actions

La société en commandite par actions est composée comme une société en commandite simple, mais dans laquelle les parts des commanditaires sont représentées par des actions. La cession des parts dans ce cas n'a pas besoin d'être notariée.

## 2.2.6 Les coopératives

La coopérative est une société dont le nombre de membres, les coopérateurs, peut varier. Elle a pour but d'aider les coopérateurs à commercialiser leurs produits ou à s'approvisionner dans de bonnes conditions. Une coopérative ne doit pas faire de bénéfice. Si les résultats d'exploitation sont positifs, elle doit reverser les excédents sous forme de ristourne à ses membres. On distingue:
- les coopératives de producteurs
- les coopératives de consommateurs
- les coopératives de crédit, etc.

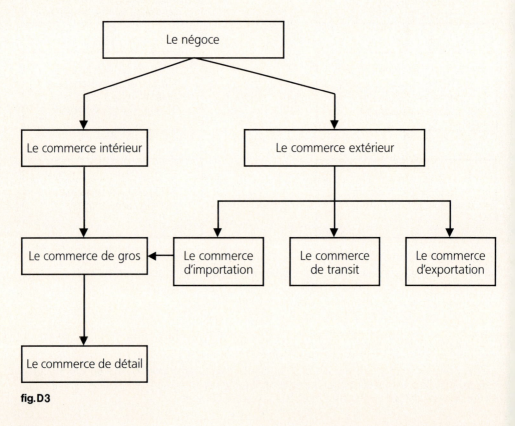

fig. D3

## 2.3 Les entreprises publiques

Pour diverses raisons un Etat peut nationaliser diverses entreprises, par exemple:
- pour pouvoir effectuer de lourds investissements dans un secteur d'intérêt général, comme les «Charbonnages de France» ou «Electricité de France», E.D.F.
- pour assurer une indépendance dans un certain domaine. Par exemple «Entreprises de Recherche et d'Activités Pétrolières» (E.R.A.P.) ou la «Société Nationale Industrielle Aérospatiale» (S.N.I.A.S.)
- pour se protéger contre une pression économico-politique, comme celle des banques et assurances en France.
- pour assurer son indépendance en matière d'armement, ici on peut nommer l'industrie de guerre.
- pour des raisons économiques. Soutien des industries importantes en difficultés.
- pour des raisons politiques. Renforcement de la nationalisation des banques et de certaines industries en 1981 par les socialistes.

On peut nommer trois domaines dans lesquels les entreprises nationalisées exercent leurs activités:

1. **Les services publics**: établissements publics à caractère administratif exerçant une activité industrielle ou commerciale.
   P.ex. «Postes et Télécommunications» (P et T)[1]
2. **Les établissements publics**: ce sont des entreprises nationalisées dont la gestion est confiée à un conseil d'administration nommé par l'Etat.
   P.ex.: «Régie Renault»[2]
3. **Les sociétés d'économie mixte**: les sociétés d'économie mixte se présentent sous la forme de sociétés commerciales du type habituel. En cas de besoin, leur financement est assuré par l'Etat ou par des collectivités publiques.
   P.ex.: S.N.C.F. – Société nationale des chemins de fer.[3]

# 3. Les principales branches du commerce

## 3.1 Le négoce

### 3.1.1 Le commerce intérieur
Le commerce intérieur se charge des affaires au sein d'un pays. Les producteurs peuvent vendre leurs marchandises soit directement au consommateur ou à l'utilisateur final ou indirectement à l'aide d'intermédiaires tels que les grossistes ou les détaillants.

#### 3.1.1.1 Le commerce de gros
Le commerce de gros peut prendre diverses formes suivant qu'il est orienté essentiellement vers l'achat de produits pour ses membres ou ses associés, comme c'est le cas des centrales ou des groupements d'achat, ou qu'il travaille de façon indépendante.

Le commerce de gros indépendant

Le commerce de gros indépendant peut avoir différentes formes:

---

[1] – [3] voir aussi Nouveau Guide de France, Hachette, Paris, p. 251.

### Le commerce de gros traditionnel

Le commerce de gros traditionnel peut être spécialisé ou non. Le grossiste livre généralement la marchandise au revendeur ou aux collectivités dans un délai plus au moins court après la demande (quelques heures pour les produits pharmaceutiques ou quelques semaines pour les produits textiles). En France, souvent le grossiste joue aussi un rôle de financier. Les paiements se font par traite à 60 ou à 90 jours. Le grossiste travaille généralement dans une zone géographique limitée.

### Le «cash and carry» (Le «prendre-payer»)[1]

Dans un «cash and carry», la marchandise conditionnée pour les revendeurs ou des collectivités est offerte en libre service. L'acheteur paye ses achats à la sortie du dépôt et il doit les transporter lui-même dans la plupart des cas (exception pour les meubles). Contrairement à ce qui se passe dans les autres formes du commerce de gros, le «cash and carry» n'assure aucun financement à ses clients.
Si la forme de vente par «cash and carry» est assez développée en Allemagne Fédérale à cause des habitudes commerciales et principalement de la clause de réserve de propriété (voir chapitre page 192), elle est beaucoup moins développée en France, les détaillants ayant généralement dans ce pays l'habitude de payer leurs achats en 60 ou 90 jours, la clause de réserve de propriété étant encore peu répandue en France.

### Le «rack-jobbing»
(rack = rayon, jobber = grossiste, grossiste de rayon ou service de marchandisage)

Cette forme de commerce de gros est surtout employée pour les produits alimentaires frais. Le grossiste est responsable de la gestion d'un rayon, il reprend les invendus et complète le rayon avec des produits frais. Le paiement est effectué le plus souvent lors de la livraison de la marchandise.

#### 3.1.1.2 Le commerce de détail

Le commerce de détail peut être divisé en commerce de détail sédentaire et en commerce de détail ambulant. Le commerce de détail sédentaire comprend le commerce de détail «indépendant», «associé» et «intégré».

### Le commerce «indépendant»

Il faut distinguer:
- **les artisans** (les boulangers, les bouchers, etc.)
- **les commerçants détaillants spécialisés** (vente de meubles, prêt-à-porter, librairies, épiceries etc.)
- **les commerçants détaillants non-spécialisés** («petits multiples»), les bouchers vendent aussi de la charcuterie, des conserves et des épices etc.

Aujourd'hui on trouve de nouvelles formes de commerce de détail:
- **Le minimarge** (anglais: Discount-house), magasin de vente au détail pratiquant une politique systématique et généralisée de vente avec marges réduites.[2]
- **Le drugstore.** Etablissement pratiquant le commerce de détail ouvert tous les jours, suivant un très large horaire (18 à 20 heures sur 24) et composé d'un restaurant ou d'un bar,

---

[1] D'après l'arrêté du 3 janvier 1974, J.O. p. 95, la définition officielle pour cette forme de commerce est le «prendre-payer». Mais dans la pratique on parle le plus souvent de «cash and carry».

[2] Le ministre de l'Economie et des Finances, le ministre de l'Education Nationale, Arrêté relatif à la terminologie économique et financière (1), Annexe I, Journal Officiel du 3 Janvier 1974 (p. 95)

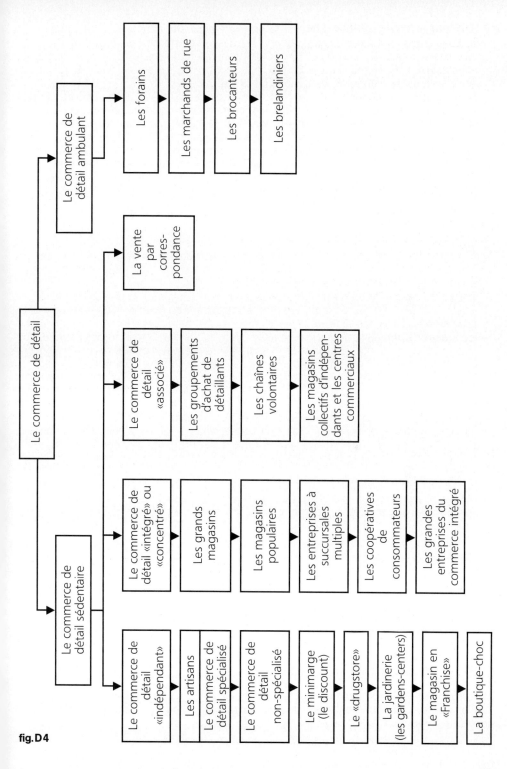

fig. D4

de stands vendant soit des produits de première nécessité (journaux, tabac, pharmacie) soit des cadeaux (librairie, disques, jouets etc.) des services: toilettes, téléphone etc.[1]
- **La jardinerie** (anglais: Garden-center), établissement commercial, souvent de dimension importante, offrant tout ce qui concerne le jardin, principalement pour les résidences situées à proximité des grandes agglomérations.[2]
- **Le magasin en «Franchise».** Le franchiseur (p.ex. Coca-Cola, Mac Donald, Rodier, Wimpy etc.) concède à des entreprises indépendantes, en contrepartie d'une redevance le droit de se présenter sous sa raison sociale et sa marque pour vendre des produits ou services. Le franchiseur assure généralement une assistance technique.[3]
- **La boutique-choc.** (anglais: Babyshark). Etablissement de dimension restreinte (120 – 200 m$^2$), généralement situé en ville, vendant des produits alimentaires et des articles divers de première nécessité, pratiquant un horaire largement ouvert, et caractérisé, d'une façon générale, par une politique commerciale dynamique (on dit parfois «agressive»).[4]

## Le commerce intégré

A côté du commerce de détail «indépendant» il faut citer le commerce de détail «intégré» ou «concentré». Dans cette forme de commerce, la fonction de gros et de détail est assurée par une seule direction.
Il faut distinguer dans **le commerce de détail intégré:**
- **les grands magasins** en France offrent une gamme assez complète de produits et de services, sauf dans la plupart des cas, de produits alimentaires. (p. ex. Les Galeries Lafayette, Le Printemps, La Samaritaine etc.).
- **les magasins populaires.** Woolworth a été le fondateur aux Etats-Unis des magasins populaires avec une vente à prix unique. Aujourd'hui les magasins populaires offrent généralement leurs articles à des prix avantageux (p.ex.: Uniprix, Prisunic, Monoprix).
- **les entreprises à succursales multiples.** Ces entreprises sont généralement spécialisées dans la vente au détail d'une famille de produits. (p. ex. Myrys pour les chaussures, Casino pour les produits alimentaires etc.)
- **les coopératives de consommateurs.** Il s'agit d'une union de consommateurs qui constituent un capital pour pouvoir s'approvisionner en gros dans les meilleures conditions. Les coopératives de consommateurs ne doivent pas effectuer de bénéfices. Elles redistribuent en fin d'année à leurs membres sous forme de ristourne les excédents d'exploitation.
- **les grandes entreprises du commerce intégré.** De plus en plus les distributeurs disposent de nombreuses succursales d'importance différente leur permettant d'être présents sur la plupart des créneaux de la distribution (magasin «minimarge», supérette, hypermarché, etc.).

## Le commerce «associé»

Devant la concurrence de plus en plus abondante du commerce «intégré», les détaillants ont cherché à se réunir pour rester concurrentiels. Il est ainsi apparu différents types de groupement de détaillants:
**Groupements horizontaux:** Les détaillants d'une même branche se réunissent pour faire leurs achats en commun.
**Groupements verticaux:** Les détaillants s'unissent à un ou plusieurs grossistes.

## Les groupements d'achat de détaillants

Juridiquement, les groupements d'achat de détaillants sont des sociétés coopératives à capital variable. Tous les membres sont placés sur un pied d'égalité. Ce groupement dispose

---
[1]–[4] Le ministre de l'Economie et des Finances, ibidem.

souvent de ses propres marques qui ne peuvent être vendues que par ses adhérents. Les détaillants peuvent acheter aussi en dehors du groupement.
Les groupements d'achat de détaillants peuvent exercer la fonction de grossiste pour leurs adhérents. Ils peuvent disposer d'un stock ou faire livrer la marchandise directement par le fabricant à leurs membres.
Les groupements d'achat centralisent les actions promotionnelles, effectuent la publicité pour les produits vendus sous la marque commerciale du groupe.

## Les chaînes volontaires

Ce sont des groupements formés par plusieurs grossistes et détaillants en vue de rationaliser les fonctions de gros et de détail de leurs membres. Les chaînes volontaires ne sont pas des sociétés. Leurs structures sont basées sur des contrats entre grossistes ou entre grossistes et détaillants.
Les chaînes volontaires ont été souvent créées par des grossistes qui voulaient faire face au développement du commerce intégré.

## Les magasins collectifs d'indépendants et les centres commerciaux

Un magasin collectif d'indépendants est le regroupement d'au moins 5 détaillants de nature différente sous un même toit. La surface maximale d'un magasin collectif est de 1000 m².
Au delà on les appelle des centres commerciaux. Les détaillants dans ce cas gardent l'entière responsabilité de la gestion de leur magasin. L'animation du lieu, l'éclairage, le chauffage sont assurés par un organisme gestionnaire qui fixe aussi le règlement intérieur pour l'ensemble.
Les magasins de détail peuvent être en service, en libre-service ou présenter conjointement ces deux formes de vente.
Suivant leur surface de vente on distingue en France
- **le libre-service** qui a moins de 100 m²
- **la supérette** de 100 à 400 m²
- **le supermarché** de 400 à 2.500 m²
- **l'hypermarché** de 2.500 à 4.000 m²
- **le magasin «cargo»** plus de 4.000 m² ou supermarché géant.

Les hypermarchés et les supermarchés géants disposent d'un parking et dans la majorité des cas, d'un restaurant en libre service.

### 3.1.1.3 La vente par correspondance

Bien qu'encore peu développée en France par rapport à la Grande-Bretagne et l'Allemagne Fédérale, la vente par correspondance connaît de plus en plus d'adeptes en France. Elle permet à une clientèle rurale d'avoir un choix important et à une clientèle urbaine d'éviter les problèmes de stationnement et de transport d'objets encombrants et lourds. La rapidité des livraisons, le droit de retourner la marchandise enlèvent tous les risques d'un tel mode de vente. Les catalogues des entreprises de vente par correspondance sont généralement payants en France et disponibles en librairie ou dans certains kiosques à journaux. Leur prix est remboursé lors de la première commande.
La vente par correspondance peut être un facteur de stabilité des prix étant donné que les entreprises ne font paraître qu'un à deux catalogues par an et qu'il ne leur est pas possible de changer leurs prix entre-temps.

### 3.1.1.4 Le commerce ambulant

Le commerce ambulant comprend les forains, les marchands de rue, les brocanteurs et les brelandiniers.

### 3.1.2 Le commerce extérieur

Le commerce extérieur concerne les échanges avec d'autres pays. Il comprend les échanges de marchandises, de services ou de capitaux. Comme aucun pays ne peut aujourd'hui suffire à l'ensemble de ses besoins, il doit faire appel à des fournisseurs étrangers.
D'autre part, de nombreux pays industrialisés produisent plus de marchandises, de services qu'ils ne peuvent en consommer. Ils doivent donc se tourner vers des acheteurs étrangers pour agrandir leur marché et leur permettre par là même de produire à moindres coûts.

#### 3.1.2.1 Le commerce d'importation

On compte deux formes de commerce d'importation:
- l'**importation directe**
  Dans ce cas l'acheteur se met en relation directe avec le fournisseur étranger et lui achète sa marchandise sans faire appel à un importateur.
- l'**importation indirecte**
  L'achat d'une marchandise est effectué par l'intermédiaire d'un importateur ou d'un exportateur. Dans ce cas l'acheteur n'est pas en relation directe avec le fournisseur.

#### 3.1.2.2 Le commerce d'exportation

On fait aussi la différence entre deux formes d'exportation:
- l'**exportation directe**
  La vente est effectuée directement à l'utilisateur sans l'intermédiaire d'un exportateur ou d'un importateur. Cela nécessite une connaissance précise des formalités d'exportation et de celles d'importation du pays importateur.
- l'**exportation indirecte**
  L'exportation indirecte s'effectue par l'intermédiaire d'un exportateur qui peut, le cas échéant, travailler à la commission. L'exportateur est souvent spécialisé vers un pays ou pour une gamme de produits définis afin d'avoir une connaissance aussi approfondie que possible du secteur considéré.

#### 3.1.2.3 Le commerce de transit

Un transitaire (il peut s'agir d'un importateur ou d'un exportateur) achète la marchandise chez un fournisseur étranger pour la revendre dans un troisième pays. Le transitaire exerce une profession qui demande une connaissance approfondie du commerce extérieur. Il doit connaître aussi bien la législation du pays producteur que celle du pays de transit et que celle du pays destinataire.

## 3.2 Les transports

Le choix des moyens de transport dépend:
- de la nature de l'objet à transporter (p.ex. produits en grand nombre, paquet simple, colis express, colis encombrant etc.)
- de la durée du transport
- de la sécurité du transport
- de la température du transport
- des frais de transport
- des directives du client
- du montant des indemnités en cas d'avarie

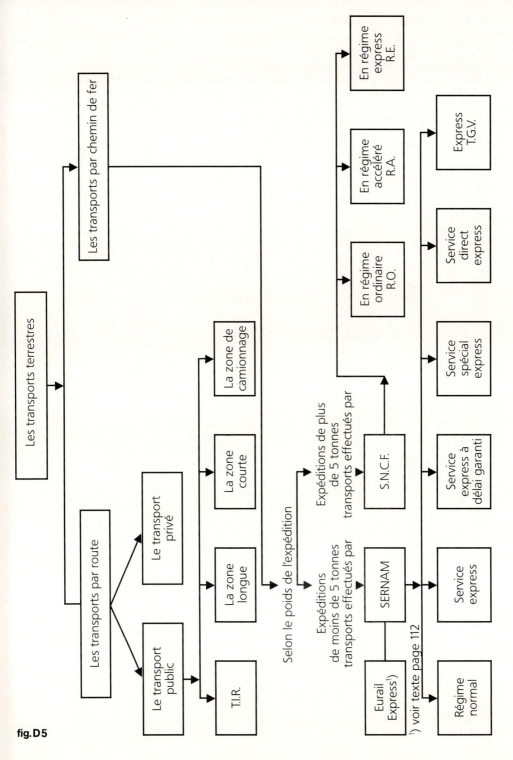
fig. D5

### 3.2.1 Les transports terrestres (voir fig. D 5)

#### 3.2.1.1 Les transports par route
On distingue le transport privé effectué par les commerçants avec leurs propres véhicules et le transport public qui fait profession de transporter des marchandises appartenant à autrui. Le transport public est spécialisé selon la zone de transport:
- **la zone de camionnage**
  Cette zone comprend un département et une bande de 40 km dans le ou les départements limitrophes.
- **la zone courte**
  Cette zone comprend le département où l'entreprise a son siège et une bande de 100 – 150 km dans le ou les départements limitrophes.
- **la zone longue**
  Elle couvre tout le territoire français.

**Les transports internationaux routiers (T.I.R.)**
Les Transports Internationaux Routiers appelés aussi «Transports sous douane», sont destinés à accélérer le passage à la frontière des marchandises exportées. La marchandise dans ce cas, doit être chargée dans un camion agréé T.I.R., être dédouanée sur le lieu d'expédition et être plombée par les services douaniers. Le plombage et les documents ne feront l'objet que d'un contrôle rapide en douane, le dédouanement final n'ayant lieu que sur le lieu de destination du produit ou une autre place définie au préalable.

**Les moyens de transport routier**
Pour le transport routier on utilise des camions, qui peuvent être bâchés, des camions remorques, des camionnettes. Pour le transport des liquides en vrac, on utilise des camions-citernes et pour celui des denrées périssables des camions-isothermes ou des camions-frigorifiques.

**Les documents**
Voir chapitre «Les documents concernant le transport et la douane», page 203.

#### 3.2.1.2 Les transports par chemin de fer
Les transports de marchandises par chemin de fer sont effectués en France par la S.N.C.F. (Société Nationale des Chemins de fer Français) et le SERNAM (Service National des Messageries). Le SERNAM qui est compétent pour les transports d'un poids inférieur à 5 tonnes offre une gamme complète de services à délai garanti.
Il dessert quelque 36.000 communes de France dans un délai maximum de 5 jours:
- **la Messagerie**: régime normal, délai 5 jours
- **le service express**: les colis sont acheminés par les trains de voyageurs
- **le service express à délai garanti**: Transport de gare à gare (48 heures au plus)
- **le service spécial express**: Délai de transport garanti (24 heures) mais avec livraison à domicile)
- **le service direct express**: Livraison à domicile dans un temps très court (12 heures)
- **le service Express T.G.V.**: Par train à grande vitesse p.ex. Paris-Lyon, livraison à domicile une heure après l'arrivée des trains

Les expéditions d'un poids égal ou supérieur à 5 tonnes ne sont effectuées par la S.N.C.F. que par wagons complets. Le chargement sur wagon est effectué par l'expéditeur, le déchargement par le destinataire.
Les transports peuvent être effectués selon les délais de transport:
- en régime ordinaire (R.O.)
- en régime accéléré (R.A.)
- en régime express (R.E.)

Parmi les conditions de paiement du prix de transport on peut distinguer:
- **en port payé**, le prix est alors payé par l'expéditeur, mais facturé au client.
- **en port dû**, le prix est payé par le destinataire.

– **contre remboursement.** La S.N.C.F. reçoit du destinataire non seulement le prix du transport, mais aussi le prix de la marchandise qu'elle rembourse à l'expéditeur.

**Les documents:** Voir chapitre «Les documents concernant le transport et la douane», page 205.

## Les intermédiaires du transport terrestre

1. **Le transporteur**
   Le transporteur s'engage vis-à-vis de l'expéditeur à transporter une marchandise d'un point à un autre dans un certain délai.
2. **Le commissionnaire de transport**
   Il se charge de faire effectuer un transport en son propre nom. Il effectue toutes les formalités nécessaires (dédouanement, assurances etc.)
3. **Le courtier de fret routier**
   Il se contente de mettre en relation un expéditeur et un transporteur moyennant un courtage. Il doit disposer d'une licence délivrée par l'administration.
4. **Le transitaire**
   Les transitaires sont installés dans les villes situées à la frontière ou dans les ports pour effectuer les opérations nécessaires à l'acheminement de la marchandise: dédouanement, entreposage etc.

### 3.2.2 Les transports par bateau

#### 3.2.2.1 La navigation fluviale

On doit faire la différence entre la navigation fluviale qui utilise les rivières et les canaux et la navigation maritime. La France dispose de 8.500 km de rivières navigables et de canaux. Les fleuves et les canaux suivants sont navigables:
La Seine et ses affluents, le Rhône, la Loire [1], la Garonne [2], le Rhin et la Moselle (en tout: 4.000 km).
On regroupe les canaux suivant leur situation géographique en canaux du Nord, de l'Est, du Centre, du Midi et de l'Ouest (en tout 4.500 km).

## Les engins de transport

On distingue:
1. **les bateaux porteurs sans moteur:**
   – les péniches jusqu'à 400 t
   – les chalands jusqu'à 1.400 t
   – les barges
2. **les bateaux moteurs**
   Ils ont pour fonction la traction des bateaux porteurs.
3. **les bateaux automoteurs**
   Ils sont à la fois porteurs et moteurs et représentent environ le tiers de l'ensemble des bateaux.

## Les intermédiaires du transport par bateau

On peut les classer en quatre catégories:
1. **Les bateliers particuliers**
   Ils sont à la fois propriétaire et conducteur du bateau.

---
[1] + [2] partiellement

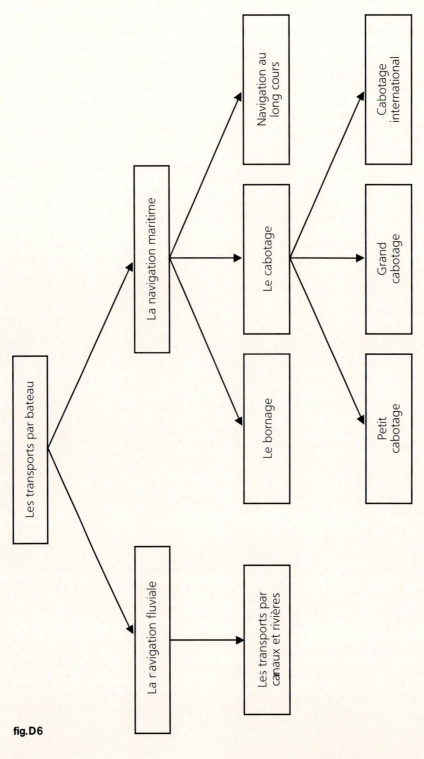

**fig. D6**

2. **Les courtiers de fret**
   Les bateliers particuliers obtiennent le plus souvent leur chargement par l'intermédiaire d'un courtier de fret agissant au sein de bourses d'affrètement sous le contrôle de l'Office National de la Navigation (O.N.N.).
3. **Les compagnies de navigation**
   Elles disposent d'une flotte de transport et d'un service commercial organisé.
4. **Les entreprises** qui transportent elles-mêmes.

**Les ports fluviaux**
Le plus grand port fluvial français est Paris, suivi de Strasbourg.

**Les documents**
Voir chapitre »Les documents concernant le transport et la douane« page 211.


### 3.2.2.2 La navigation maritime

On distingue:
1. **La navigation côtière ou bornage.** Elle est assurée par des bateaux de faible capacité qui effectuent leur transport dans un rayon de 15 lieues marines françaises.[1])
2. **Le cabotage.** Il existe 3 sortes de cabotage:
   - **le petit cabotage.** Le transport est effectué entre deux ports français situés sur la même mer.
   - **le grand cabotage.** Le transport est effectué entre deux ports français situés sur des mers différentes.
   - **le cabotage international.** Le transport est effectué entre un port français et un port européen.
3. **la navigation au long cours.** Elle concerne la navigation entre un port européen et un port non-européen.


## Les engins de transport

- les paquebots effectuent essentiellement le transport des voyageurs.
- les cargos ou bateaux de charge effectuent essentiellement le transport de marchandises.
- les bateaux de charge spéciaux tels que les pétroliers, les bananiers, les frigorifiques, etc.
  De plus en plus le transport se fait à l'aide de conteneurs.


## Les intermédiaires du transport maritime

1. **Les propriétaires des navires**
   Il peut s'agir soit d'une personne privée, soit d'une société de navigation.
2. **L'armateur**
   Il équipe le navire afin qu'il puisse prendre la mer. L'armateur peut être le propriétaire ou le locataire du navire. Il est représenté sur le bateau par le capitaine.
3. **L'affréteur ou chargeur**
   Il loue un navire à un armateur pour effectuer un transport.
4. **Le courtier maritime**
   Il sert d'intermédiaire entre l'armateur et l'affréteur en vue de la location d'un navire.
5. **Le transporteur**
   Il remet à un affréteur une charge qui correspond le plus souvent à une partie de la capacité de transport du navire.

---

[1]) une lieue marine française = 5.556 km

6. **Le commissionnaire de transport**
   Il choisit le transporteur pour acheminer la marchandise de ses clients. Il s'occupe de réaliser l'ensemble des documents nécessaires au transport de la marchandise.
7. **Le consignataire**
   Il prend en charge la marchandise dans les ports dès leur déchargement, soit pour le compte du destinataire, soit pour celui de l'armateur.

**Les ports maritimes**
Les principaux ports maritimes français sont: Marseille, Le Havre, Dunkerque, Rouen, Nantes, Saint-Nazaire, Bordeaux.

**Les documents**
Voir chapitre «Les documents concernant le transport et la douane» page 219.

### 3.2.3 Les transports aériens

Le transport aérien est assuré en France
- soit par la compagnie nationale AIR FRANCE qui effectue essentiellement des vols internationaux.
- soit par les compagnies aériennes privées. Parmi celles-ci il faut noter:
  - AIR INTER qui relie les grandes villes françaises.
  - l'U.T.A., l'Union des Transports Aériens exploite des lignes à grande distance.
  - les lignes d'appoint. Elles sont souvent créées avec le concours des chambres de commerce et d'industrie.

Une coordination est assurée entre les différentes compagnies aériennes par l'Association des transporteurs aériens régionaux (A.T.A.R.).
Les compagnies aériennes offrent quatre types de services pour le transport des marchandises:

1. **La poste aérienne** (jusqu'à 3 kilos)
   Les lettres standard inférieures ou égales à 20 g sont transportées sans surtaxe.
2. **Les colis postaux**
   Les colis d'un poids inférieur à 20 kg peuvent être déposés:
   - soit dans les bureaux de poste
   - soit dans les gares SNCF
   - soit auprès des compagnies aériennes.
     Dimensions maximales des paquets envoyés par avion: 1m × 0,50 × 0,50.
3. **Les messageries**
   Les colis d'un poids supérieur à 20 kg peuvent être remis à des sociétés s'occupant du transport aérien ou directement aux compagnies aériennes dans les aéroports.
4. **L'affrètement**
   Une société ayant des quantités importantes de marchandises à transporter par avion peut affréter un appareil auprès des compagnies aériennes.

**Les documents**
Voir chapitre «Les documents concernant le transport et la douane» page 222.

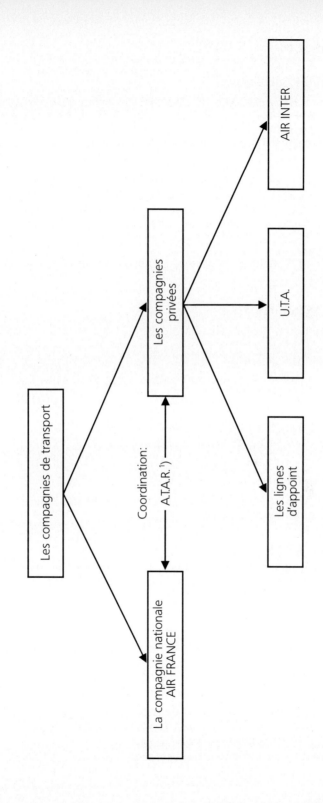

fig. D7

## 3.3 Les banques

### 3.3.1 L'organisation bancaire

Les banques sont des entreprises qui collectent des capitaux dormants appartenant à des particuliers et les emploient pour leur propre compte afin de les rendre actifs et de les faire fructifier en les prêtant ou en les investissant dans l'économie.
Les banques sont particulièrement actives dans 4 domaines:
- les dépôts
- les crédits
- les services (p.ex. le déroulement des paiements)
- leurs propres affaires (p.ex. la prise de participation dans des entreprises).

On ne peut pratiquement plus faire de différences aujourd'hui entre les banques de dépôt, les banques d'affaires et les banques de crédit à long terme ou à moyen terme. La plupart des banques effectuent toutes les opérations mentionnées précédemment, on parle ainsi de banques universelles.
Il y a en France des banques nationalisées, des banques mutualistes ou coopératives et des banques privées.

### 3.3.2 Les autorités de tutelle

Les banques sont contrôlées par les autorités de tutelle suivantes:

#### Le Conseil National de Crédit

Il a un rôle consultatif sur la politique monétaire, sur le crédit et sur l'organisation du système bancaire et financier.

#### Le Comité de la Réglementation Bancaire

Il fixe les prescriptions d'ordre général applicables aux établissements de crédit.

#### Le Comité des Etablissements de Crédit

Il est chargé de prendre les décisions individuelles à l'égard des établissements de crédit au regard de la réglementation de la profession.

#### La Commission Bancaire

Elle est chargée de contrôler le respect par les établissements de crédit des dispositions législatives et réglementaires et de sanctionner les manquements (avertissement, blâme, interdiction de certaines activités, retrait d'agrément, etc.).

#### Les commissaires du gouvernement

Ils représentent l'Etat auprès des établissements de crédit et ils disposent d'un droit de veto sur les décisions prises au sein de l'établissement contrôlé.

#### La Banque de France

Placée sous la tutelle du gouvernement qui nomme son gouverneur et ses deux sous-gouverneurs, elle a mission de veiller sur la monnaie et le crédit. A ce titre, elle est chargée de veiller au bon fonctionnement du système bancaire.
Elle joue aussi le rôle de banque centrale et est ainsi:

- Institut d'émission: elle émet les billets de banque et contrôle la masse monétaire. Elle gère les réserves de change et assure la régularisation des changes.
- Banquier de l'Etat: elle lui consent des crédits, tient le compte courant du Trésor.
- Banque des banques: elle refinance les banques et gère des services d'intérêt général (fichier des chèques impayés, centrale des risques, etc.).

### 3.3.3 Les services proposés par la banque aux entreprises

#### 3.3.3.1 Le compte bancaire

| Compte du client | |
|---|---|
| DOIT | AVOIR |
| retraits par chèque au profit du titulaire | versements en espèces |
| chèques émis au profit d'un tiers | versements par chèques |
| virements en faveur de tiers | virements reçus |
| effets domiciliés par le titulaire du compte | effets de commerce dont le titulaire du compte est bénéficiaire |
| achats de devises | ventes de devises |
| achats de valeurs mobilières | ventes de valeurs mobilières encaissement de coupons |
| lettres de crédit et accréditifs | |
| chèques de voyage | |
| paiement de dépenses effectuées par cartes de crédit | |

**fig. D 8**

#### 3.3.3.2 Les crédits

### Les crédits par caisse ordinaires

**La facilité de caisse**
En cas de manque de liquidité momentané, p.ex. pour pouvoir disposer de la contrevaleur de chèques remis à la banque le jour même, la banque accorde généralement une facilité de caisse pour quelques jours.

**Le découvert**
En cas de besoin d'argent pour une période pouvant s'étendre sur plusieurs mois, pour une opération définie, on peut demander à la banque un découvert. Celui-ci est généralement accordé sans garantie particulière, mais avec un taux d'intérêt plus élevé qu'avec une garantie.

### Les crédits par caisse mobilisables

Les clients peuvent mettre leur compte à découvert, mais comme garantie ils doivent souscrire **un billet à ordre** dont la banque est bénéficiaire. Ce billet à ordre peut être mobilisé par la banque sur le marché monétaire. Les taux d'intérêts demandés pour les crédits par caisse mobilisables sont généralement inférieurs à ceux d'un découvert.

## L'Escompte

La banque achète à son client des effets de commerce (lettres de change[1]) avant leur échéance et garde pour elle les intérêts correspondants. Le client peut disposer tout de suite de la contrevaleur des effets remis, moins les agios. La banque peut elle même réescompter ses effets de commerce auprès de la Banque de France.

## Crédit de mobilisation de créances commerciales (C.M.C.C.)

Il est possible aux entreprises de mobiliser leurs créances commerciales sans avoir à créer d'effets de commerce pour chaque créance. L'entreprise regroupe l'ensemble des créances correspondant à une période d'une dizaine de jours et remet à sa banque **un billet à ordre**[2]) dont le montant correspond à celui des créances regroupées. L'entreprise peut escompter cet effet auprès de la banque. Le document ne comportant que la signature du tireur qui est aussi le tiré comporte plus de risques qu'une traite commerciale ayant deux signatures. Le C.M.C.C. fait donc l'objet d'un contrôle particulier et approfondi de la part de la banque.

## Le crédit de campagne

Le crédit de campagne est souvent utilisé en agriculture pour subvenir aux besoins entre les semailles et la récolte. Mais il est aussi employé dans le commerce courant lorsque les ventes sont très saisonnières, comme pour les jouets ou la chocolaterie en fin d'année.

## Les Avances sur marchandises

Une entreprise peut stocker de la marchandise dans des «Magasins Généraux» privés ou publics contre remise d'un document, appelé **récépissé-warrant** (voir fig. D 9 et D 10).

Le récépissé certifie que la marchandise est bien stockée dans l'entrepôt. Le warrant peut être remis à une banque pour obtenir un crédit correspondant. L'entreprise remet le warrant endossé à la banque. La formule d'endossement précise l'échéance prévue pour le remboursement de l'avance et la somme que le client devra rembourser. La banque escompte le warrant et verse au client le montant sous déduction des agios.

## Le crédit documentaire

Voir chapitre «Le règlement» page 271.

---
[1]) Voir aussi chapitre «Le règlement», page 263.
[2]) Voir aussi chapitre «Le règlement», page 267.

| Renouvellement du N°.................. | **RÉCÉPISSÉ ET WARRANT** | S°............... |
|---|---|---|

Il a été déposé par M ................................................
Profession ................................................  N° ...............
Adresse ................................................

Les marchandises ci-après désignées assurées contre l'incendie par les polices du Magasin Général.

ENTREPOT DE ........................

| MAGASINS | N°° D'ENTRÉES | COLIS | MARQUES | Nature des Marchandises | POIDS | OBSERVATIONS |
|---|---|---|---|---|---|---|
|  |  |  |  |  |  |  |
|  |  |  |  |  |  |  |
|  |  |  |  |  |  |  |
|  |  |  |  |  |  |  |
|  |  |  |  |  |  |  |
|  |  |  |  |  |  |  |

POIDS TOTAL (en toutes lettres) ...........................

Date d'Établissement du R. W. } ........... le ................... Le Directeur,

## TRANSCRIPTION DU PREMIER ENDOSSEMENT DU WARRANT

DATE DE LA TRANSCRIPTION ................................

CESSIONNAIRE { NOM ................................
PROFESSION ................................
ADRESSE ................................

MONTANT DE LA CRÉANCE ................................

ÉCHÉANCE ................................
DOMICILIATION ................................

## VERSEMENTS A LA CAISSE DU MAGASIN GÉNÉRAL

| DATES | NOMS | Quant. déconsignées | SOMMES | OBSERVATIONS |
|---|---|---|---|---|
|  |  |  |  |  |
|  |  |  |  |  |
|  |  |  |  |  |
|  |  |  |  |  |
|  |  |  |  |  |
|  |  |  |  |  |
|  |  |  |  |  |

**fig. D 9a**

| EMPLACEMENT RÉSERVÉ AU TIMBRE DE DIMENSION | Le warrant correspondant au présent récépissé a été négocié pour la somme de ............... Payable le ............... |

## RÉCÉPISSÉ A ORDRE

S¹⁰ ...............

Il a été déposé par M ...............
Profession ...............  N° ...............
Adresse ...............
Les marchandises ci-après désignées assurées contre l'incendie par les polices du Magasin Général.

ENTREPOT DE ...............

| | MAGASINS | Nᵒˢ d'Entrées | COLIS | MARQUES | Nature des Marchand. | POIDS | OBSERVATIONS |
|---|---|---|---|---|---|---|---|
| Les frais dûs par la marchandise sont établis à la première demande du porteur du warrant ou du récépissé. | | | | | | | |

POIDS TOTAL (en toutes lettres) ...............
............... le ...............  Le Directeur,

---

| Indications à remplir par l'escompteur du warrant | Échéance ............... Souscripteur ............... Domiciliation ............... | B. P. F. ............... |

## WARRANT A ORDRE

S¹⁰ ...............

Il a été déposé par M ...............
Profession ...............  N° ...............
Adresse ...............
Les marchandises ci-après désignées assurées contre l'incendie par les polices du Magasin Général.

ENTREPOT DE ...............

| | MAGASINS | Nᵒˢ d'Entrées | COLIS | MARQUES | Nature des Marchand. | POIDS | OBSERVATIONS |
|---|---|---|---|---|---|---|---|
| Les frais dûs par la marchandise sont établis à la première demande du porteur du warrant ou du récépissé. | | | | | | | |

POIDS TOTAL (en toutes lettres) ...............
............... le ...............  Le Directeur,

**fig. D 9b**

PREMIER ENDOSSEMENT

BON pour transfert du présent warrant à l'ordre de M ..................
Profession ..................
Adresse ..................
Pour Garantie de la Somme de ..................
..................

PAYABLE { Le ..................
{ A ..................

Le ..................

Timbre Fiscal

Vu et transcrit, l'enclos ci-dessus
.................. le ..................
Le Directeur,

WARRANT

S° ..................
N° ..................

ENDOSSEMENTS

Livrez à l'ordre de ..................
Domicile : ..................
Le ..................

Vu et transcrit, l'enclos ci-dessus
.................. le ..................
Le Directeur,

RÉCÉPISSÉ

S° ..................
N° ..................

PRESCRIPTIONS LÉGALES RELATIVES AU RÉCÉPISSÉ

fig. D 10a

| TRANSCRIPTION DES ENDOSSEMENTS DU RÉCÉPISSÉ | |
|---|---|
| DATES | NOMS ET ADRESSES DES CESSIONNAIRES |
| | |

| TRANSCRIPTION DES ENDOSSEMENTS ULTÉRIEURS DU WARRANT | |
|---|---|
| DATES | NOMS ET ADRESSES DES CESSIONNAIRES |
| | |

**fig. D 10b**

## 3.4 Les Assurances

### 3.4.1 Les secteurs d'assurances

Les compagnies d'assurance sont contrôlées par le Ministère de l'Economie et des Finances. On distingue trois grands secteurs d'assurances:

1. **Le secteur d'Etat**
   Depuis 1945, la France a établi un système de sécurité sociale obligatoire pour tous ses habitants. A chaque citoyen est attribué un numéro de Sécurité Sociale qui est aussi son numéro fiscal. Le régime général de la Sécurité Sociale concerne tous les salariés.
   La couverture sociale comprend
   – l'assurance maladie
   – l'assurance vieillesse
   – les allocations familiales
   En cas de maladie, l'assuré social doit payer en général le médecin et les médicaments prescrits. Les frais médicaux seront remboursés partiellement par la caisse de Sécurité Sociale.
   Il existe des régimes autonomes pour les professions libérales et des régimes spéciaux pour les agriculteurs (La Mutualité Sociale Agricole) et l'armée.
   On peut nommer en plus la Compagnie Française d'Assurance pour le Commerce Extérieur (COFACE, voir page 196) qui aide les exportateurs.

2. **Le secteur nationalisé**
   Les compagnies du secteur nationalisé ne se différencient pas des compagnies privées quant au service qu'elles offrent. Il s'agit généralement de grandes entreprises qui sont toutes contrôlées par la Cour des Comptes.

3. **Le secteur privé**
   On distingue dans ce secteur les sociétés par actions et les mutuelles.

### 3.4.2 Notions générales

Entre l'**assureur** (ce sont les organismes d'assurances nommés plus haut) et l'**assuré** (c'est celui qui signe le contrat) est conclu un **contrat d'assurance**[1]. Une modification du risque entraîne la rédaction **d'un avenant**. **Le tiers responsable** est celui dont la faute a provoqué **le sinistre** et contre qui pourra agir l'assureur, quand il aura indemnisé l'assuré.
L'assuré doit payer **une prime d'assurance** pour couvrir le risque. L'**indemnité** est la somme payée par l'assureur en cas de dommage. Une partie du dommage peut rester à la charge de l'assuré. On l'appelle «**franchise**».
Si une société d'assurances prend en charge la couverture de risques importants (navire, avion, etc.), elle peut avoir recours à **la coassurance** ou à **la réassurance**.
Il y a coassurance lorsque plusieurs assureurs se partagent le risque (société A prend 10%, société B prend 25%, société C prend 20%, etc.). Chaque société prend à sa charge un certain pourcentage du risque, mais un seul assureur est partenaire de l'assuré.
Il y a réassurance lorsqu'un assureur se couvre lui-même auprès d'une autre compagnie pour un risque donné.
S'il y a **sur-assurance**, ce qui se produit lorsque la valeur assurée est supérieure à la valeur actuelle, l'assuré ne reçoit que la valeur actuelle. L'assurance n'est pas une source d'enrichissement.
S'il y a **sous-assurance**, l'assuré ne reçoit qu'une somme proportionnelle au dommage subi (**règle proportionnelle**). Une maison valant 600.000 F est assurée pour 300.000 F. Il se produit un sinistre de 180.000 F. Comme la maison n'est assurée qu'à 50%, les dommages ne seront donc remboursés que dans cette proportion. L'assuré ne touchera que 90.000 F.

---
[1] On emploie aussi l'expression «police d'assurance»

### 3.4.3 Les assurances diverses[1]

Il y a trois types d'assurances:

1. L'assurance de dommages aux biens
   Elle peut être couverte dans le cas des biens immobiliers ou des biens mobiliers par une police multirisques qui concerne aussi bien les dégâts provenant d'un incendie que ceux causés par un vol ou les dégâts des eaux.
2. L'assurance de personnes
   Les plus connues parmi les assurances de personnes sont l'assurance-maladie, couverte en France par la Sécurité Sociale et l'assurance-vie avec ou sans capitalisation.
3. L'assurance de responsabilité civile
   Elle peut être privée et couvrir les risques familiaux ou bien avoir un caractère professionnel et couvrir la responsabilité d'un chef d'entreprise.

Certaines assurances peuvent être mixtes et couvrir des dommages aux biens ou aux personnes. C'est le cas de la plupart des assurances automobiles.

## 4. Les auxiliaires du commerce

Les principaux auxiliaires sont:
- le commissionnaire ⎫
- le courtier         ⎬ commerçants
- l'agent commercial     chef d'entreprise
- le représentant        salarié

### 4.1 Le commissionnaire

«Le commissionnaire est celui qui achète ou vend sous son propre nom pour le compte d'un commettant.» (Art. 94 du Code de commerce)

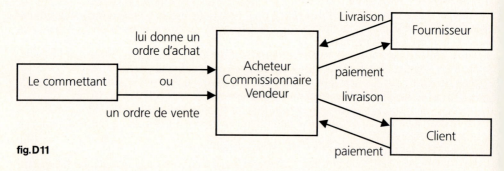

**fig. D11**

Comme intermédiaire il perçoit **une commission**, fixée d'avance, pour ses ventes ou ses achats.
- si les marchandises du commettant sont déposées au magasin du commissionnaire, on l'appelle aussi **dépositaire**,

---

[1] En ce qui concerne «Le contrat d'assurance» voir page 196 et «L'assurance de transport» voir page 224.

- s'il accorde à son commettant des avances sur les ventes qu'il doit encore réaliser, on l'appelle **consignataire,**
- s'il garantit à son commettant le paiement de la marchandise vendue, il reçoit une commission supplémentaire, et on l'appelle **commissionnaire-ducroire.**

On peut citer encore: le commissionnaire de transport (voir «Les intermédiaires du transport terrestre», page 95 et «Les intermédiaires du transport maritime», page 98.

## 4.2 Le courtier

Le commettant du commissionnaire ne connaît généralement pas le fournisseur ou le client de celui-ci. C.-à-d. acheteur et vendeur s'ignorent. Dans le cas du courtier, c'est tout à fait différent: les parties se connaissent par les soins du courtier et traitent directement entre elles.

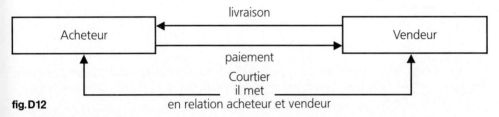

**fig. D12**

Le courtier agit dans l'intérêt des deux parties, mais sans s'engager lui-même. Le courtier perçoit pour ses services **un courtage**. On peut citer encore **le courtier maritime** (voir chapitre: «Les transports par bateau«, page 96), **le courtier de fret routier** (voir chapitre: «Les transports terrestres», page 95) et **le courtier d'assurance maritime** (voir «L'assurance maritime», page 225).

## 4.3 Les agents commerciaux

D'après le décret du 23 décembre 1958, est agent commercial le mandataire qui, à titre de profession habituelle et indépendante, sans être lié par un contrat de services négocie et, éventuellement, **conclut** des contrats d'achat ou de vente, etc. au nom et pour le compte d'un mandant.

L'agent commercial est chef d'entreprise indépendant. Il ne facture pas en son nom, c.-à-d. il fait connaître à ses clients le nom de son mandant. Si le contrat de vente est conclu, son travail est terminé. Il perçoit **un pourcentage** qui est inclus dans le prix de vente.

L'agent commercial peut être agent général, agent régional, agent exclusif, etc.

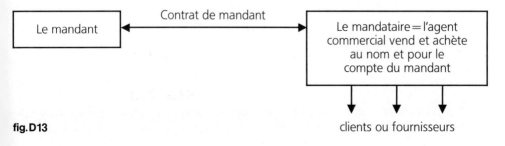

**fig. D13**

## 4.4 Le représentant V.R.P. (voyageur, représentant, placier)

D'après la loi du 18 juillet 1937, le représentant est un intermédiaire non commerçant qui vend ou achète pour le compte et au nom de commettants auxquels le lie un contrat d'une certaine durée.

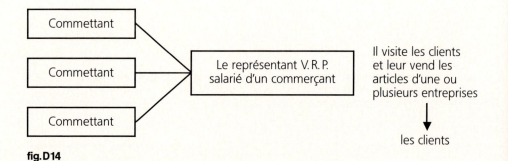

**fig. D 14**

Il recueille les ordres pour ses commettants et il les leur **transmet**. Il n'est généralement pas habilité à signer des contrats pour son commettant. Il est rémunéré, soit par un traitement fixe (couramment appelé **fixe**), soit par un pourcentage sur le chiffre d'affaires, soit par les deux moyens à la fois.

# 5. Exercices

## 5.1 Compréhension et commentaires

1. Donnez des exemples de sociétés de personnes et de sociétés de capitaux.
2. Pour quelles raisons un Etat peut-il nationaliser certaines industries?
3. Quelle est la différence entre les services publics, les établissements publics et les sociétés d'économie mixte?
4. Enoncez les différents types de commerce de gros.
5. Donnez des exemples de commerce de détail indépendant.
6. Expliquez ce que l'on entend par magasins en «Franchise».
7. Donnez des exemples de commerce de détail intégré.
8. Qu'est-ce qui caractérise le commerce de détail associé?
9. Dans le transport ferroviaire, quelle différence y a-t-il entre les transports «R.O.», «R.A.» et «R.E.»?
10. Quels sont les services du SERNAM et quels sont ceux de la S.N.C.F.?
11. Quelle différence y a-t-il entre une zone longue, une zone courte, une zone de camionnage?
12. Expliquez l'abréviation T.I.R.
13. Quels fleuves et quels canaux sont navigables en France et quels engins de transport sont utilisés pour la navigation fluviale?

14. Qu'entend-on par navigation côtière? Nommez trois types de navigation côtière.
15. Quels sont les 4 services qu'offrent les compagnies aériennes françaises pour le transport de marchandises?
16. Quelles autorités contrôlent les banques françaises?
17. Quel rôle joue «la Banque de France»?
18. Quelles opérations peut-on effectuer avec un compte bancaire?
19. Donnez un aperçu des divers crédits bancaires.
20. Quels sont les 3 sortes d'assurance de base?
21. Expliquez les expressions «franchise», «coassurance», «réassurance», «sur-assurance», «sous-assurance» et «règle proportionnelle».
22. Nommez les auxiliaires de commerce.
23. Expliquez les termes: commissionnaire, dépositaire, consignataire et commissionnaire-ducroire.
24. Quelles sont les fonctions du courtier?
25. Quel rôle jouent les agents commerciaux?
26. Un agent commercial ou un représentant de commerce peut-il conclure un contrat commercial pour son commettant?

## 5.2 Dictée

### Le billet à ordre*)

Lorsqu'un fournisseur accorde à un client un délai de règlement, il devient créancier de ce client. Celui-ci a une dette envers son fournisseur: il est son débiteur.
Par la lettre de change le créancier s'adresse à son débiteur pour lui donner l'ordre de payer, à une date convenue, la somme due.
Mais, dans certains cas – le créancier lui accorde p.ex. un crédit – le débiteur établit lui-même un document par lequel il s'engage à s'acquitter de sa dette à une date déterminée, c.-à-d. le tiré et le tireur sont des personnes identiques. Ce document s'appelle billet à ordre.
Ainsi, le billet à ordre est établi par celui qui doit en payer le montant. Celui qui établit le billet à ordre, et devra en payer le montant, prend le nom de souscripteur. Le billet à ordre peut être défini comme suit:
C'est un écrit par lequel une personne, le souscripteur, s'engage à payer à une autre personne, le bénéficiaire, ou à l'ordre de celui-ci, une certaine somme à une époque déterminée.
Extrait de: «Cours de technique bancaire», Centre d'Enseignement Technique de Banque, Paris, p. 22 – 24

### Compréhension et commentaires

1. Expliquez la phrase ligne 6 «il s'engage à s'acquitter de sa dette». Cherchez une traduction correspondante.
2. Comment se nomme celui qui établit un billet à ordre?
3. Pourriez-vous redonner la définition du billet à ordre? Que présente-t-il de particulier?

---

*) Voir aussi chapitre «Le règlement» page 267.

## 5.3 Traductions

### 5.3.1 Version

#### 1. Aéroports de Paris

L'an passé, ADP [1] a traité sur trois aéroports parisiens d'Orly, de Charles de Gaulle et du Bourget, 696.500 tonnes de fret (valeur 200 milliards de francs à l'importation et à l'exportation). Ces résultats montrent un certain déséquilibre des activités entre Roissy et Orly. Le premier a traité 508.000 tonnes de fret, soit 73% du tonnage total tandis que le second enregistre un résultat de 108.000 tonnes de marchandises, soit 27% du tonnage fret des aéroports parisiens.

A noter que par le nombre des compagnies aériennes fréquentant les aéroports parisiens (200, dont 94 d'une manière régulière), Paris est un centre de redistribution important: la moitié du fret international traité sur les trois aéroports d'Orly, Roissy et Le Bourget, est en transit vers l'Afrique, l'Amérique du Nord et l'Europe.

ADP est le numéro 2 des places européennes après Francfort, ex-aequo avec Londres. Dans le monde du fret, la concurrence entre les aéroports est vive: Bruxelles, Francfort, Amsterdam, Maastricht s'évertuent à attirer les compagnies aériennes en multipliant les séductions (taxes d'atterrissage faibles, entrepôts, etc.).

> Extrait de «Aéroports de Paris: l'adaptation» MOCI, no. 704/24, Mars 1986 Paris, pages 32 – 33

#### Compréhension et commentaires

1. A quoi correspond l'abréviation ADP?
2. Quel aéroport de Paris traite le plus fort tonnage de fret?
3. Quel est le tonnage de fret traité par les aéroports de Paris et destiné au marché français?

#### 2. Petits colis, voici l'Europe!

Un nouveau service: «Eurail Express». Huit sociétés ferroviaires du Vieux Continent s'associent pour acheminer les petits colis en express à travers l'Europe.

«Eurail Express» est un produit commun des sociétés ferroviaires de huit pays européens: République Fédérale d'Allemagne, Grande-Bretagne, Autriche, Suisse, Luxembourg, Pays-Bas, Belgique et France.

Il est en fait la résultante des succès du service express national que chaque pays, partie à «Eurail Express», a mis en place depuis quelques années. Pour ce qui concerne le Sernam, par exemple, en 1968.

Aux yeux des responsables de ces sociétés ferroviaires européennes fondatrices, le nouveau produit présente deux avantages. Le premier est d'ordre technique, puisque dans chaque pays existe un large réseau ferroviaire et que ce sont de grands trains internationaux de voyageurs – rapides et réguliers – qui constituent le support de transport des colis circulant dans le réseau «Eurail Express».

Le second avantage est d'ordre commercial, puisque l'acheminement par »Eurail Express« est assorti d'une garantie de délai (24/28 heures) qui, en cas de dépassement, déclenche une ristourne (50%) sur le prix de transport.

> Extrait de: Jacqueline Theault, «Petits colis, Voici l'Europe»
> MOCI, no. 700/24 Février 1986, page 10

---

[1] ADP (Aéroports de Paris), création 1945, gère 14 aéroports et aérodromes dont les 3 plus importants sont Roissy-Orly-Le Bourget.

### Compréhension et commentaires
1. Quels pays de la CE ne font pas partie de l'Eurail-Express?
2. Quels sont les deux avantages de l'Eurail Express?
3. Le service de transport ferroviaire express est-il nouveau?

#### 5.3.2 Thème
## Millionen-Räuber mit Karnevalsmasken

Paris. (EB) Concierge Francis Garcia (30) hatte mit der Müllabfuhr gerechnet. Statt dessen erwarteten ihn zehn Räuber, die Karnevalsmasken trugen. Sie ergriffen ihn, als er die vollen Mülltonnen im Hof der Bank von Frankreich in dem Städtchen Niort (Deux-Sevres) aufstellte.
Zwei Stunden später hatte Frankreich eine Sensation. Bei dem ersten Überfall auf eine der 230 Zweigstellen der Bank von Frankreich waren umgerechnet rund zehn Millionen Mark erbeutet worden.
Die Maskenträger gingen ähnlich vor wie ihre Kollegen, die in Paris und im Midi aufsehenerregende Banküberfälle inszenieren. Bewaffnete Männer, die Perücken und falsche Bärte tragen, nehmen jeden, der das „besetzte" Gebäude betritt, als Geisel, während Kumpane die Tresore ausräumen.
In Niort hatte die Geschichte eine zusätzliche Pointe: Es gab keine Wächter, keine Alarmanlage – überhaupt keine Vorsichtsmaßnahmen. Die Zentrale in Paris lehnte gestern jede Auskunft darüber ab, ob bei den anderen 229 Niederlassungen der Bank von Frankreich auch so verfahren werde.

General-Anzeiger Bonn
6. März 1986.

## 5.4 Pratique de communication
1. On vous demande au cours d'une discussion de bien vouloir traduire les expressions suivantes: raison sociale, siège social, objet social et capital social.
2. Un client allemand sait que votre entreprise travaille depuis longtemps avec la France. Il vous demande de lui expliquer par écrit les deux formes de direction que peuvent avoir les sociétés anonymes en France.
3. Au cours d'un entretien, un de vos partenaires français vous a remis le tableau de la page ... sur les transports terrestres et vous en a expliqué les diverses rubriques.
Etablissez pour votre chef un bref compte-rendu de cet entretien.
4. Le service d'expédition de votre entreprise de mécanique doit envoyer de plus en plus de colis d'un poids maximum de 25 kg vers la France et vous demande si les expéditions doivent être effectuées par route, par chemin de fer ou par air.
5. Ecrivez à l'Office National de la Navigation et demandez-lui de vous adresser de la documentation sur son fonctionnement et des détails sur la bourse de l'affrètement.

# 6. Lexique: Notions générales sur le commerce

## Le commerce et le commerçant

**l'intermédiaire (m)** Vermittler, Mittelsmann, Zwischenhändler
**l'acheminement (m)** Beförderung
**servir de relais** als Schaltstelle dienen
**le Registre du Commerce** Handelsregister
**I.N.S.E.E.** Institut National de la Statistique et des Etudes Economiques (entspricht dem Statistischen Bundesamt)
**l'impôt (m)** Steuer
**la tenue des livres de comptabilité** Buchführung
**les documents commerciaux** kaufmännische Belege
**fa faillite** Konkurs
**la cessation de paiements** Zahlungseinstellung
**le règlement judiciaire ou concordat extra-judiciaire** gerichtlicher oder außergerichtlicher Vergleich (Akkord)

## Les entreprises commerciales

**le commerce de cycles** Fahrradgeschäft
**l'entreprise individuelle** Einzelunternehmung
**le capital étranger** Fremdkapital
**s'associer** hier: einen Teilhaber aufnehmen
**fonder** gründen
**la personne morale** juristische Person
**la personne physique** natürliche (physische) Person
**les statuts (m.pl.)** Statuten, Satzungen
**la raison sociale** Firmenname
**le siège social** Gesellschaftssitz
**l'objet social (m)** Zweck und Gegenstand der Gesellschaft
**la forme juridique de la société** Rechtsform der Gesellschaft
**le capital social** Gesellschaftskapital
**l'entrepreneur (m)** Unternehmer
**le bénéficiaire** Begünstigter, Nutznießer
**le gain** Gewinn
**la fortune personnelle** Privatvermögen
**vis-à-vis** gegenüber
**le créancier** Gläubiger

**les sociétés privées** Gesellschaftsunternehmungen
**renforcer** verstärken
**le capital propre** Eigenkapital
**la répartition** Aufteilung
**l'héritage (m)** Erbschaft
**prépondérant, e** überwiegend, vorherrschend
**la société de personnes** Personengesellschaft
**essentiel, ielle** wesentlich
**le pourvoyeur de fonds** Kapitalgeber
**la société de capitaux** Kapitalgesellschaft
**coopératif, ve** genossenschaftlich
**la société en nom collectif** Offene Handelsgesellschaft (OHG)
**l'associé (m)** Teilhaber
**le sociétaire** Gesellschafter
**directement** Adv.: unmittelbar
**solidairement** Adv.: solidarisch
**l'apport (m)** Kapitaleinlage
**les biens personnels** Privatvermögen
**la société en commandite simple** Kommanditgesellschaft (KG)
**le commandité** Komplementär (Vollhafter)
**illimité, e** unbeschränkt
**le commanditaire** Kommanditist (Teilhafter)
**la société à responsabilité limitée (S. à r. l.)** Gesellschaft mit beschränkter Haftung (GmbH)
**le capital social de la S. à r. l.** Stammkapital der GmbH
**le gérant** Geschäftsführer
**la société anonyme (S.a.)** Aktiengesellschaft (AG)
**la société par actions** Aktiengesellschaft
**l'actionnaire (m)** Aktionär
**l'assemblée générale ordinaire/extraordinaire** ordentliche/außerordentliche Hauptversammlung
**désigner** wählen
**le conseil d'administration** Verwaltungsrat (gibt es nur in der franz. AG)
**le conseil de surveillance** Aufsichtsrat (vgl. die deutsche AG)
**le directeur général** Generaldirektor
**le directoire** Vorstand

**le président du directoire** Vorstandsvorsitzender
**la société en commandite par actions** Kommanditgesellschaft auf Aktien (KgaA)
**notarier** notariell beurkunden
**la coopérative** Genossenschaft
**le coopérateur** hier: Genosse
**commercialiser** vermarkten
**s'approvisionner** sich versehen mit, hier: einkaufen
**le résultat d'exploitation** Betriebsergebnis
**l'excédent (m)** Überschuß
**la ristourne** Rückerstattung
**les coopératives (f) de producteurs** Produktionsgenossenschaften
**les cooperatives de consommateurs** Verbrauchergenossenschaften
**les coopératives de crédit** Kreditgenossenschaften
**les statuts (m) de la société** Satzung der Gesellschaft
**les entreprises publiques** öffentliche Unternehmen
**la pression économico-politique** wirtschaftspolitischer Druck
**l'armement (m)** Rüstung
**l'industrie de guerre (f)** Rüstungsindustrie
**le renforcement** Verstärkung
**la nationalisation** Nationalisierung
**les services publics (m)** öffentliche Versorgungs- und Dienstleistungsunternehmen
**les établissements publics (m)** staatliche Betriebe
**les sociétés d'économie mixte (f)** gemischtwirtschaftliche Gesellschaften

## Les principales branches du commerce

**le négoce** Handel
**le commerce intérieur** Binnenhandel
**le grossiste** Großhändler
**le détaillant** Einzelhändler
**le commerce de gros** Großhandel
**la centrale-/le groupement d'achat** Einkaufszentrale/-gruppe
**indépendant** unabhängig
**le revendeur** Wiederverkäufer
**la collectivité** nichtgewerblicher Großabnehmer

**la traite** Tratte (gezogener Wechsel)
**le «cash and carry»** Cash and Carry-Großhandel (engl. cash – bezahlen; carry – mitnehmen)
**le «prendre-payer»** Abholgroßhandel
**conditionné, e** hier: verpackt
**le libre service** Selbstbedienung
**le dépôt** Lager
**la clause de réserve de propriété** Eigentumsvorbehaltsklausel
**être répandu, e** verbreitet sein
**le «rack-jobbing», le grossiste de rayon, le service de marchandisage** Rack-Jobbing-System oder Regalgroßhändler (Service Merchandiser)
**le rayon** Regal
**l'invendu (m)** unverkaufte Ware
**compléter** vervollständigen
**le commerce de détail** Einzelhandel
**le commerce sédentaire** Ladenhandel (seßhafter Einzelhandel)
**le commerce ambulant** ambulanter Handel
**associé** gebunden, vereinigt
**intégré** integriert
**l'artisan (m)** Handwerker
**le boulanger** Bäcker
**le boucher** Metzger
**le commerçant détaillant spécialisé** Facheinzelhändler (das Fachgeschäft)
**le prêt-à-porter** Konfektionskleidung
**la librairie** Buchhandlung
**l'épicerie (f)** Lebensmittelgeschäft
**la charcuterie** Fleisch- u. Wurstwarengeschäft
**les épices (f)** Gewürze
**le minimarge** Diskonthaus
**la marge réduite** geringe Handelsspanne
**le drugstore** Drugstore
**les produits (m) de première nécessité** Bedarfsgegenstände
**le jouet** Spielzeug
**la jardinerie** Gartenzentrum
**la résidence** Wohnsitz
**l'agglomération (f)** Ballungsraum/-zentrum
**le magasin en «Franchise»** Franchising-Verkaufsladen[1])
**le franchiseur** Franchisegeber

---

[1]) nicht zu verwechseln mit la franchise (frz.) Eigenbeteiligung, voir chapitre «Les assurances», page 107.

la redevance  Entgelt, Entschädigung, Gebühren
l'assistance technique (f)  technische Unterstützung
la boutique choc  Boutique mit aggressiven Verkaufsmethoden
restreint, e  beschränkt, gering
le grand magasin  Warenhaus
la gamme de produits  Produktpalette
le magasin populaire  preisgünstiges Warenhaus, Billigkaufhaus
le prix unique  Einheitspreis
l'entreprise (f) à succursales multiples  Filialunternehmen (Filialgeschäft)
la coopérative de consommateurs  Verbrauchergenossenschaft
l'excédent (m) d'exploitation  Betriebsüberschuß
la succursale  Zweigstelle, -niederlassung
les créneaux (m) de la distribution  Absatzwege
la supérette  Supermarkt von 100 – 400 m²
l'hypermarché (m)  Supermarkt von 2.500 – 4.000 m²
les groupements (m) horizontaux  horizontale Kooperationsformen
les groupements verticaux  vertikale Kooperationsformen
les groupements d'achat de détaillants  Einkaufsgenossenschaften, Einkaufsverbände der Einzelhändler
placer qn. sur un pied d'égalité  jmd. gleichbehandeln
l'adhérent (m)  hier: Mitglied
l'action promotionnelle (f)  Verkaufsförderungsaktion
la publicité  Werbung
la chaîne volontaire  freiwillige Kette
les magasins collectifs d'indépendants  Einkaufszentren bis 1.000 m²
les centres commerciaux  Einkaufszentren über 1.000 m² (shopping centers)
l'éclairage (m)  Beleuchtung
l'organisme (m) gestionnaire  Verwaltungsorgan
le magasin de détail en service  Einzelhandelsgeschäft mit Bedienung
le magasin de détail en libre-service  Einzelhandelsgeschäft mit Selbstbedienung
conjointement  zusammen
la vente par correspondance  Versandhandel

l'adepte (m)  Anhänger
rural, e  ländlich
urbain, e  städtisch
le problème de stationnement  Parkproblem
encombrant, e  sperrig
le droit de retourner la marchandise  Warenrückgaberecht
le kiosque à journaux  Zeitungskiosk
rembourser  erstatten
le facteur de stabilité  Stabilitätsfaktor
le commerce ambulant  ambulanter Handel
le forain  ambulanter Händler
le marchand de rue  Straßenhändler
le brocanteur  Altwarenhändler
le brelandinier  Hökerhändler (Standkrämer)
le commerce extérieur  Außenhandel
agrandir  vergrößern
le commerce d'importation  Einfuhrhandel (Importhandel)
le commerce d'exportation  Ausfuhrhandel (Exporthandel)
le commerce de transit  Transithandel/Durchfuhrhandel
le transitaire  Grenz- bzw. Zollspediteur, hier: Transithändler
la législation  Gesetzgebung
le pays producteur  Erzeugerland
le pays de transit  Transitland
le pays destinataire  Bestimmungsland
la durée du transport  Transportdauer
la sécurité du transport  Transportsicherheit
la température du transport  Transporttemperatur
l'indemnité (f)  Entschädigung, Schadenersatz
les transports terrestres  Landtransporte
le transport privé  hier: Werkverkehr
le transport public  gewerblicher Gütertransport
autrui  andere, anderen
la zone de camionnage  Rollfuhrzone
la zone courte  Speditionsnahverkehr
la zone longue  Speditionsfernverkehr
les transports internationaux routiers (T.I.R.)  T.I.R.-Verfahren (Internationale Warentransporte)
le transport sous douane  Transport unter Zollverschluß
être dédouané, e  verzollt werden
être plombé, e  verplombt werden

**au préalable** im voraus, vorher, zuvor
**être bâché, e** mit einer Plane versehen sein
**le camion remorque** Lastzug, Sattelschlepper
**la camionnette** Lieferwagen
**en vrac** unverpackt
**le camion-citerne** Tankwagen
**les denrées périssables (f)** verderbliche Güter
**le camion-isotherme** Isolier-Lkw, Thermo-Lkw
**le camion-frigorifique** Kühllastwagen
**le transport par chemin de fer** Eisenbahntransport
**S.N.C.F.** Société Nationale des Chemins de fer Français (Nationalgesellschaft der Französischen Eisenbahnen)
**le SERNAM** le Service National des Messageries (Nationaler Stückguttransportdienst)
**desservir** hier: bedienen
**la Messagerie** Stückguttransport
**le service express** Expreßdienst
**le service express à délai garanti** Expreßdienst mit garantierter Lieferfrist
**le service spécial express** Spezialexpreßdienst
**le service direct express** Direktexpreßdienst
**le service Express T.G.V.** Hochgeschwindigkeitszug, Expreßdienst
**le train à grande vitesse (T.G.V.)** Hochgeschwindigkeitszug
**le chargement** Beladung
**le déchargement** Entladung
**en régime ordinaire (R.O.)** als Frachtgut
**en régime accéléré (R.A.)** als Eilgut
**en régime express (R.E.)** als Expreßgut
**en port payé** im voraus bezahlte Fracht
**en port dû** porto-gebührenpflichtig, unfrei
**contre remboursement** gegen Nachnahme
**l'intermédiaire (m)** hier: Absatzhelfer
**le transporteur** Frachtführer
**le commissionnaire de transport** Spediteur
**le dédouanement** Verzollung
**le courtier de fret routier** Frachtenmakler beim Güterversand mit dem Lkw
**le courtage** Courtage (Maklerlohn)
**la licence** Genehmigung, Lizenz
**l'acheminement (m)** Beförderung

**l'entreposage (m)** Lagerhaltung
**la navigation fluviale** Binnenschiffahrt
**la navigation maritime** Seeschiffahrt
**navigable** schiffbar
**l'engin de transport (m)** Transportmittel
**le bateau porteur sans moteur** Lastkahn ohne Motor
**la péniche** Last-, Schleppkahn
**le chaland** Lastkahn
**la barge** flacher Lastkahn
**le bateau moteur** Motorschiff/Schlepper
**la traction** Schleppen
**le bateau automoteur** selbstfahrender Lastkahn
**le batelier particulier** Partikulierschiffer, Einzelschiffer
**le conducteur du bateau** Schiffsführer, Kapitän
**le courtier de fret** Frachtenmakler
**la bourse d'affrètement** Frachtenbörse
**O.N.N.** l'Office National de la Navigation (Nationales Schiffahrtsamt)
**la compagnie de navigation** Schiffahrtsgesellschaft
**le port fluvial** Binnenhafen
**la navigation côtière, le bornage** Küstenschiffahrt
**la lieue marine française** französische Seemeile
**le cabotage** Küstenschiffahrt
**le petit cabotage** kleine Küstenschiffahrt
**le grand cabotage** große Küstenschiffahrt
**le cabotage international** internationale Küstenschiffahrt
**la navigation au long cours** Hochseeschiffahrt
**le paquebot** Passagierdampfer
**le transport des voyageurs** Personentransport
**le cargo** Frachter
**le bateau de charge** Frachtschiff
**le pétrolier** Tanker
**le bananier** Bananendampfer
**le frigorifique** Kühlschiff
**le conteneur** Container
**les propriétaires (m) des navires** Schiffseigner
**l'armateur (m)** Reeder
**l'affréteur (m), le chargeur** Befrachter
**le courtier maritime** Schiffsmakler
**la location d'un navire** Schiffsanmietung
**la charge** Ladung
**le consignataire** Konsignator

**la ligne d'appoint**  Zubringerlinie
**A.T.A.R.**  l'Association des Transporteurs aériens régionaux – (Verband der regionalen Lufttransportunternehmen)
**la poste aérienne**  Luftpost
**le colis postal**  Luftpostpaket
**l'affrètement (m)**  Befrachtung
**le capital dormant**  ruhendes, unproduktives Kapital
**le particulier**  Privatmann
**le dépôt**  hier: Einlage
**le déroulement des paiements**  Abwicklung des Zahlungsverkehrs
**les propres affaires**  eigene Geschäfte
**la prise de participation**  Beteiligung
**la banque de dépôt**  Depositenbank (Einlagebank)
**la banque d'affaires**  Emissionsbank (Vermittlung bei der Ausgabe von Aktien und Anleihen)
**la banque de crédit à long terme**  Kreditbank für langfristige Kredite
**la banque de crédit à moyen terme**  Kreditbank für mittelfristige Kredite
**la banque universelle**  Universalbank (eine Bank, die alle Bankgeschäfte tätigt)
**la banque nationalisée**  verstaatlichte Bank
**la banque coopérative, la banque mutualiste**  Genossenschaftsbank
**les autorités (f) de tutelle**  Aufsichtsbehörden, hier: Bankenaufsicht
**le Conseil National de Crédit**  Nationaler Kreditrat
**le rôle consultatif**  beratende Rolle
**la politique monétaire**  Währungspolitik
**le Comité de la Règlementation Bancaire**  Ausschuß für die Ordnung des Bankwesens
**la prescription**  Vorschrift
**le Comité des Etablissements de crédit**  Ausschuß der Kreditinstitute
**la réglementation de la profession**  Berufsordnung
**la Commission Bancaire**  Bankenkommission
**la disposition législative**  gesetzliche Verfügung/Verordnung
**le manquement**  Vergehen, Verstoß, Dienstpflichtverletzung
**l'avertissement (m)**  Abmahnung, Warnung
**le blâme**  Tadel, Rüge
**l'interdiction (f)**  Untersagung, Verbot

**le retrait d'agrément**  Entzug der Genehmigung
**le commissaire du gouvernement**  Regierungs- bzw. Staatskommissar
**le droit de veto**  Vetorecht
**être placé, e sous la tutelle de qn.**  der Aufsicht von jdm. unterliegen
**la banque centrale**  Zentralbank
**l'institut d'émission (m)**  Notenbank
**émettre**  ausgeben
**le billet de banque**  Banknote
**la masse monétaire**  Geldmenge
**gérer**  verwalten
**les réserves (f) de change**  Devisenreserven
**la régularisation des changes**  Devisenein und -ausfuhr
**le banquier de l'Etat**  Staatsbankier
**le compte courant**  Kontokorrentkonto
**le Trésor**  Staatskasse, Schatzamt, öffentliche Hand
**le fichier des chèques impayés**  Verzeichnis der nicht bezahlten Schecks
**le compte du client**  Kundenkonto
**de doit/le débit**  Soll
**l'avoir (m)**  Haben
**le titulaire**  hier: Kontoinhaber
**les retraits (m) par chèque**  Scheckauszahlungen
**au profit d'un tiers**  zugunsten eines Dritten
**le virement**  Überweisung
**en faveur de tiers**  zugunsten Dritter
**l'effet domicilié (m)**  Domizilwechsel, Zahlstellenwechsel
**les achats de devises**  Devisenkäufe
**l'achat (m) de valeurs mobilières**  Kauf von Wertpapieren
**la lettre de crédit/l'accréditif (m)**  Kreditbrief
**le chèque de voyage**  Reisescheck
**la carte de crédit**  Kreditkarte
**les versements (m) en espèce**  Bareinzahlungen
**les versements par chèque**  Scheckgutschriften
**les ventes de devises**  Devisenverkäufe
**les ventes de valeurs mobilières**  Wertpapierverkäufe
**les encaissements de coupons**  Kupongutschriften
**les crédits (m) par caisse ordinaires**  einfache Barkredite

**la facilité de caisse/le découvert** Kontoüberzug
**la contrevaleur** Gegenwert
**s'étendre** sich ausdehnen
**le taux d'intérêt** Zinssatz
**les crédits par caisse mobilisables** Barkredit, für den die Bank als Sicherheit einen Solawechsel erhält, den sie verkaufen kann.
**mettre un compte à découvert** Konto überziehen
**le billet à ordre** Solawechsel/Eigenwechsel
**mobiliser** mobilisieren, d. h. Geld flüssigmachen
**le marché monétaire** Geldmarkt
**l'escompte (m)** Diskontkredit
**l'échéance (f)** Fälligkeit
**l'agio (m)** Aufgeld, Zuschlag
**réescompter** rediskontieren
**Crédit de mobilisation de créances commerciales – (C.M.C.C.)** (Kredit, welcher der Flüssigmachung von kfm. Forderungen in Geld dient)
**escompter** diskontieren
**le tireur** Aussteller (b. Wechsel)
**le tiré** Bezogener (b. Wechsel)
**le crédit de campagne** Saisonkredit
**la semaille** Aussaat
**la récolte** Ernte
**subvenir aux besoins** Bedarf decken
**le jouet** Spielzeug
**la chocolaterie** Schokoladenerzeugung
**les avances sur marchandises** Lombardkredit
**les «Magasins Généraux»** öffentliche und private Lagerhäuser in Frankreich
**le récépissé-warrant** Lagerschein, er besteht aus dem «récépissé» = Empfangsbescheinigung für die eingelagerte Ware (Eingangsavis, Speicherquittung) und dem «warrant» = Lagerschein, der an Order lauten und durch Indossament weitergegeben werden kann
**le remboursement** Rückzahlung, Rückerstattung
**le crédit documentaire** Dokumenten-Akkreditiv
**les assurances** Versicherungen
**le secteur d'Etat** staatlicher Bereich
**la sécurité sociale obligatoire** Pflichtversicherung, Sozialversicherung
**le numéro fiscal** Steuernummer

**le régime général** hier: die allgemeine Versicherungsordnung
**la couverture sociale** soziale Absicherung, soziales Netz
**l'assurance maladie (f)** Krankenversicherung
**l'assurance vieillesse** Rentenversicherung
**les allocations familiales (f)** Familienbeihilfen, Kindergeld
**prescrire** hier: verordnen
**rembourser** erstatten
**la Sécurité Sociale** Sozialversicherung
**le régime spécial** hier: spezielle Versicherungsordnung
**le régime autonome** hier: selbständige Versicherungsordnung
**les professions libérales** freie Berufe
**le secteur nationalisé** verstaatlichter Bereich
**la Cour des Comptes** Rechnungshof
**les sociétés mutuelles** Gesellschaften auf Gegenseitigkeit
**l'assurance de dommage aux biens** Schadenversicherung
**l'assurance de personnes** Personenversicherung
**l'assurance de responsabilité civile** Haftpflichtversicherung
**l'assureur (m)** Versicherer, Versicherungsträger
**l'assuré (m)** Versicherungsnehmer
**le contrat d'assurance** Versicherungsvertrag
**la modification** Änderung
**l'avenant (m)** Versicherungsnachtrag
**le tiers responsable** Schadenverursacher
**le sinistre** Schaden
**indemniser** entschädigen
**la prime d'assurance** Versicherungsprämie
**couvrir le risque** Risiko decken
**le dommage** Schaden
**la franchise** hier: Eigenbeteiligung
**la coassurance** Mitversicherung
**la réassurance** Rückversicherung
**avoir recours à** in Anspruch nehmen
**la sur-assurance** Überversicherung
**l'enrichissement (m)** Bereicherung
**la police d'assurance** Versicherungspolice
**la sous-assurance** Unterversicherung
**la règle proportionnelle** Verteilungsregel (für Schadensbestimmung)

**les biens mobiliers**  bewegliche(s) Habe, Gut
**les biens immobiliers**  unbewegliche(s) Habe, Gut
**la police multirisques**  a) beim Auto = Vollkaskoversicherung b) bei der Familienversicherung = Hausratversicherung gegen Feuer, Einbruch, Beraubung, Leitungswasser, Glas und Sturm
**l'assurance-vie avec ou sans capitalisation**  Lebensversicherung mit und ohne Kapitalsparvertrag (Risikoversicherung)

## Les auxiliaires du commerce

**les auxiliaires du commerce**  Absatzhelfer des Handels
**le commissionnaire**  Kommissionär
**le courtier**  Makler
**l'agent commercial (m)**  selbständiger Handelsvertreter
**le représentant**  Vertreter
**le commettant**  Kommittent (Auftraggeber)
**la commission**  Provision
**le dépositaire**  Depositar
**l'avance (f)**  hier: Vorschuß
**le consignataire**  Konsignatär
**le commissionnaire-ducroire**  Delkrederekommissionär
**s'ignorer**  sich nicht kennen
**le courtage**  Courtage, Maklergebühr
**le courtier maritime**  Schiffsmakler
**le courtier de fret routier**  Frachtenmakler für den Straßentransport
**le courtier d'assurances maritimes**  Seeversicherungsmakler
**le mandataire**  Mandatar, Beauftragter
**à titre de profession habituelle et indépendante**  in regelmäßiger und selbständiger Berufsausübung
**le contrat de service**  Dienstvertrag
**négocier**  verhandeln
**conclure**  abschließen
**au nom et pour le compte**  im Namen und für Rechnung
**le mandant**  Auftraggeber
**le pourcentage**  Prozentsatz
**l'agent général**  Generalvertreter, Generalagent
**l'agent régional**  Regionalvertreter
**l'agent exclusif**  Alleinvertreter
**le voyageur**  Reisender
**le placier**  Stadtreisender
**le salarié**  Lohn- bzw. Gehaltsempfänger
**transmettre**  übermitteln
**être habilité à faire qc.**  zu etwas berechtigt sein
**être rémunéré, e**  entschädigt werden, bezahlt werden
**le traitement fixe/le fixe**  Fixum
**le chiffre d'affaires**  Umsatz
**à la fois**  gleichzeitig

# Services des télécommunications — E

Les télécommunications comprennent téléphone, téléscripteur, télégramme et télécopieur. Le réseau des services de télécommunications est la plus grande machine du monde qui relie environ 530 millions d'abonnés. Actuellement il y a plus de 22 millions de lignes en France. La nouvelle numération, qui existe depuis octobre 1985 en France, permet de doubler la capacité actuelle du réseau en la portant à plus de 50 millions de numéros.
Les télécommunications sont donc aujourd'hui les moyens de communication les plus importants pour l'économie.

## 1. Téléphone

### 1.1 Comment téléphoner d'Allemagne Fédérale en France

La France n'est divisée qu'en deux zones de téléphone: la province et Paris, les Hauts de Seine, la Seine-Saint-Denis, et le Val-de-Marne (région parisienne).
L'indicatif 1 est attribué à Paris/Ile de France (voir ci-dessus), mais aucun indicatif n'est donné à la province. Cela signifie que le 1 est le code d'accès de la province et de l'étranger à un numéro de la région parisienne.

Tout correspondant international composera donc le 33 (Indicatif de la France) suivi des huit chiffres de son correspondant si celui réside en province. Mais il devra composer le 33 suivi du 1 et des huit chiffres si ce dernier habite Paris ou la région parisienne.

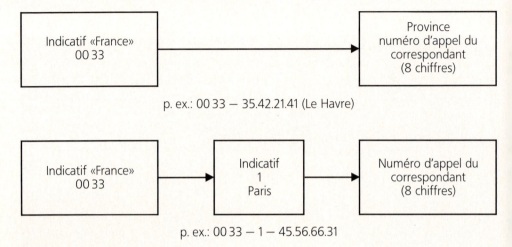

fig. E1

## 1.2 Comment téléphoner en France

Où pouvez vous téléphoner? Il y a cinq possibilités:

fig. E2

Vous cherchez d'abord le numéro de téléphone dans l'annuaire. Ensuite vous décrochez l'appareil (décrochez l'écouteur, le récepteur, le combiné) et vous mettez vos pièces de monnaie, votre carte ou un jeton dans la fente. Après avoir perçu la tonalité (bourdonnement continu), tous les appels se font, p.ex. en province, en composant un numéro à 8 chiffres. Exemple: un Marseillais qui veut appeler un Lillois compose directement le numéro de son correspondant (8 chiffres), exactement comme s'il appelait l'un de ses voisins.

Mais pour passer de l'une à l'autre zone téléphonique, p.ex. dans le sens province – Paris, il faut composer le 16 suivi du 1 (indicatif de Paris) et des 8 chiffres de l'abonné. Dans l'autre sens, Paris-province, même chose, mais sans le 1.

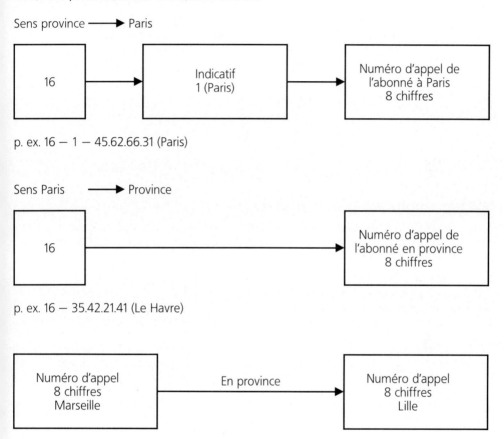

fig. E 3

## 1.3 Comment téléphoner de France en R.F.A.

Vous mettez vos pièces de monnaie dans la fente. Après avoir perçu le signal de transmission (bourdonnement continu), vous composez d'abord le 19, puis après avoir obtenu la seconde tonalité, vous faites l'indicatif de l'Allemagne Fédérale, le 49, puis l'indicatif de la ville allemande désirée, mais sans le zéro, suivi du numéro d'appel demandé.

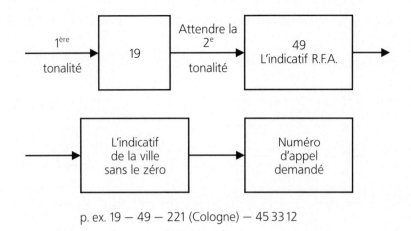

**fig. E 4**  p. ex. 19 — 49 — 221 (Cologne) — 45 33 12

## 1.4 Les communications spéciales

L'intervention d'un agent des Télécommunications reste nécessaire dans les relations qui ne sont pas exploitées en service automatique et pour obtenir des communications spéciales.

1. **Avec préavis PAV**
   On vous passera la communication quand Monsieur ou Madame sera au bout du fil. Cela veut dire que la personne à laquelle vous voulez parler est prête à vous parler. Vous ne perdez pas de temps à attendre.
2. **Avec avis d'appel AVP**
   On donne un avis d'appel à une personne qui n'a pas le téléphone chez elle. Elle viendra au bureau de poste, mais c'est vous qui paierez.
3. **Payable à l'arrivée PCV**
   L'agent des Télécommunications avisera votre correspondant que vous désirez communiquer avec lui, à ses frais. S'il accepte, il doit payer la communication.
4. **Avec indication de durée et de prix IDP**
   Vous téléphonez chez un ami et vous voulez payer votre communication à votre ami – ce qui paraît normal – vous demandez à l'agent des Télécommunications de vous en indiquer la durée et le prix.

Pour éviter toute confusion au téléphone, lorsqu'il s'agit de noms propres, on fera bien de les épeler en utilisant le code suivant:

| | | | |
|---|---|---|---|
| A comme Anatole | I comme Irma | R comme Raoul |
| B comme Berthe | J comme Joseph | S comme Susanne |
| C comme Célestine | K comme Kléber | T comme Thérèse |
| D comme Désiré | L comme Louis | U comme Ursule |
| E comme Eugène | M comme Marcel | V comme Victor |
| É comme Émile | N comme Nicolas | W comme William |
| F comme François | O comme Oscar | X comme Xavier |
| G comme Gaston | P comme Pierre | Y comme Yvonne |
| H comme Henri | Q comme Quintal | Z comme Zoé |

**fig. E 5**

## 1.5 Services supplémentaires de la commutation électronique

1. **Le renvoi temporaire**
   Ce service vous permet, au moment où vous le désirez, de réacheminer tous les appels qui vous sont destinés vers le numéro d'un autre abonné (dans la même circonscription de taxe).
2. **L'indication d'appel en instance**
   Ce service vous permet au cours d'une communication avec un premier correspondant, de recevoir l'indication qu'un second abonné essaie de vous parler. Vous pouvez mettre en attente la communication en cours et parler avec votre second interlocuteur.
3. **La conférence à trois**
   Ce service permet une communication entre trois abonnés: vous-même et deux autres interlocuteurs.
4. **L'appel ou réveil automatique**
   Ce service vous permet de vous faire appeler à une heure convenue d'avance (réveil, rappel de rendez-vous). En cas d'occupation de votre ligne ou de non réponse, l'appel est renouvelé une seconde fois, 5 minutes plus tard.
   Ministère des P.T.T.
   Direction Générale des Télécommunications
   20, avenue de Ségur – 75700 Paris

**Minitel:**
Service automatique de renseignements par ordinateur.
Chaque abonné peut disposer gratuitement s'il le désire d'un minitel. Il s'agit d'un appareil muni d'un écran et d'un clavier à touches permettant d'obtenir le numéro de téléphone de tout abonné en France, d'avoir les programmes culturels, la liste des médecins de service la nuit ou les jours fériés, la liste des pharmacies ouvertes le dimanche et de nombreux autres renseignements d'utilité courante.[1])

## 1.6 Les télécommunications et l'entreprise

### 1.6.1 Le service télex

Le service télex permet de communiquer par textes dactylographiques au moyen d'un téléimprimeur.
Ce service vous permet d'entrer en relation avec les 125.000 abonnés français et les 1.600.000 abonnés dans le monde.
Les facilités offertes par ce service sont mises à la disposition des usagers non abonnés dans les postes publics télex dont la liste figure dans l'annuaire télex qui peut être consulté dans toutes les agences commerciales et téléboutiques des télécommunications.[2])

### 1.6.2 La télécopie

La télécopie est un moyen de reproduction à distance d'un texte ou graphique sur papier de format maximal A 4 (210 x 297 mm), par l'intermédiaire du réseau téléphonique.
La transmission s'effectue entre deux télécopieurs compatibles d'un modèle agréé par l'Administration des P.T.T. La durée de transmission d'une page A 4 est de quelques minutes: elle varie en fonction du type d'équipement utilisé.[3])

---

[1]) voir aussi «Télétel», page 126.
[2]) Ministère des P.T.T., Direction régionale Le Havre, Annuaire téléphonique, 1986, p. 29.
[3]) Ministère des P.T.T. p.29.

### 1.6.3 Télétel

Télétel est le nom donné au système français de vidéotex. Télétel permet, via le réseau téléphonique, de transmettre, recevoir et traiter des informations (textes et graphismes), en provenance de fournisseurs de services très divers; elles s'affichent sur l'écran d'un terminal, le Minitel. Début 1987, 2,25 millions de Minitel sont installés, tant en milieu résidentiel que professionnel; plus de 1.500 services sont disponibles.[1])

### 1.6.4 Visioconférence

Ce service permet de tenir des réunions à distance alliant image et son à partir de salles spécialement aménagées.
Le réseau est actuellement composé de 10 salles publiques, accessibles sur simple réservation: Bordeaux, Lille, Lyon, Marseille, Metz, Nantes, Paris, Rennes, Rouen, Toulouse.
Les entreprises peuvent être également équipées de studios privés.[2])

### 1.6.5 Audioconférence

Ce service permet d'organiser à distance des réunions de travail entre plusieurs groupes dispersés sur le territoire.
Pour se réunir en audioconférence on peut utiliser les studios publics appelés télécentres, ouverts à tous.
Pour tous renseignements, s'adresser à l'agence commerciale des Télécommunications, tél.: 14.[3])

### 1.6.6 La réunion – téléphone

Vos réunions se multiplient avec vos partenaires éloignés.
Gagnez du temps avec la réunion – téléphone: de votre bureau, vous dialoguerez avec eux sans vous déplacer (jusqu'à 20 personnes).
Réservation: 05 30 03 00 (appel gratuit)[4])

### 1.6.7 Répondeurs téléphoniques

Partez tranquille, ils répondent pour vous.
Trois types de répondeurs:
**le répondeur simple** permet de répondre aux appels en diffusant des informations que vous avez préenregistrées;
**le répondeur enregistreur** vous retransmet en plus les messages de vos correspondants;
**le répondeur à interrogation à distance** permet de consulter et d'effacer à distance les messages de vos correspondants.
Pour acheter un répondeur aux P.T.T., adressez-vous à votre agence commerciale. Vous pouvez également louer ou acheter un répondeur dans le commerce (dans ce cas, assurez-vous qu'il est «agréé P.T.T.».[5])

### 1.6.8 Le numéro vert

Le Numéro Vert permet à l'entreprise abonnée d'offrir à tout ou partie de ses correspondants la possibilité de l'appeler gratuitement, elle-même prenant à sa charge le coût de la communication.
Ce nouveau mode de communication est destiné à provoquer et accélérer les multiples contacts nécessaires au développement de l'entreprise.

---

[1]) Ministère des P.T.T., Les télécommunications au services des entreprises, Paris 1986, p. 18
[2]) – [5]) Ministère des P.T.T., Direction régionale Le Havre, Annuaire téléphonique, 1986, p. 30 – 31

A cet effet, il est attribué à l'abonné un numéro téléphonique spécifique à 8 chiffres commençant toujours par 05.
Pour appeler un Numéro Vert:
composez directement le numéro à 8 chiffres.
Depuis le 12 novembre 1984, le service 05 est devenu international par l'ouverture de la liaison France/Etats-Unis dans les deux sens.
Pour tous renseign3ments, composez le 05 19 33 33.[4])

## 2. Au bureau: comment s'exprimer au téléphone

Une partie non-négligeable du travail de la secrétaire bi – ou trilingue s'effectue à l'aide des télécommunications. Pour une jeune débutante n'ayant pas encore d'expérience, il est très difficile de faire face au téléphone en langue étrangère aux différentes situations. Les règles de base suivantes doivent être observées:
Les documents internes et les secrets d'entreprise ne doivent pas être divulgués au téléphone. Le mot secrétaire a la même racine que le mot secret.
Il faut savoir faire une différence entre les fournisseurs (ils veulent vendre quelque chose et ils rappelleront volontiers une autre fois si nécessaire) et les clients qui doivent être traités avec égards parce que vous voulez leur vendre quelque chose.
Dans la partie suivante sont décrites six situations de base qui peuvent se présenter dans les entretiens d'affaires:
*Monsieur Briand de l'entreprise Perrier de Paris appelle et voudrait joindre de toute urgence à votre chef, Monsieur Schmidt, de la société Schmidt & Streit de Cologne. Les situations suivantes peuvent se présenter:*

### 2.1 Votre chef est présent. Vous lui passez Monsieur Briand

– Allô, ici les établissements Perrier de Paris. Bonjour Mademoiselle, je vous passe Monsieur Briand.
– Bonjour Mademoiselle, Briand à l'appareil, je voudrais parler à Monsieur Schmidt.
– Un instant, s.v.p. Monsieur Briand, je vous passe M. Schmidt.

Si vous ne connaissez pas M. Briand, demandez-lui qui il est, de quelle entreprise.
– Puis-je me permettre de vous demander à quel sujet vous voulez parler à Monsieur Schmidt?

### 2.2 Votre chef est présent, mais il parle justement sur une autre ligne

– Allô, ici les établissements Perrier de Paris. Bonjour Mademoiselle, je vous passe Monsieur Briand.
– Bonjour Mademoiselle, Briand à l'appareil, je voudrais parler à Monsieur Schmidt.

Si Monsieur Briand est un client, dites-lui:
– Je suis navrée, mais Monsieur Schmidt est en communication. Si c'est urgent, je peux essayer de vous le passer rapidement.
Ou:
– Monsieur Schmidt vous rappellera dès que possible. Pourriez-vous me dire à quel numéro il pourra vous toucher?

---
[1]) Ministère des P.T.T., Direction régionale Le Havre, Annuaire téléphonique, 1986, p. 30 – 31

Si Monsieur Briand est un fournisseur, dites-lui:
- Je suis désolée, mais Monsieur Schmidt est en communication. Puis-je me permettre de vous demander à quel sujet vous voulez parler à Monsieur Schmidt?
- Je peux vous passer son collaborateur, Monsieur Müller.

Ou:
- Vous pourriez le rappeler à partir de quinze heures cet après-midi.

## 2.3 Votre chef est absent
- Allô, ici les établissements Perrier de Paris. Bonjour Mademoiselle, je vous passe Monsieur Briand.
- Bonjour Mademoiselle, Briand à l'appareil, je voudrais parler à Monsieur Schmidt.
- Je suis navrée, mais Monsieur Schmidt est en voyage jusqu'au 19 février.

**Si le demandeur est un client, dites-lui:**
- Puis-je vous passer son adjoint, Monsieur Müller?

Ou:
- Puis-je transmettre un message à Monsieur Schmidt?

Ou:
- Pourriez-vous le rappeler jeudi?

Si le demandeur est un client qui veut parler personnellement à Monsieur Schmidt, dites-lui:
- Je suis désolée, mais Monsieur Schmidt est en voyage. Puis-je vous passer son adjoint?
- Non, je préfère parler personnellement à Monsieur Schmidt.
- Monsieur Schmidt doit rappeller (ou rappellera) en fin de journée. Puis-je lui transmettre un message?

Ou:
- Monsieur Schmidt sera ce soir à l'hôtel Intercontinental de Düsseldorf. En voici le numéro de téléphone: indicatif . . . et le télex . . .

Ou:
- Lorsque Monsieur Schmidt sera de retour, je lui dirai de téléphoner. Pourriez-vous me dire à quel numéro il pourra vous toucher?

*Vous devez appeler l'entreprise Perrier à Paris et demander Monsieur Briand du service des ventes. Dites à Monsieur Briand que votre chef voudrait lui parler (Monsieur Schmidt de la société Schmidt & Streit de Cologne) au sujet de la livraison du . . .19 . . .*

## 2.4 Monsieur Briand est présent
- Ici les établissements (la société) Schmidt de Cologne, Bonjour Madame, je voudrais parler à Monsieur Briand, du service des ventes.
- Allô, ici Briand.
- Bonjour, Monsieur Briand, je vous passe Monsieur Schmidt qui voudrait vous parler au sujet de la livraison du . . .

## 2.5 Monsieur Briand parle sur l'autre ligne
- Ici les établissements Schmidt de Cologne, Bonjour Madame, je voudrais parler à Monsieur Briand, du service des ventes.
- Monsieur Briand est en communication, pouvez-vous attendre?
- J'appelle de l'étranger, je ne peux attendre qu'un court instant.

Ou:
- Votre numéro est très difficile à obtenir, prévenez Monsieur Briand que je suis sur l'autre ligne.

Si Monsieur Briand est fournisseur, dites à votre interlocuteur:
– Demandez à Monsieur Briand de me rappeler le plus rapidement possible.
Ou:
– Rappelez-moi dès que Monsieur Briand sera libre. Je vous rappelle mon numéro: indicatif interurbain (sans le zéro) 221 . . .

Si Monsieur Briand est client, dites:
– Je vous rappelle dans cinq minutes.

## 2.6 Monsieur Briand est absent

– Ici les établissements Schmidt de Cologne, Bonjour Madame, je voudrais parler à Monsieur Briand, du service des ventes.
– Monsieur Briand est en voyage, il rentrera le mercredi ou le jeudi . . .

Si Monsieur Briand est client, dites:
– Je le rappellerai jeudi vers 15 heures. Pourriez-vous me dire s'il sera libre à cette heure-là?

Si Monsieur Briand est fournisseur, dites-lui:
– Faites-lui savoir que j'ai appelé ce jour au sujet de la livraison du . . . Je vous rappelle mon numéro: indicatif 221 . . .

# 3. Exercices

## 3.1 Compréhension et commentaires

1. Aidez un collègue qui n'a pas encore téléphoné d'Allemagne Fédérale en France.
2. Où est-ce qu'on peut téléphoner en France?
3. Quelle différence existe-t-il entre une cabine téléphonique publique et un taxiphone?
4. Vous avez oublié le numéro d'appel d'une société à Paris. Que faut-il faire pour l'obtenir?
5. Votre collègue doit téléphoner à une société au Havre. Expliquez-lui comment téléphoner en France.
6. Vous êtes à la Foire de Paris et vous devez donner un coup de fil à votre établissement en Allemagne. Expliquez ce que vous faites!
7. Connaissez-vous quelques communications spéciales?
8. Expliquez les services supplémentaires de la commutation électronique.
9. Quels services offre le réseau commercial des Télécommunications?
10. Expliquez le numéro vert.

## 3.2 Dictée

La communication verbale joue aujourd'hui un rôle important dans les relations commerciales. Elle utilise principalement le téléphone et elle est en mesure, grâce aux techniques modernes, de relier des interlocuteurs très éloignés.
Ceux qui essaient d'avoir la France et plus spécialement Paris au téléphone pendant les heures de bureau se rendent compte combien ce moyen de communication est utilisé. Pour les secrétaires, l'usage du téléphone fait partie du travail quotidien: appels téléphoniques, transmission ou réception de nouvelles, recherche de renseignements complémentaires etc. C'est pourquoi il est nécessaire de disposer de connaissances de base pour établir des entretiens téléphoniques entre la France et l'Allemagne Fédérale.
Pour les appels d'Allemagne Fédérale vers la France, tout correspondant composera le 0033 (indicatif de la France) suivi des huit chiffres de son correspondant si celui réside en province. Mais il devra composer le 0033 suivi du 1 et des huit chiffres si ce dernier habite Paris. Pour appeler l'Allemagne Fédérale à partir de la France, c'est un peu plus compliqué. En France on fait d'abord le numéro 19. On attend la deuxième tonalité, puis on fait le numéro 49 (indicatif de l'Allemagne Fédérale) avant de composer l'indicatif de la ville allemande sans le premier zéro et finalement le numéro du correspondant.

### Compréhension et commentaires

1. Quel moyen de communication peut relier le plus facilement des interlocuteurs et pourquoi?
2. Pourquoi une secrétaire doit-elle disposer de connaissances de base pour établir des entretiens téléphoniques?
3. Pouvez-vous expliquer comment les services de téléphone fonctionnent entre la R.F.A. et la France?

## 3.3 Traductions

### 3.3.1 Version

### 1. Téléphoner de partout

Maintenant, le téléphone a son passe-partout, la **Carte Télécommunications**.
Sans paiement immédiat, elle vous simplifie la vie. Mais savez-vous qu'elle vous offre bien d'autres avantages...
Oui, grâce à cette carte, téléphonez de n'importe quel poste téléphonique, de n'importe quelle cabine publique ou privée, où que vous soyez, quand vous le souhaitez.
Vous êtes chez un ami. Embarrassé, vous avez besoin de son poste pour appeler un correspondant lointain. **Avec la Carte Télécommunications, ne soyez plus gêné.** Un simple appel: le 10. Un opérateur vous répond, vous passe le numéro demandé après identification de votre carte et de votre code. Le montant de votre communication sera enregistré sur votre propre compte téléphonique... **vous paierez plus tard!**
Vous êtes en retard. Vous devez prévenir rapidement. Pas de monnaie pour téléphoner. **Avec la Carte Télécommunications, ne soyez plus pris au dépourvu.** Utilisez une nouvelle cabine équipée d'un publiphone à cartes. Introduisez votre carte dans

l'appareil. Composez directement votre code et votre numéro. Vouz avez la ligne . . . **vous paierez plus tard!**

Avec la Carte Télécommunications, vous pouvez également téléphoner à partir d'une cabine à pièces en composant le 10 (ou le 19.33 pour l'étranger). L'opérateur est là pour vous servir 24 heures sur 24! A la fin de votre appel téléphonique, récupérez votre pièce de monnaie. Quant à votre communication . . . **vous la paierez plus tard!**

Grâce à la Carte Télécommunications, vous pouvez également payer vos communications télex émises à partir des postes publics télex.

Ministère des P.T.T.
Direction Générale des Télécommunications
20, avenue de Ségur – 75700 Paris

### Compréhension et commentaires

1. Quelles sont les trois possibilités que vous offre la Carte Télécommunications?
2. Vous êtes chez un ami. Est-ce que vous pouvez utiliser la Carte Télécommunications si vous devez téléphoner de chez lui?
3. Vous n'avez pas de monnaie pour téléphoner. Comment pouvez-vous utiliser votre Carte Télécommunications?
4. Expliquez l'expression . . . ne soyez plus pris au dépourvu (ligne 12).
5. Dans le texte «Téléphoner de partout» on écrit toujours: . . .vous paierez plus tard! Est-ce que vous pouvez expliquer cette phrase?
6. Est-ce qu'on peut utiliser une Carte Télécommunications aussi dans une cabine téléphonique à pièces?

## 2. Quelques suggestions de la science-fiction en matière de nouveaux services

Terminal portatif combinant le téléphone, la carte de crédit, le réveille-matin, la bibliothèque de poche et le secrétariat personnel. Relié aux centres de calcul de la ville, il change automatiquement de fréquence selon un nouveau code de repérage lorsque l'individu se déplace.
Fonctionne à la voix par «un système de transposition simultanée de la plupart des modulations qui se produisent normalement dans la voix, ou selon la langue, l'accent et autres variables, d'abord sous forme d'écriture, puis en valeurs mathématiques».

Extrait de: Télécommunications<br>no. 51, 1984, p. 24.

### Compréhension et commentaires

1. Est-ce que le terminal portatif décrit dans le texte existe déjà?
2. Qu'est-ce que le nouveau terminal combine en même temps?
3. Comment fonctionne le terminal portatif?
4. Croyez-vous que ce nouveau service de la Poste française sortant du domaine de la science-fiction pourrait être réalisé dans un prochain avenir?

### 3.3.2 Thème

## Telefonservice der französischen Post

Fernschreiber und Fernkopierer spielen heute eine wichtige Rolle im Geschäftsleben. Sie werden für die schriftliche Kommunikation benötigt. Das Telefon dient vornehmlich der verbalen Kommunikation.
Die Post bietet auch Spezialdienste an. So kann man ein Gespräch mit Voranmeldung führen, so daß unnötige Wartezeiten vermieden werden. R-Gespräche werden auf Kosten des Angerufenen geführt und Gespräche mit Gebührenangabe ermöglichen eine unverzügliche Abrechnung mit demjenigen, dessen Telefonapparat man benutzt hat. Für Telefongespräche mit Frankreich sollte man unbedingt die französische Buchstabiertafel kennen, um keine Mißverständnisse zu verursachen. Neuerdings kann man als Fernsprechteilnehmer in Frankreich folgende zusätzliche Dienste in Anspruch nehmen: Rufumleitung, Dreier-Konferenzschaltung, automatischen Weck- bzw. Terminruf und als besonderen Clou, den sogenannten Anklopfton, der sich immer dann meldet, wenn ein zweiter Anrufer Sie erreichen will, wenn Sie gerade telefonieren.

## 3.4 Pratique de communication

### Inventez le dialogue au téléphone

(voir chapitre: Au bureau, comment s'exprimer au téléphone)
1. Epelez vos nom, prénom, le nom de la société Schmidt & Streit.
2. Appelez Monsieur Briand de la société Perrier à Paris et dites-lui que votre chef arrivera à Paris, aéroport Charles-de-Gaulle, à 19h30, par le vol numéro 533 de la Lufthansa et qu'il prie qu'on vienne le chercher.
3. Comme au cas n° 2. Mais Monsieur Briand est occupé sur l'autre ligne. Expliquez à la secrétaire que vous appelez d'Allemagne et qu'il est difficile d'avoir Paris au téléphone. Insistez!
4. Comme au cas n° 2. Vous apprenez par la secrétaire que Monsieur Briand est absent. Dites-lui que Monsieur Briand doit vous rappeler sans faute au numéro suivant.
5. Vous avez un appel de l'entreprise Dubois. Vous passez la communication à votre chef.
6. Comme au cas n° 5. Votre chef est occupé sur l'autre ligne. Monsieur Dubois est un client important. Vous lui dites que vous allez le rappeler dès que possible et vous demandez qu'il vous donne, si nécessaire, son numéro de téléphone ou vous lui demandez si vous pouvez le toucher au bureau et jusqu'à quelle heure.
7. Comme au cas n° 5. Votre chef est absent. Demandez à votre correspondant s'il peut vous laisser un message pour lui ou si votre chef doit le rappeler dès son retour.

# 4. Lexique: Services des télécommunications

## Téléphone

**le téléscripteur** Telex, Fernschreiber
**le télécopieur** Fernkopierer, Telefax
**le réseau** Netz
**la nouvelle numération** hier: neues Telefonnummernsystem
**l'indicatif (m)** Vorwahl
**la petite Couronne – l'Ile de France** kleine Krone (Bezeichnung für die Departements, die Paris unmittelbar umschließen)
**le code d'accès** Eingangsschlüssel
**le bureau de poste** Postamt
**la cabine téléphonique publique** öffentliche Fernsprechzelle
**le poste d'abonné** Teilnehmer, Telefonanschluß
**le taxiphone** Münzfernsprecher
**le publiphone à cartes** Karten-Telefon
**l'annuaire (m)** Telefonbuch
**décrocher l'écouteur, le récepteur, le combiné** Telefonhörer abheben
**la pièce de monnaie** Geldstück
**le jeton** hier: Telefonmünze
**la fente** Schlitz
**perçu – percevoir** wahrnehmen
**le signal de transmission** Rufzeichen
**le bourdonnement continu** Dauerton
**composer** hier: wählen
**le cadran** Wählscheibe
**le poste demandé** Angerufener
**la communication** Verbindung
**le Marseillais** Marseiller
**le Lillois** Bewohner aus Lille
**la première tonalité** 1. Ton
**la deuxième tonalité** 2. Ton
**l'indicatif (m) de la ville** Ortsnetzkennzahl
**les communications spéciales** Sonderdienste
**l'intervention (f)** Eingreifen, Vermittlung
**l'opérateur (m)** Telefonist
**l'agent des Télécommunications** Telefonist
**le service automatique** Selbstwähldienst
**être exploité, e en** betreiben, benutzen
**avec préavis** mit Voranmeldung
**être au bout du fil** am anderen Ende der Leitung sein, sich melden
**avec avis d'appel** mit Vorankündigung
**payable à l'arrivée (PCV)** R-Gespräch
**avec indication de durée et de prix (IDP)** mit Zeit- und Gebührenangabe
**le nom propre** Eigenname
**le code** hier: Buchstabiertafel

## Services supplémentaires

**Services supplémentaires** Zusatzdienste
**la commutation électronique** elektronischer Telefonanschluß
**le renvoi temporaire** Rufumleitung
**réacheminer** umleiten
**la circonscription de taxe** Gebührenzone
**l'indication (f) d'appel en instance** Anklopfton
**mettre qc. en attente** etw. in Warteposition bringen
**la conférence à trois** Dreier-Konferenzschaltung
**le réveil automatique** automatischer Weckruf
**le rappel de rendez-vous** Terminruf
**le Minitel** Minitel
**l'écran (m)** Bildschirm
**le clavier à touches** Bedienungstastatur
**les médecins de service** ärztl. Bereitschaftsdienst
**la pharmacie** Apotheke
**le service télex** Fernschreibdienst
**dactylographique** maschinengeschrieben
**le téléimprimeur** Fernschreiber
**la téléboutique** Telefonladen
**la télécopie** Fernkopie (in Deutschland Telefaxdienst)
**le réseau téléphonique** Telefonnetz
**la transmission** Übertragung
**compatible** zusammenpassend, übereinstimmend, kompatibel
**agréer** genehmigen
**le vidéotex** Bildschirmtext (btx)
**le graphisme** grafische Vorlage
**s'afficher** sich darstellen
**la visioconférence** Videokonferenz (Ton- und Bildübertragung)
**allier** verbinden
**le son** Ton
**l'image (m)** Bild

**aménagé, e**  eingerichtet
**accessible**  zugänglich, erreichbar
**l'audioconférence**  telef. Konferenzschaltung (nur Tonübertragung)
**la réunion de travail**  Arbeitstreffen
**dispersé**  verteilt
**le télécentre**  Telefoncenter
**la réunion-téléphone**  telefonische Konferenzschaltung (Tonübertragung für verschiedene Gruppen)
**le répondeur téléphonique**  telef. Anrufbeantworter
**préenregistrer**  vorher aufzeichnen
**le répondeur enregistreur**  Telefonanrufbeantworter mit Gesprächsaufzeichnung
**le répondeur à interrogation à distance**  Telefonanrufbeantworter mit Fernabfrage
**effacer**  löschen
**le numéro vert**  entspricht dem deutschen «Service 130». Durch die bundeseinheitliche Zugangsnummer 0130 werden die Gespräche zum jeweilig gewünschten Fernsprechhauptanschluß weitergeleitet. Der Anrufer zahlt lediglich die normale Ortsgebühr.

## Au bureau: Comment s'exprimer au téléphone

**bilingue**  zweisprachig
**trilingue**  dreisprachig
**la débutante**  hier: Berufsanfängerin
**les secrets (m) d'entreprise**  Firmengeheimnisse
**la racine**  Wurzel
**rappeler**  hier: wieder anrufen, zurückrufen
**traiter qn. avec égards**  jmd. mit Rücksicht behandeln
**l'entretien (m) d'affaires**  Geschäftsgespräch
**appeler**  anrufen
**joindre qn.**  jmd. erreichen
**de toute urgence**  dringend
**passer qn. à qn.**  mit jmd. verbinden
**Briand à l'appareil**  hier spricht Herr Briand
**être navré**  bedauern
**il est en communication**  er telefoniert gerade
**dès que possible**  sobald wie möglich
**toucher qn.**  hier: jmd. anrufen
**être désolé**  bedauern
**à quel sujet**  in welcher Angelegenheit
**le collaborateur**  Mitarbeiter
**être en voyage**  verreist sein
**l'adjoint (m)**  Mitarbeiter
**transmettre un message à qn.**  jmd. eine Nachricht übermitteln
**le demandeur**  Anrufer
**être de retour**  zurück sein
**le service des ventes**  Verkaufsabteilung
**un court instant**  kurz
**prévenir qn. que**  jmd. mitteilen, daß
**la communication verbale**  verbale Kommunikation
**relier**  verbinden
**des interlocuteurs (m) très éloignés**  weit voneinander wohnende Gesprächspartner
**se rendre compte**  gewahr werden, einsehen
**le moyen de communication**  Kommunikationsmittel
**l'appel (m) téléphonique**  Telefonanruf
**la transmission de nouvelles**  Nachrichtenübermittlung
**les connaissances (f) de base**  Grundkenntnisse
**le passe-partout**  Passepartout (Schlüssel, der alle Türen öffnet)
**la Carte Télécommunications**  Telefon-Karte
**le poste**  hier: Telefonapparat
**enregistrer**  hier: buchen
**le compte téléphonique**  Fernsprechgebührenkonto
**être pris au dépourvu**  überrascht werden
**la cabine à pièces**  Münzfernsprecher
**récupérer**  zurücknehmen
**le poste public télex**  öffentliche Telexeinrichtung
**le code de repérage**  Erkennungscode
**le système de transposition simultanée**  System der Simultanumsetzung bzw. -übertragung
**la modulation**  Modulation (Steigen und Fallen der Stimme)
**en valeurs (f) mathématiques**  in mathematischen Größen

# Travaux préliminaires à une vente    F

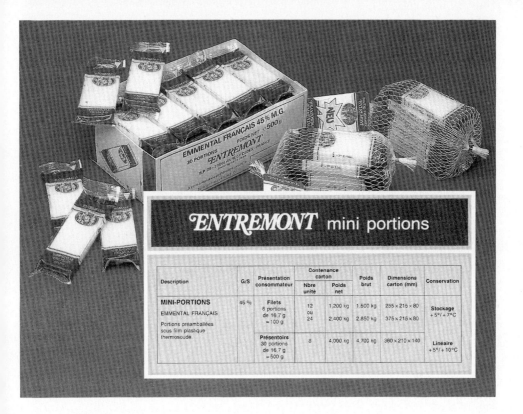

## 1. Problèmes de la conformité du produit avec les normes techniques et commerciales des marchés extérieurs

Avec la réalisation de la Communauté Européenne les entraves douanières doivent être supprimées et les passages à la frontière pour les marchandises simplifiés. Malgré tout, dans les échanges commerciaux des entraves importantes peuvent apparaître à cause de normes[1] nationales différentes ou de clauses techniques de sécurité.

En France, les normes sont fixées par l'Etat. L'AFNOR – l'Association Française de Normalisation (Tour Europe Cedex 7, 92080 Paris la Défense, tél. 778.12.26 – télex 611 974) a mis au point jusqu'à maintenant environ 11.000 normes, dont 400 sont considérées comme obligatoires par l'Etat. Sigle: NF, Norme Française.

---

[1] La norme: Règle, prescription technique pour fixer les conditions d'exécution d'un objet ou d'élaboration d'un produit.

En Allemagne Fédérale, les normes sont mises au point par les organisations patronales en collaboration avec les syndicats. Il y a environ 22.000 normes qui ont été définies par l'Institut Allemand de Normalisation (Sigle: DIN-Deutsches Institut für Normung). Ces normes sont complétées par plus de 10.000 autres normes mises au point par des instituts privés.

Ce nombre important de normes en Allemagne Fédérale montre clairement un déséquilibre entre les deux pays qui peut s'avérer être une véritable entrave commerciale. On ne peut vendre en Allemagne Fédérale que de la bière conforme à la législation de ce pays datant du 16e siècle. Alors que la plupart des producteurs mondiaux emploient pour sa fabrication des ingrédients plus économiques.

A côté des normes, on peut connaître aussi des difficultés dues à des prescriptions administratives, sanitaires ou de sécurité qui doivent être respectées.

Les entreprises qui font des offres dans un pays étranger doivent être en mesure de satisfaire aux prescriptions prévues par le pays importateur. Par exemple, l'importation de produits animaux n'est possible, dans de nombreux pays, que dans la mesure où ceux-ci sont accompagnés de certificats vétérinaires. Un vendeur qui ne pourrait pas fournir ces certificats doit assumer l'entière responsabilité des dommages qui pourraient résulter de son offre.

L'exportation et l'importation des machines et appareils est particulièrement difficile. Les services allemands exigent que les normes de sécurité officielles soient strictement respectées. C'est ainsi que les appareils français conformes aux normes de sécurité en vigueur en France, doivent de nouveau être soumis à de longs contrôles de sécurité avant d'avoir droit à la marque «GS – Geprüfte Sicherheit» en Allemagne Fédérale.

Pourtant, dernièrement, a eu lieu au plus haut niveau gouvernemental un rapprochement entre la France et l'Allemagne Fédérale sur les normes de sécurité pour les appareils. Après dix-huit mois de négociation, les premiers résultats ont pu être enregistrés: la reconnaissance de certaines normes françaises et allemandes. Le ministre français de l'Industrie a rendu obligatoires neuf normes DIN allemandes importantes en France qui sont devenues impératives comme les normes françaises correspondantes. Ainsi le premier pas était fait pour supprimer les entraves commerciales cachées.

## 2. Documents commerciaux

L'acheteur doit observer lors de la sélection des produits offerts de nombreux points techniques, juridiques et commerciaux. Il appartient au vendeur de faciliter le travail de l'acheteur. C'est pourquoi il est indispensable de disposer de documents commerciaux libellés dans la langue du pays de l'acheteur. Les principaux documents commerciaux concernent la présentation de l'entreprise, celle du produit, les conditions générales de vente et les tarifs.

### 2.1 Présentation de l'entreprise (voir fig. F 1)

Cette présentation doit être courte, précise et donner la meilleure image possible de l'entreprise. Elle devrait contenir:
- une photo de l'entreprise avec son adresse, le numéro de téléphone, de téléscripteur et le cas échéant du télécopieur,
- la forme juridique de la société avec éventuellement le montant du capital social,
- la capacité de production,
- le nombre de personnes employées,
- une évolution du chiffre d'affaires au cours des dernières années,
- une liste des produits fabriqués,
- les relations bancaires.

fig. F1

**ENTREMONT S.A.**

| | |
|---|---|
| SIEGE SOCIAL | 25, Faubourg des Balmettes  Téléphone: (50) 52 81 90<br>B.P. N° 29  Télex: 385063<br>74001 ANNECY CEDEX FRANCE  Télégramme: SEF ANNECY |
| FORME JURIDIQUE<br>CAPITAL SOCIAL | Société Anonyme<br>36 468 000 F |
| PRINCIPAUX PRODUITS | Emmental français .......................... 21 600 tonnes<br>Fromages fondus ......................... 8 400 tonnes<br>Beurre + M. G. anhydre .................. 23 500 tonnes<br>Poudre de lait ............................ 40 200 tonnes<br>Autres produits secs ..................... 15 800 tonnes<br>Tomme 40% M. G. ....................... 920 tonnes |
| COLLECTE DE LAIT<br>1984 (GROUPE) | 757 800 000 litres de lait |
| USINES<br>FILIALES | MALESTROIT (Morbihan, Bretagne): Fabrication<br>ANNECY (Haute-Savoie): Affinage, transformation,<br>                                          conditionnement<br>QUIMPER (Finistère, Bretagne): Fabrication<br>YFFINIAC (Côte-du-Nord, Bretagne): Fabrication<br>PARIS: Commercialisation<br>MILAN (Italie): Commercialisation<br>ANVERS (Belgique): Commercialisation |
| EFFECTIF (GROUPE) | 1493 collaborateurs |
| CHIFFRE D'AFFAIRES<br>1984 (GROUPE) | 2 116 025 000 |
| CHIFFRE D'AFFAIRES<br>EXPORT 1984<br>(GROUPE) | 591 227 000 (27% du chiffre d'affaires global) |
| REFERENCES<br>BANCAIRES | SOCIETE GENERALE — ANNECY<br>Compte n° 2.001676-6<br>CREDIT LYONNAIS — ANNECY<br>COMPTE n° 60.075.R<br>B.F.C.E.— PARIS<br>Compte n° 03946-5 |

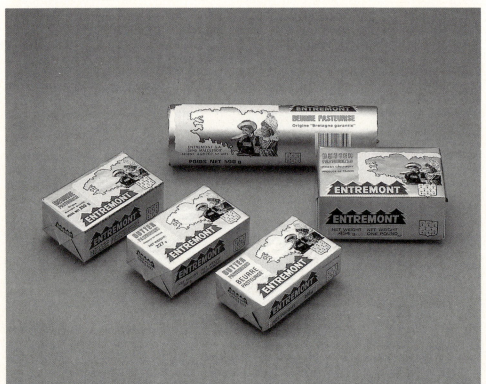

| Description | Spécification | Présentation consommateur | Contenance carton | | Poids brut | Dimensions carton (mm) | Conservation |
|---|---|---|---|---|---|---|---|
| | | | Nbre unité | Poids net | | | |
| **BEURRE PASTEURISÉ** Fabriqué en Bretagne. Emballé sous aluminium. Qualité A. | M.G. 82 % eau 16 % non gras 2 % maxi | Plaques 125 g 200 g 227 g 250 g 454 g Rouleaux 500 g | 80 pl 40 pl 40 pl 40 pl 20 pl 20 rlx | 10,000 kg 8,000 kg 9,080 kg 10,000 kg 9,080 kg 10,000 kg | 10,500 kg 8,600 kg 9,500 kg 10,500 kg 9,600 kg 10,500 kg | 330 × 235 × 180 335 × 235 × 165 335 × 235 × 165 330 × 235 × 180 400 × 265 × 120 300 × 225 × 235 | −14°C |

ENTREMONT S.A. - B.P. 29 - 74001 ANNECY - TEL 50 52 81 90 + - TELEX SEF 385063

**fig. F 2**

## 2.2 Présentation du produit (voir fig. F 2)

Les produits doivent être présentés sur une fiche technique. Cette fiche doit comprendre:
- une photographie ou une représentation schématique des produits,
- les caractéristiques techniques essentielles,
- le mode d'emballage et le conditionnement avec les poids nets, les poids bruts et les dimensions des emballages,
- les conditions de stockage,
- l'adresse de l'entreprise avec le numéro de téléphone, de téléscripteur et le cas échéant du télécopieur.

Chaque fiche technique doit se suffire à elle-même. L'acheteur doit y trouver le maximum de renseignements.

## 2.3 Les conditions commerciales

Les conditions commerciales générales du vendeur devraient faire partie d'un contrat international, encore faut-il qu'elles ne soient pas léonines[1]), et qu'elles puissent être appliquées dans le pays destinataire. Les conditions commerciales générales, lorsqu'elles ne sont pas reprises intégralement dans le contrat mais qu'elles font l'objet d'une clause particulière, doivent être connues de l'acheteur avant la réception de la marchandise, ou mieux encore avant la signature du contrat. Pour être connues de l'acheteur, il faut qu'elles puissent lui être compréhensibles, c'est-à-dire libellées dans la langue du pays. Le fait d'imprimer les conditions générales de vente au dos des factures est insuffisant, tout au moins pour la première livraison dans la mesure où on n'est pas à même de prouver que le destinataire de la marchandise a reçu la facture ou une copie de la facture avant la marchandise. Dans de nombreux cas, il y a lieu d'adapter les conditions générales de vente au droit du pays destinataire. C'est le cas de l'Allemagne Fédérale, où l'on peut considérer que le droit commercial protège le vendeur alors que le droit français protège l'acheteur.
Lorsque le vendeur n'a pas prévu de loi spécifique régissant le contrat, celle-ci est réglée par la Convention de la Haye de 1955.
On peut se référer, pour les conditions générales de vente, aux Clauses et Conditions Générales pour le Commerce (COGECO) établies avec la collaboration de la Chambre de Commerce et d'Industrie de Paris, Direction des Relations Internationales, 2, rue de Viarmes 75001 Paris et du Centre Français du Commerce Extérieur (CFCE), 10, avenue d'Iéna, 75016 Paris. Toutefois, cette Convention ne peut être retenue que dans la mesure où les parties contractantes s'y réfèrent expressément. Les COGECO sont souvent trop générales, mais elles peuvent servir d'excellente base pour l'établissement d'un contrat de vente particulier.
Lorsque les conditions commerciales du vendeur et celles de l'acheteur diffèrent, celles du vendeur prévalent, à moins que l'acheteur ait exprimé par écrit son désaccord.

## 2.4 Le tarif

Alors qu'il est usuel en Allemagne Fédérale de ne disposer que d'un seul tarif de base auquel on applique des remises quantitatives quelle que soit la fonction de l'acheteur, il faut disposer en France d'un tarif différent si l'on s'adresse à un grossiste, à un demi-grossiste ou à un détaillant, indépendamment des quantités qu'il commande.
En Allemagne Fédérale, on peut accorder un escompte de 2 à 3% pour les paiements effectués dans les 10 jours après réception de la marchandise. Les paiements sont généralement nets à 30 jours. Les centrales d'achat peuvent réclamer des remises spéciales pouvant atteindre 2%. Dans la mesure où l'on désire travailler par l'intermédiaire d'un représentant, le montant de la commission doit être compris dans le prix. Lors des actions promotionnelles

---

[1]) Les conditions léonines: se dit des conditions où une personne se réserve tous les droits.

nécessaires pour améliorer la rotation des produits, on sollicite des remises de l'ordre de 10% sur le prix de gros en plus de la remise d'échantillons gratuits.

Lorsqu'on établit un tarif pour le marché français, il faut tenir compte du fait que les délais de paiement sont beaucoup plus longs que ceux généralement pratiqués en Allemagne Fédérale et que ceux-ci sont souvent effectués par traite, ce qui entraîne des frais bancaires supplémentaires. Le tarif doit être libellé dans la langue du pays du signataire et dans la mesure du possible dans sa monnaie. Le tarif doit être daté et il faut rappeler au bas de ce document que les conditions commerciales de l'entreprise s'appliquent au tarif.

# 3. Exercices

## 3.1 Compréhension et commentaires

1. Pourquoi la documentation commerciale est-elle importante?
2. Comment doit se présenter une entreprise dans son ensemble?
3. Que doit comporter une fiche technique?
4. Quelles organisations sont responsables en France et en Allemagne Fédérale de la normalisation?
5. Comment des normes peuvent-elles être des entraves commerciales?
6. Dans quel domaine les normes françaises et allemandes connaissent-elles un premier rapprochement?
7. Dites de quelle façon doivent être formulées les conditions générales de vente et ce qu'on doit éviter?
8. Quelles conditions générales de vente doit-on choisir pour faire du commerce avec l'Allemagne Fédérale et pourquoi?
9. Comment s'appellent les clauses et les conditions générales pour le commerce établies par la Chambre de Commerce et d'Industrie de Paris et le Centre Français du Commerce Extérieur et à quoi servent-elles?

## 3.2 Dictée

### Les Conditions Générales pour le Commerce (COGECO)

Selon les conditions générales pour le commerce, les conditions particulières suivantes sont surtout à préciser dans le contrat de vente:

La date, les noms et adresses du vendeur et de l'acheteur, la désignation quantitative et qualitative et la détermination du prix du produit considéré et les conditions de paiement correspondantes. Il est aussi important, avant de fixer le prix, de connaître la date et le lieu de mise à disposition ou de livraison.

Il faut déterminer le mode de transport qui peut influencer la qualité des emballages. Finalement il faut préciser à qui revient la charge de frais d'assurance et des frais annexes.

Les COGECO reprennent aussi les INCOTERMS (International Commercial Terms) qui ont été définis de nouveau par la Chambre de Commerce Internationale (CCI) et le Centre Français du Commerce Extérieur (CFCE) à Paris en 1980.

Le mot code COGECO – 1980 dans un contrat commercial signifie qu'il fait référence aux règles et usages définis par ce texte.

Tiré de: COGECO, Compagnie des courtiers assermentés au tribunal de commerce de Paris, p. 3.

Compréhension et commentaires

1. Enumérez quelques principes du COGECO.
2. Pourquoi le mode de transport peut-il influencer les emballages?
3. Toutes les clauses COGECO doivent-elles figurer dans un contrat de vente?

## 3.3 Traductions

### 3.3.1 Version

## 1. Les normes françaises traduites en anglais

Un des principaux obstacles de la pénétration des normes françaises à l'étranger a longtemps été un problème de langue. Depuis trois ans, 4.000 normes françaises ont été traduites en anglais. Ces traductions ont été envoyées dans de nombreux organismes étrangers et ainsi, constituent un référentiel technique souvent pris en compte. Par exemple, le SISIR, institut de normalisation et de certification de Singapour délivre des certificats de conformité basés sur les normes françaises en anglais.

> Extrait de: L'utilisation des normes françaises et
> internationales sur les marchés d'exportation
> Alain Duran, Norex, 1er juillet 1985.

### Compréhension et commentaires

1. Recherchez une autre expression pour la «pénétration des normes françaises à l'étranger».
2. Pourquoi est-il important de traduire les normes françaises en langue anglaise?
3. Que signifie «certificat de conformité»?

## 2. Fiches techniques

Les centrales d'achat déterminent plusieurs fois par an les rayons dont il faut améliorer la rentabilité et parfois la liste des produits à remplacer. Il y a donc un besoin permanent de produits nouveaux, mais les décisions de recherche peuvent avoir lieu plusieurs mois après les offres effectuées aux centrales d'achat. C'est pourquoi, afin de pouvoir retrouver les produits lors des besoins, comme il n'est pas possible de disposer en permanence d'échantillons, il faut laisser aux acheteurs, par produit ou par groupe de produits des fiches techniques libellées en langue allemande et comprenant des photographies en couleur. Les fiches techniques, de format A 4 de préférence, seront classées soigneusement par les acheteurs. Il ne faut pas oublier de faire figurer au bas de ces documents l'adresse de l'entreprise et ses numéros de téléphone et de téléscripteur.

### Compréhension et commentaires

1. Pour quelles raisons est-il important d'effectuer des fiches techniques?
2. A quels points doit-on faire particulièrement attention lors de l'établissement des fiches techniques?

### 3.3.2 Thème

## Der Abbau von Handelshemmnissen

Zur Erleichterung des Warenaustausches werden weltweit im Rahmen des GATT, im Verhältnis zwischen Europa, dem pazifischen Raum und Nordamerika mittels der OECD und im europäischen Rahmen durch die europäischen Gemeinschaften große Anstrengungen unternommen. Obwohl – vor allem im Bereich der EG – bereits begrüßenswerte Fortschritte erzielt wurden, sind weitere Bemühungen erforderlich, um dem Ziel der Beseitigung von Handelshemmnissen näherzukommen. Die Bundesrepublik Deutschland und Frankreich wirken in den internationalen Organisationen an der Verwirklichung dieses Zieles mit. Sie haben sich zusätzlich entschlossen, durch bilaterale Vereinbarungen Handelshemmnisse zwischen Ländern kurzfristig zu beseitigen und damit Impulse für die multilaterale Zusammenarbeit zu geben. Um diese Arbeiten zum Erfolg zu führen, müssen – vor allem wegen der unterschiedlichen nationalen Rechtsvorschriften – erhebliche Hürden überwunden werden. Nach mehr als einjährigen Verhandlungen sind erste konkrete Maßnahmen ergriffen worden. Weitere Fortschritte zeichnen sich ab. Die deutsch-französischen Verhandlungen zur Erleichterung des Warenaustausches und ihre Ergebnisse können nur vor dem Hintergrund des Vertrages zur Gründung der Europäischen Wirtschaftsgemeinschaft und des Verhältnisses der nationalen sicherheitstechnischen Vorschriften zueinander verstanden werden.

Quelle: Dr. Ing. Ulrich Becker, Bonn, Gerätesicherheit – Fortschritte durch Vertrauen, DIN-Mitteilungen 64, 1984, Nr. 4, Seite 150.

## 3.4 Pratique de communication

1. Inventez le dialogue suivant au téléphone: Appelez le CFCE – le Centre Français du Commerce Extérieur (10, avenue d'Iéna, 75016 Paris, Tél. 723.61.23) et demandez au service juridique qu'on vous envoie un exemplaire de la brochure «COGECO».
2. Ecrivez une lettre à la CCI – la Chambre de Commerce Internationale à Paris (38, Cours Albert 1er, 75008 Paris, Tél. 562.34.56) et demandez qu'on vous adresse un exemplaire des «INCOTERMS–1980».
3. Un correspondant allemand vous demande de lui dire en quelques mots où il doit s'adresser en Allemagne Fédérale et en France pour trouver un partenaire commercial en France.
4. Appelez l'AFNOR – l'Association Française de Normalisation à Paris (Tour Europe Cedex 7, 92080 Paris la Défense, Tél. 778.12.26) et demandez s'il existe des normes françaises pour le papier à lettre (p.ex. format, force du papier etc.).

## 4. Lexique: Travaux préliminaires à une vente

**Problèmes de la conformité du produit avec les normes techniques et commerciales des marchés extérieurs**

préliminaire   vorbereitend, vorangehend
la **conformité du produit**   Produkt-Übereinstimmung, Produktkonformität
l'**entrave (f)**   Schranke, Hemmnis
l'**entrave douanière**   Zollschranke, Handelshemmnis
**supprimer**   abbauen, verringern
le **passage des marchandises à la frontière**   grenzüberschreitender Warenverkehr
**simplifier**   vereinfachen
la **clause technique de sécurité**   technische Sicherheitsvorschrift
l'**Association Française de Normalisation (AFNOR)**   Französische Normungsorganisation
**mettre au point**   hier: verfassen
**considérer qc. comme obligatoire**   etwas als bindend, verbindlich ansehen
l'**organisation (f) patronale**   Arbeitgeberorganisation
**en collaboration avec qn.**   in Zusammenarbeit mit jdm.
le **syndicat**   Gewerkschaft
**être défini par**   bestimmt werden, festgelegt werden
le **déséquilibre**   Ungleichgewicht
**s'avérer**   sich bestätigen, sich erweisen als
la **législation**   Gesetzgebung
**dater**   herstammen, datieren
l'**ingrédient (m)**   Ingredienz, Zutat
**économique**   billig, preiswert
la **prescription administrative**   Verwaltungsvorschrift
la **prescription sanitaire**   Gesundheitsvorschrift
la **prescription de sécurité**   Sicherheitsvorschrift
**respecter qc.**   etwas beachten
le **pays importateur**   Importland
les **produits animaux (m)**   tierische Produkte
le **certificat vétérinaire**   Veterinärzeugnis, tierärztliche Bescheinigung
**assumer qc.**   etwas auf sich nehmen
le **dommage**   Schaden

les **normes (f) de sécurité**   Sicherheitsvorschriften, Sicherheitsnormen
**en vigueur**   in Kraft, gültig
le **contrôle de sécurité**   Sicherheitskontrolle
**avoir lieu**   stattfinden
**au plus haut niveau gouvernemental**   auf höchster Regierungsebene
le **rapprochement**   Annäherung
les **normes de sécurité pour les appareils**   Sicherheitsvorschriften für Geräte
la **négociation**   Verhandlung
**enregistrer**   verzeichnen
la **reconnaissance**   Anerkennung
le **ministre français de l'industrie**   französischer Industrieminister
**rendre qc. obligatoire**   etwas für verbindlich erklären
**devenir impératif**   zwingend werden
le **premier pas**   erster Schritt
**caché, e**   versteckt, heimlich

## Documents commerciaux

la **sélection**   Wahl, Auswahl
**juridique**   juristisch
**appartenir (à qn.)**   gebühren, Aufgabe sein von jmd.
**faciliter**   erleichtern
**indispensable**   unerläßlich
**libeller**   abfassen, formulieren
les **conditions générales de vente**   allgemeine Verkaufsbedingungen
le **tarif**   Tarif, Preis
la **forme juridique de la société**   Gesellschaftsform
le **montant du capital social**   eingetragenes Gesellschaftskapital
la **capacité de production**   Produktionskapazität
les **personnes employées**   Mitarbeiter
le **chiffre d'affaires**   Umsatz
la **relation bancaire**   Bankverbindung
la **fiche technique**   Produktunterlagen

**la représentation schématique** schematische Darstellung
**la caractéristique technique** technisches Merkmal, Kennzeichen
**essentiel, le** wesentlich
**le mode d'emballage** Verpackungsart
**le conditionnement** Aufmachung
**le poids net/brut** Netto-, Bruttogewicht
**les conditions de stockage** Lagerungsbedingungen, Lagerbedingungen
**se suffire à soi-même** sich selbst genügen
**le contrat international** internationaler Vertrag
**léonin, e** ungerecht, einseitig
**le pays destinataire** Bestimmungsland
**intégralement** vollständig
**la clause particulière** Sonderbedingung, Sonderklausel
**la signature** Unterschrift
**compréhensible** verständlich
**libellé** abgefaßt
**le fait** Tatsache
**au dos** auf der Rückseite
**tout au moins** wenigstens, mindestens
**la copie de la facture** Rechnungsdurchschlag
**il y a lieu de** man hat Grund, zu . . .
**adapter** anpassen
**protéger qn.** jmd. beschützen
**alors que** während
**davantage** mehr
**la collaboration** Zusammenarbeit
**toutefois** dennoch, gleichwohl
**les parties contractantes** vertragschließende Parteien
**se référer à qc.** sich beziehen auf
**expressément** ausdrücklich
**le contrat de vente** Kaufvertrag
**prévaloir** maßgebend sein
**à moins que** wenn nicht, außer wenn
**exprimer son désaccord** seine Zustimmung versagen, seine Ablehnung mitteilen
**il est usuel** es ist üblich
**le tarif de base** Listenpreis
**appliquer** anwenden
**la remise quantitative** Mengenrabatt
**le grossiste** Großhändler
**le demi-grossiste** existiert nicht in Deutschland, bedeutet Zwischengroßhändler
**le détaillant** der Einzelhändler
**indépendamment** unabhängig

**l'escompte (m)** Skonto
**la centrale d'achat** Einkaufszentrale
**la remise spéciale** Sondernachlaß
**par l'intermédiaire de** durch die Vermittlung von
**la commission** Provision
**l'action promotionnelle** Verkaufsförderung
**améliorer la rotation des produits** Umschlagshäufigkeit der Produkte erhöhen
**le prix de gros** Großhandelspreis
**l'échantillon (m)** Probe, Muster
**le délai de paiement** Zahlungsfrist
**la traite** Tratte (gezogener Wechsel)
**entraîner** mit sich bringen
**les frais bancaires** Bankgebühren
**la désignation quantitative** mengenmäßige Bestimmung
**la désignation qualitative** qualitative Bestimmung
**la détermination du prix** Preisbestimmung
**les conditions de paiement** Zahlungsbedingungen
**la mise à disposition** Zurverfügungstellung
**le lieu** Ort
**le mode de transport** Transportart
**l'emballage (m)** Verpackung
**la charge** hier: Verpflichtung, Obliegenheit
**les frais d'assurance** Versicherungskosten
**les frais annexes** Zusatzkosten
**le mot code** Kodewort
**faire référence à qc.** sich auf etw. beziehen
**l'usage (m)** Gebrauch
**l'obstacle (m)** Hindernis
**la pénétration** Eindringung, hier: Verbreitung
**constituer** bilden
**le référentiel technique** technischer Hinweis, technische Unterlagen
**prendre qc. en compte** etw. berücksichtigen
**délivrer** ausstellen
**le certificat de conformité** Konformitätszeugnis
**déterminer** bestimmen, ermitteln
**le rayon** Abteilung
**améliorer** verbessern
**la rentabilité** Rentabilität

**remplacer qc.**   etwas ersetzen
**la décision de recherche**   Nachfrage-
entscheidung
**lors des besoins**   bei Bedarf
**la suppression**   Abbau
**au niveau mondial**   weltweit
**le GATT**   General Agreement on Tariffs
and Trade, Allgemeines Zoll- und Handels-
abkommen
**les progrès substantiels, appréciables**
begrüßenswerte Fortschritte

**œuvrer**   mitwirken
**les accords bilatéraux**   bilaterale
Verträge
**l'impulsion (f)**   Impuls, Anstoß
**la coopération multilatérale**   multilaterale Zusammenarbeit
**mener qc. à bien; conduire qc. au succès**
eine Sache zum Erfolg führen
**la législation**   Rechtsvorschrift
**les négociations (f)**   Verhandlungen
**être en vue; se dessiner**   sich abzeichnen

# G La demande d'offre

## 1. La recherche de partenaires commerciaux sur le marché intérieur

Avant d'acheter une marchandise, l'acheteur doit prendre en considération les points suivants:
- Que doit-il acheter?
- Quelle quantité?
- Quand doit-il acheter?
- A quel prix?
- Et finalement où doit-il acheter?

Pour répondre à ces dernières questions, l'acheteur consulte des documents en sa possession. Dans un fichier d'approvisionnement sont repris les fiches des fournisseurs et celles des produits.

## 1.1 Le fichier «fournisseurs»

Dans le fichier «fournisseurs» on trouve le nom et l'adresse de chaque fournisseur avec la liste des produits qu'il peut fournir, des renseignements sur l'entreprise, sa capacité de livraison (capacité de production, promptitude et exactitude dans les rapports d'affaires), renseignements sur les échanges réciproques, le nom du vendeur principal, les conditions générales de vente, le chiffre d'affaires effectué avec l'entreprise, un résumé des affaires traitées. Les fiches sont généralement classées par ordre alphabétique.

## 1.2 Le fichier «produits»

Le fichier «produits» donne des renseignements sur tous les fournisseurs d'un produit donné:
- offres recueillies auprès de différents fournisseurs
- données sur le numéro de la commande, des offres, des prix
- conditions de livraison et paiement
- délais de livraison.

Les fiches sont classées par famille de produits ou par ordre alphabétique.
Les informations provenant des fichiers internes peuvent être souvent complétées par des informations extérieures. Un acheteur doit toujours rechercher de nouveaux fournisseurs, capables de lui livrer des produits dans de meilleures conditions.

On peut citer comme source de renseignements:
- les annuaires généraux[1]
- l'annuaire du téléphone par professions
- les circulaires publicitaires
- les représentants de commerce
- les prospectus
- la visite des grandes foires internationales et collection des catalogues
- la visite des expositions spécialisées et collection des catalogues
- les revues techniques et professionnelles
- les banques de données[2]

---

[1] p.ex.: Francexport, Répertoire Français Commerce Extérieur, Bottin Professions, L'Allemagne fournit – Deutschland liefert, Kompass France, Der Industrie-Kompass Deutschland, Der Große Hartmann, a.b.c. Europ Production, a.b.c. der deutschen Wirtschaft, etc.

[2] La banque de données «Francexport» peut fournir p.ex. des listes d'exportateurs ou d'importateurs français par pays d'exportation, produit, département, groupe d'entreprises, etc.

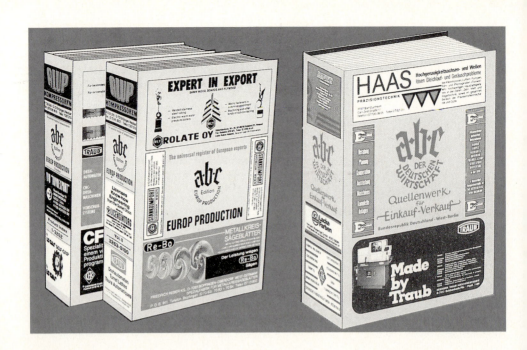

| | |
|---|---|
| **Tome 1**<br>**Produits**<br>**et**<br>**Services**<br>Sections 01 à 36<br><br><br><br><br><br>**KOMPASS**<br>France<br>53ᵉ Édition - 1987<br><br>Édité par S.N.E.I. - 22, avenue F.-D.-Roosevelt, 75008 Paris - Tél.: (1) 43 59 37 59 + | Répertoire Général<br>de la Production<br>Française<br><br>Register of Industry,<br>Commerce and<br>Services of France<br><br>Informationswerk für<br>die Wirtschaft<br>Frankreichs<br><br>Repertorio General<br>de la Economia<br>de la Francia<br><br> |

| | |
|---|---|
| Informationswerk<br>über ausgewählte<br>deutsche Firmen<br><br>Register<br>of selected German<br>Industry and Commerce<br><br>Répertoire Général<br>de l'Economie<br>allemande sélectionnée<br><br>Repertorio Generale<br>dell'Economia<br>tedesca scelto<br><br>15. Ausgabe 1987/88     BAND<br>                       VOLUME **1** | |

Kompass Deutschland
Verlags- u. Vertriebsges. mbH
Wilhelmstrasse 1, P.O. Box 964
D-7800 Freiburg
Tel. 0761/3 13 31* · Tx: 7 721458     ISSN 0930–5017

**fig. G 1**

# 2. La recherche de partenaires commerciaux sur le marché extérieur

## 2.1 En Allemagne Fédérale (voir fig. G 2)

### 2.1.1 La recherche d'acheteurs

Si une entreprise française cherche un partenaire pour lui vendre des produits ou bien a besoin de renseignements sur le marché allemand, elle peut recueillir les premières informations auprès du Centre Français du Commerce Extérieur (CFCE) dont les correspondants régionaux sont les Directeurs Régionaux du Commerce Extérieur (DRCE) et les Chambres de Commerce et d'Industrie (CCI). Elle peut aussi s'adresser à sa banque. Le CFCE peut fournir des renseignements de notoriété sur les entreprises allemandes et les banques des renseignements financiers. Toutefois il faut signaler que les renseignements bancaires uniquement peuvent être insuffisants, car il existe en commerce international des entreprises qui disposent d'une excellente couverture financière mais qui sont bien connues pour être de mauvaise foi et qui recherchent des partenaires non rodés au commerce international pour en faire leurs victimes.

### 2.1.2 Les Postes d'Expansion Economique (PEE)

Une entreprise française peut obtenir des renseignements plus détaillés et complémentaires auprès des Postes d'Expansion Economique (PEE) de Cologne[1]), Berlin, Francfort, Munich, Hambourg, Stuttgart, Sarrebruck ou Bonn. Pour la plupart des produits, la centrale est située à Cologne. Les PEE sont dirigés par des conseillers commerciaux ou des attachés commerciaux dépendant d'un ministre plénipotentiaire [2]) situé près l'de Ambassade de France à Bonn. Le PEE de Cologne dispose d'un service industriel, d'un service agricole, d'un service des normes et d'un centre de documentation. Parmi les tâches d'assistance aux entreprises on peut noter:
- la fourniture d'informations détaillées sur le marché allemand
- les études de marché
- la mise au point de documents commerciaux
- la recherche de partenaires
- l'intervention en cas de litiges.

### 2.1.3 La Chambre Officielle Franco-Allemande de Commerce et d'Industrie (COFACI) (voir aussi page 152)

La COFACI offre les services suivants:
- organisation des prospections sur l'ensemble de la R.F.A., actions d'échantillonnage, routage et enquêtes téléphoniques
- conseils en normes (renseignements sur l'existence de normes applicables aux produits des firmes françaises en R.F.A., effectuer un devis pour une homologation, faire homologuer des produits français (voir aussi page 135)
- adaptation de documentations et prospectus français pour une utilisation en R.F.A., réalisation de fiches techniques en allemand (voir aussi page 136)
- traductions
- promotions sur des foires et expositions
- marketing et relations publiques, campagnes publicitaires, organisation de conférences de presse etc.

---

[1]) Consulat Général de France, Französische Handelsdelegation
[2]) = Gesandter; Il est responsable des questions économiques

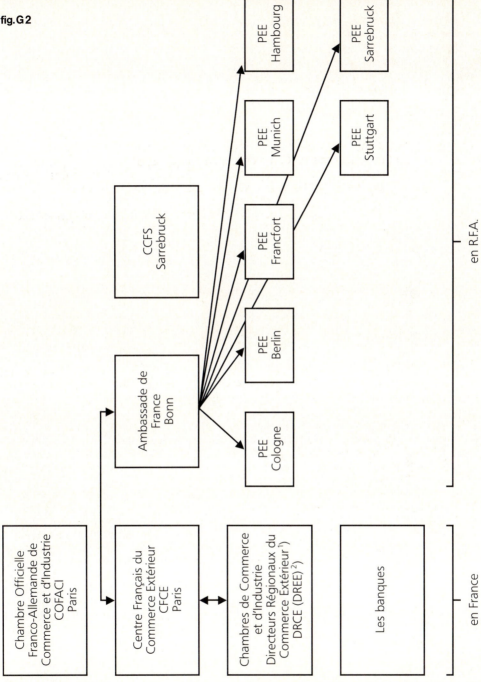

fig. G 2

1) Les directeurs régionaux du commerce extérieur (DRCE) sont soit des attachés commerciaux, soit des conseillers commerciaux ayant travaillé à l'étranger.
2) DREE, 41, quai Branly, F 75007 Paris, Tel. 550.71.11. – La Direction des Relations Economiques Extérieures dont dépendent les DRCE.

- la COFACI offre à l'exportateur français différentes formules d'appui logistique et d'implantation
- conseil juridique et fiscal, renseignements de notoriété, recouvrement de créances, recherche d'investisseurs et de partenaires etc.
- récupération de la T.V.A. allemande pour des entreprises non implantées en R.F.A. en collaboration avec la CCFA.

(Extrait d'un prospectus de la COFACI)

### 2.1.4 La Chambre de Commerce et d'Industrie Française en Allemagne (CCFA)

Une autre chambre de commerce située en Allemagne Fédérale aide elle aussi les entreprises françaises. Il s'agit de la Chambre de Commerce et d'Industrie Française en Allemagne (CCFA), (Postfach 695, D-6600 Saarbrücken). Elle offre les services suivants:
- constitution de bureaux de vente pour lesquels elle assurera tout le suivi administratif:
- réception de commandes
- gestion de stock
- facturation et encaissements
- l'animation du réseau commercial par ses directeurs commerciaux à temps partiel
- le marketing téléphonique, permettant des enquêtes rapides et précises
- la prise de rendez-vous téléphonique ou la relance de mailing (publi-postage) etc.

## 2.2 En France (voir fig. G 3)

### 2.2.1 La Bundesstelle für Außenhandelsinformation (BfAI)

Si une entreprise allemande recherche un partenaire ou a besoin de renseignements sur le marché français, elle s'adresse d'abord à la «Bundesstelle für Außenhandelsinformation» (BfAI), Postfach 10 80 07, Blaubach 13, D-5000 Köln 1, Tel. 02 21/2 05 71. Cet organisme, fondé en 1951, dépend du Ministère Fédéral de l'Economie. Il joue un rôle semblable au CFCE à Paris, mais il ne dispose pas de bureau en France semblable aux Postes d'Expansion Economiques. La BfAI a pour mission de fournir des informations économiques sur les autres pays et naturellement sur la France, de nouer des contacts afin de rassembler les informations nécessaires et de les exploiter. Parmi les sources d'information du BfAI, il faut noter les services économiques de l'Ambassade de la R.F.A. à Paris, les cinq consulats généraux et les 13 consulats de la R.F.A. en France.

La BfAI donne des informations générales sur la situation économique en France et le développement économique de certains secteurs, des conseils pour aborder certains marchés, dans le cas présent naturellement le marché français, informe sur les pratiques commerciales, les débouchés et les sources d'approvisionnement, fournit des renseignements douaniers, juridiques, des renseignements sur les foires, les expositions etc.

Signalons enfin qu'il existe un service commercial qui établit des contacts aboutissant directement à des affaires. Les questions pourraient être: qui produit?, qui livre?, qui prend la représentation?, qui cherche une représentation?, quelles possibilités de coopération existe-il?

### 2.2.2 La Chambre Officielle Franco-Allemande du Commerce et d'Industrie (COFACI) à Paris

A côté de la BfAI, il y a en Allemagne Fédérale la CCFA, bureau de Sarrebruck et son correspondant la COFACI à Paris (AHK). Les services qu'offre la COFACI à Paris sont semblables à ceux offerts en Allemagne Fédérale, par la CCFA.

Il est intéressant de noter que la COFACI a fondé à Paris l'EFACI, l'Ecole Franco-Allemande de Commerce et d'Industrie, 2 bis, Avenue Foch, 94160 Saint Mandé.
Cette école forme après le baccalauréat des cadres commerciaux français et allemands selon le système allemand de formation professionnelle.
D'autre part la COFACI prépare à l'examen d'allemand commercial (EAC) qui est très apprécié. Il est garant d'une bonne connaissance de l'allemand commercial et de l'activité commerciale franco-allemande.

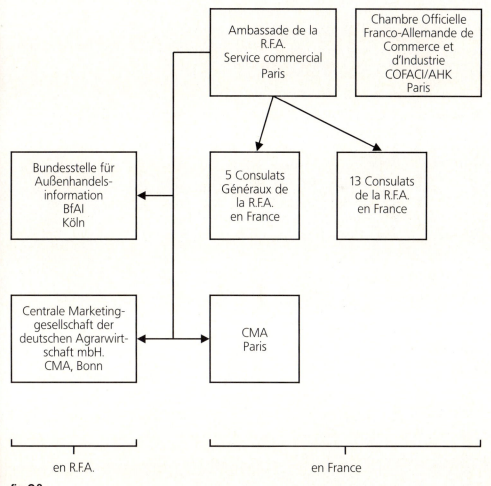

fig. G 3

### 2.2.3 La Centrale Marketinggesellschaft der deutschen Agrarwirtschaft (CMA)

La CMA, contrairement à la Société pour l'Expansion des Ventes de Produits Agro-Alimentaires (SOPEXA)[1], Sternstraße 58, 4000 Düsseldorf 1, Tel. 02 11/49 80 80, qui n'effectue que de la publicité et de la promotion des ventes pour les produits agro-alimentaires français, peut trouver des correspondants en France pour les exportations allemandes de produits agricoles, forestiers et alimentaires. La CMA aide les exportateurs allemands à vendre leurs produits en France. En plus elle fournit de nombreuses informations juridiques, vétérinaires, douanières ou sur les problèmes de devises. Elle organise des expositions, des bourses. Elle participe aux grandes foires p.ex. le SIAL[2] à Paris. La CMA dispose de bureaux dans de nombreux pays, dont un à Paris.

# 3. La documentation antérieure à la commande

Pour savoir ce qu'un fournisseur peut livrer et à quelles conditions, il faut entrer en relations avec lui. Il y a différents types de demandes qui sont juridiquement sans engagement.

## 3.1 La demande d'offre générale

On l'appelle aussi la demande d'information. Pour connaître un fournisseur et ses produits, on lui demande d'envoyer un catalogue, des échantillons et son tarif.

## 3.2 La demande d'offre spéciale

On désire avoir une offre pour une pièce ou un produit particulier (p.ex. on désire une offre pour dix mille feuilles de papier pour machine à écrire selon modèle joint.)

## 3.3 L'appel d'offre

On peut considérer l'appel d'offre comme une demande spécifique. Dans ce cas on ne s'adresse pas à un seul fournisseur, mais à plusieurs en même temps. L'appel d'offre peut être envoyé par lettre circulaire ou être porté à la connaissance des fournisseurs par annonce dans un journal spécialisé ou un quotidien. Parfois les Chambres de Commerce, les banques et les Consulats diffusent des appels d'offre. Les entreprises intéressées doivent demander «les cahiers des charges» qui, pour les grands projets, peuvent être volumineux et remis contre paiement. Les appels d'offre sont généralement lancés par les Etats et les grandes entreprises. Ce procédé est surtout employé lorsqu'il s'agit de fournir des biens et des services pour lesquels il n'y a pas de prix de marché.

# 4. Exercices

## 4.1 Compréhension et Commentaires

1. Que trouve-t-on dans les fiches «fournisseurs»?
2. Quels renseignements fournit à l'acheteur le fichier «produit»?
3. Comment nomme-t-on les fichiers qui donnent des renseignements aussi bien sur les fournisseurs que sur les produits?

---

[1] SOPEXA = Förderungsgemeinschaft für Französische Landwirtschaftserzeugnisse
[2] SIAL = Salon International de l'Alimentation

4. Nommez quelques annuaires qui donnent des renseignements sur les partenaires commerciaux et leurs produits?
5. Quels autres moyens existe-t-il d'obtenir des renseignements?
6. Expliquez à qui peut s'adresser une entreprise française pour trouver un partenaire en Allemagne Fédérale?
7. Comment travaillent les PEE en Allemagne Fédérale?
8. Nommez brièvement les tâches de la COFACI.
9. Quels services offre la CCFA?
10. Expliquez à qui peut s'adresser une entreprise allemande pour trouver un correspondant en France.
11. Quelles sont les tâches de la BfAI à Cologne?
12. Comment travaille la COFACI à Paris et quelle école a-t-elle fondée?
13. Enumérez les tâches de la CMA.
14. Quelle différence y a-t-il entre la demande d'offre et l'appel d'offre?

## 4.2 Dictée

## L'assistance COFACI à la prospection du marché allemand

La prospection proprement dite se décompose en trois phases:

### a) Publi-postage (ou mailing)
Par un courrier sur papier à en-tête de notre Chambre, nous présenterons votre entreprise et demanderons aux destinataires de nous faire connaître leur intérêt pour vos produits et également de nous faire savoir s'ils sont prêts à vous recevoir. Une documentation sur vos produits sera jointe, si possible en allemand.

### b) Sondage téléphonique
Entre 10 et 15 jours après l'envoi du publi-postage, nous contacterons par téléphone les entreprises n'ayant pas répondu. Nous les questionnerons sur:
- l'intérêt que présentent vos produits pour elles-mêmes ou pour d'autres opérateurs éventuels qu'elles pourraient nous recommander.
- les raisons de leur éventuel désintérêt.

Enfin nous argumenterons en faveur de vos produits et relèverons les éléments auxquels nos interlocuteurs sont les plus sensibles.

### c) Programme de rendez-vous
Après une première synthèse de l'action décrite ci-dessus, nous établirons un programme de rendez-vous à votre intention pendant trois jours environ et nous vous accompagnerons à ces rendez-vous de manière à:
- assurer l'interprétariat pendant les entretiens
- établir le relais avec l'acheteur après votre passage.

Extrait d'un prospectus de la COFACI, Düsseldorf 1985

### Compréhension et commentaires

1. Enumérez en quelques mots les moyens de prospection offerts par la COFACI.
2. Comment fonctionne un sondage téléphonique?
3. Quels sont les deux services spéciaux offerts par la COFACI à côté de la prise de rendez-vous?

## 4.3 Traductions

### 4.3.1 Version

## 1) Une tâche d'assistance aux entreprises: L'information

a) L'information générale sur le marché allemand (réglementations, conjoncture) fait l'objet d'analyses élaborées principalement par le poste de Bonn et occasionnellement par le poste de Cologne. Elle est diffusée par l'intermédiaire du CFCE sous forme de documents périodiquement mis à jour.

b) L'information sur le produit est traitée à Cologne et parfois dans les autres postes régionaux. Elle concerne la demande du produit, les circuits de commercialisation, les méthodes et souvent les pratiques de la concurrence. Cette information porte sur les données sectorielles (exemple: le marché des matériels d'équipement ménager, le marché du champignon) ou individuelles (marché d'un produit précis intéressant une entreprise).

c) Comment se procurer l'information? L'entreprise peut se procurer l'information soit directement en écrivant au poste ou lors d'une visite au poste commercial, soit indirectement auprès des organismes auxquels l'information est diffusée. Ce sont en R.F.A. les Postes d'Expansion Economique (PEE) et en France, les administrations, notamment le CFCE, les conseillers commerciaux en province, certaines Chambres de Commerce particulièrement intéressées par la R.F.A., certaines organisations professionnelles qui acceptent d'assurer une rediffusion et finalement certaines sociétés privées (banques, sociétés de conseil etc.).

Extrait d'un prospectus du PEE à Cologne

### Compréhension et Commentaires

1. Quels sont les types d'information qu'offrent les PEE aux entreprises françaises?
2. Quelles informations figurent sur les fiches techniques?
3. Où une entreprise française peut-elle se procurer des informations sur le marché allemand?

## 2) Vient de paraître: «La pratique du marché allemand»

Il s'agit d'un mémento commercial, juridique et fiscal, à l'usage des entreprises françaises, réalisé en collaboration par la Société Générale Alsacienne de Banque (Sogénal), la Chambre Officielle Franco-Allemande de Commerce et d'Industrie et deux avocats. 160 pages et 29 annexes de tableaux et formulaires administratifs. Prix 100,– F.

Présentation claire des sujets suivants: marché, aides à l'exportation, vente en R.F.A., établissement stable, filiale, formalités et coûts de constitution d'une société, pouvoirs et situation des dirigeants sociaux, cadres, employés, associés, réductions de capital et liquidation. S'adresser à: Sogébank, 6000 Francfort ou à la CCFA, Sarrebruck.

### Compréhension et commentaires

1. Commentez le terme «mémento».
2. Qui a édité le livre «La pratique du marché allemand»?
3. Quels sont les principaux sujets du livre?

## 4.3.2 Thème

### Wollen Sie (besser) importieren?

Freier Welthandel und internationale Arbeitsteilung schließen „Einbahnstraßen" aus. Wir importieren nicht nur, weil viele Güter nur im Ausland verfügbar sind. Vieles wird draußen auch günstiger angeboten – sei es durch Kostenvorteile, sei es durch Vorteile qualitativer Art.
Der Blick über die Grenzen lohnt sich also auch für die Einkaufsabteilungen fast aller Unternehmen. Was für Großunternehmen eine Selbstverständlichkeit ist, muß von manchen kleineren und auch mittleren Unternehmen erst noch entdeckt werden. Das alte Wort vom Segen des Geschäfts, der im Einkauf liegt, hat seine Wahrheit nicht nur behalten, sondern neue, weltweite Dimensionen angenommen. Durch die Wahrnehmung von günstigen Liefer- und Leistungsangeboten aus dem Ausland lassen sich unter Umständen beträchtliche Kosten- und Leistungsvorsprünge erzielen und möglicherweise neue Ideen für die eigene Geschäftspolitik.
Hinweise auf Importmöglichkeiten finden sich in den „Nachrichten für Außenhandel" (NfA) der Bundesstelle für Außenhandelsinformation (BfAI), vor allem aber auch in den ihnen wöchentlich beiliegenden Sonderdrucken „Auslands-Anfragen", in denen eine umfangreiche Rubrik den Lieferangeboten des Auslands gewidmet ist.

Extrait de: Informationen über die Märkte der Welt, Seite 20,<br>BfAI, Köln (o. Jahresangabe)

## 4.4 Pratique de communication

1. Ecrivez une demande d'offre générale à la société Lebars & Cie, 41, rue Diderot, F 38 000 Grenoble et demandez lui de vous envoyer le nouveau catalogue, des échantillons et la liste de prix. Vous avez obtenu l'adresse de l'entreprise par un de vos correspondants.
2. Appelez la société Dubois à Paris et inventez le dialogue téléphonique suivant: Demandez au directeur commercial de vous envoyer une fiche de présentation de son entreprise ainsi que les fiches techniques pour les produits suivants: appareils électroménagers et rasoirs électriques. Demandez aussi les conditions générales de vente et le tarif.
3. En vous référant à l'appel d'offre de la ville de Rouen parue dans «Le Monde» du . . ., pour la fourniture des autobus destinés au réseau urbain, faites savoir que vous êtes intéressé et demandez les conditions pour pouvoir participer à cet appel d'offre. Joignez à votre courrier une plaquette de présentation de votre société.
4. Inventez le dialogue téléphonique suivant: Appelez l'EFACI à Paris (voir page 153) et demandez les buts et les conditions d'admission à cette école. Demandez qu'on vous adresse un prospectus.

## 5. Lexique: La demande d'offre

**La recherche de partenaires commerciaux sur le marché intérieur**

**consulter** zu Rate ziehen, befragen
**le fichier d'approvisionnement** Bezugsquellenkartei
**le fichier «fournisseurs»** Lieferantenkartei
**la capacité de livraison** Lieferkapazität
**la capacité de production** Produktionskapazität
**la promptitude** Schnelligkeit, Geschwindigkeit
**l'exactitude (f)** Genauigkeit
**les rapports (m) d'affaires** Geschäftsbeziehungen
**réciproque** gegenseitig
**le vendeur principal** Verkaufsleiter
**les conditions générales de vente** allgemeine Verkaufsbedingungen
**le chiffre d'affaires** Umsatz
**le résumé des affaires traitées** Übersicht über die getätigten Geschäfte
**le fichier «produits»** Warenkartei
**le numéro de la commande** Bestellnummer
**la condition de livraison** Lieferbedingung
**la condition de paiement** Zahlungsbedingung
**le délai de livraison** Lieferfrist
**la famille de produits** Produktgruppe
**l'annuaire général (m)** Quellenwerk, Firmenregister, Wirtschaftsnachschlagewerk
**l'annuaire du téléphone par professions** Telefonbuch (nach Berufen geordnet)
**la lettre circulaire publicitaire** Werbebrief
**le représentant de commerce** Handelsvertreter
**le prospectus** Prospekt
**la foire internationale** internationale Messe
**l'exposition spécialisée** Fachmesse
**la revue technique, la revue professionnelle** Fachzeitschrift
**la banque de données** Datenbank

### La recherche d'acheteurs

**recueillir** sammeln
**le Centre Français du Commerce Extérieur (CFCE)** französisches Amt für Außenhandel
**le correspondant régional** Regionalbeauftragter
**le renseignement de notoriété** Firmenauskunft
**la couverture financière** finanzielle Deckung
**être de mauvaise foi** unehrlich sein
**non rodé** unerfahren
**la victime** Opfer
**les Postes (m) d'Expansion Economique (PEE)** Handelsdelegation
**le conseiller commercial** Handelsrat
**l'attaché commercial** Handelsattaché
**le ministre plénipotentiaire** Gesandter
**l'Ambassade de France** Französische Botschaft
**le service industriel** Industrieabteilung
**le service agricole** Landwirtschaftsabteilung
**le service des normes** Normungsabteilung
**le centre de documentation** Dokumentationsabteilung
**la tâche d'assistance** Unterstützungsaufgabe
**l'étude (f) de marché** Marktuntersuchung
**la mise au point** Anpassung
**les documents commerciaux** kaufmännische Unterlagen
**la recherche de partenaires** Suche nach kfm. Partnern
**l'intervention (f)** Eingreifen, Vermittlung
**en cas de** im Falle von
**le litige** Streitfall
**La chambre officielle Franco-Allemande de Commerce et d'Industrie (COFACI)** offizielle Deutsch-Französische Industrie- und Handelskammer
**la prospection** Geschäftsreise, die der Kundenwerbung dient
**sur l'ensemble de** auf dem gesamten Gebiet der...

**l'action (f) d'échantillonnage**  Vorführung einer Musterauswahl
**le routage**  Mailing, Versand von Rundschreiben mit oder ohne Werbematerial
**l'enquête téléphonique**  Telefonumfrage
**les conseils (m) en normes**  Normungsratschläge
**le devis**  Kostenvoranschlag
**l'homologation (f)**  behördliche, amtliche Zulassung
**faire homologuer qc.**  behördlich anerkennen, bestätigen lassen
**l'adaptation (f) de qc.**  Angleichung, Anpassung
**la promotion**  Förderung, Unterstützung
**le marketing (le marchéage)**  Marketing
**les relations publiques**  Public Relations (Öffentlichkeitsarbeit einer Unternehmung)
**la campagne publicitaire**  Werbekampagne
**l'organisation d'une conférence de presse**  Organisation einer Pressekonferenz
**l'appui (m) logistique**  logistische Unterstützung
**l'appui d'implantation**  Unterstützung bei der Niederlassung
**le conseil juridique**  Rechtsberatung
**le conseil fiscal**  Steuerberatung
**le recouvrement de créances**  Einzug von Außenständen
**la recherche d'investisseurs**  Suche von Investoren
**la récupération de la TVA**  MwSt.-Erstattung
**La Chambre de Commerce Française à Sarrebruck**  Französische Handelskammer in Saarbrücken
**la constitution**  hier: Einrichtung von
**le bureau de vente**  Verkaufsbüro
**tout le suivi administratif**  alle ständig anfallenden Verwaltungsaufgaben
**la réception de commandes**  Bestellannahme
**la gestion de stock**  Lagerverwaltung
**la facturation**  Fakturierung, Rechnungserstellung
**l'encaissement (m)**  Inkasso
**à temps partiel**  Teilzeit . . .
**le marketing téléphonique**  telefonische Markterkundung
**l'enquête (f)**  Untersuchung
**la prise de rendez-vous téléphonique**  telefonische Terminvereinbarung

**la relance de mailing**  Ankurbelung einer Werbeaktion
**l'organisme (m)**  Behörde
**le Ministre Fédéral de l'Economie**  Bundeswirtschaftsminister
**avoir pour mission de faire qc.**  Aufgabe haben, etwas zu tun
**nouer des contacts**  Kontakte knüpfen
**rassembler qc.**  etwas sammeln
**exploiter qc.**  etwas auswerten
**la source d'information**  Informationsquelle
**le service économique**  Wirtschaftsabteilung
**le consulat général**  Generalkonsulat
**le secteur**  Branche
**aborder qc.**  hier: erobern
**le débouché**  Absatzmarkt
**la source d'approvisionnement**  Bezugsquelle
**les renseignements douaniers**  Zollauskünfte
**les renseignements juridiques**  Rechtsauskünfte
**le service commercial**  „kommerzieller Dienst"
**la représentation**  Vertretung
**la coopération**  Zusammenarbeit
**le baccalauréat**  Abitur
**la formation professionnelle**  Berufsausbildung
**l'examen (m) d'allemand commercial**  Examen für Handelsdeutsch
**être apprécié, e**  geschätzt sein
**il est garant de qc.**  den Nachweis von etwas erbringen
**l'activité commerciale franco-allemande**  deutsch-französische Geschäftstätigkeit
**la Société pour l'Expansion des Ventes de Produits Agro-Alimentaires (SOPEXA)**  Förderungsgemeinschaft für französische Landwirtschaftserzeugnisse
**la publicité**  Werbung
**la promotion des ventes**  Verkaufsförderung
**les produits agro-alimentaires**  landwirtschaftliche Erzeugnisse und Lebensmittel
**le produit agricole**  landwirtschaftliches Produkt
**le produit forestier**  forstwirtschaftliches Produkt
**le produit alimentaire**  Lebensmittel
**vétérinaire**  tierärztlich
**la bourse**  Warenbörse

## La documentation antérieure à la commande

**sans engagement** unverbindlich
**la demande d'offre générale** allgemeine Anfrage
**la demande d'offre spéciale** spezielle Anfrage
**l'appel (m) d'offre** Ausschreibung
**la lettre circulaire** Rundschreiben
**le quotidien** Tageszeitung
**les cahiers (m) des charges** Ausschreibungsbedingungen
**volumineux, se** umfangreich
**le prix de marché** Marktpreis
**se décomposer** sich aufteilen
**le publi-postage** Versand von Werbedrucksachen
**le sondage téléphonique** Telefonbefragung
**questionner qn. au sujet de qc.** jmd. etwas fragen
**l'opérateur (m)** hier: Geschäftspartner
**l'interlocuteur (m)** Gesprächspartner
**le programme de rendez-vous** Besuchsprogramm
**la synthèse** Zusammenfassung
**l'interprétariat** Dolmetscher- u. Übersetzerdienst
**les entretiens (m)** Verhandlungen
**établir le relais** Verbindung herstellen
**la réglementation** Gesetzgebung
**la conjoncture** Konjunktur
**par l'intermédiaire de** durch die Vermittlung von
**mettre à jour** ergänzen
**la demande du produit** Produktnachfrage
**les circuits (m) de commercialisation** Vertriebswege
**les données (f) sectorielles** spezifische Daten
**le matériel d'équipement ménager** Haushaltsgeräte
**le mémento** Nachschlagewerk
**fiscal, e** steuerlich
**à l'usage de qn.** für
**l'avocat (m)** Rechtsanwalt
**un formulaire administratif** Verwaltungsformular
**l'établissement (m) stable** Niederlassung
**les coûts (m) de constitution d'une société** Kosten einer Firmengründung
**les pouvoirs (m) et la situation** Rechte und Status
**le dirigeant social** Leiter der Gesellschaft
**le cadre** leitender Angestellter
**l'employé (m)** Angestellter
**l'associé (m)** Mitgesellschafter
**la réduction de capital** Kapitalherabsetzung
**la liquidation** Liquidation, Geschäftsauflösung
**la division du travail** Arbeitsteilung
**le sens unique** Einbahnstraße
**le coup d'œil** Blick
**ce qui va de soi** Selbstverständlichkeit
**le tirage spécial** Sonderdruck

# L'offre   H

## 1. Qualification de l'offre

«Une offre est la première image qu'une entreprise donne d'elle-même. Elle a donc un impact psychologique important. En droit français, il y a vente quand les parties se sont mises d'accord sur la chose et sur le prix (article 1583 du Code Napoléon), du même coup l'acheteur devient propriétaire de la marchandise, même si la livraison n'a pas été faite.
Si le contrat est régi par la loi allemande il en est autrement: l'acheteur ne devient propriétaire de la marchandise qu'à la date de la remise effective de la chose. Il conviendra de libeller les offres avec beaucoup d'attention et d'y apporter des clauses de sauvegarde.»[1]
Il faut faire la différence entre l'offre provoquée par le client et celle qui ne l'est pas, qu'on appelle «offre spontanée». Cette dernière peut être faite pour différentes raisons: le fournisseur voudrait se rappeler à la mémoire du client, il voudrait faire une offre spéciale ou souligner un fait particulier.

---

[1] Centre Français du Commerce Extérieur, Recommandations pour l'établissement d'un contrat de vente internationale, 1985, p. 3.

### Le côté juridique de l'offre

Si l'offre est faite à une personne nommée, il s'agit d'une offre ferme. Si la marchandise est offerte en même temps à plusieurs clients, l'offre doit être faite avec réserves. Celles-ci peuvent porter sur les quantités, le prix et le délai. On peut employer les formules suivantes pour limiter l'offre:

**quantité:** jusqu'à épuisement du stock
**prix:** Sous réserve de modifications de prix
**délai:** L'offre est ferme sous réserve d'acceptation à la date du . . .

Une offre qui contient les réserves précédentes est appelée «offre sans engagement». Au lieu de formuler des réserves comme ci-dessus, on peut mentionner seulement que «l'offre est sans engagement de notre part» ou «sauf vente» ou «vente intermédiaire réservée».
«Lorsqu'il s'agit d'une offre par correspondance, le vendeur devra y joindre les conditions générales de vente. Si le contrat se négocie par message téléscripté, le vendeur devra s'assurer de la connaissance par l'acheteur de ses conditions générales de vente.»[1]

## 2. Désignation de la marchandise

**La nature de la marchandise** doit être désignée avec précision.
**La qualité de la marchandise** est définie par des classes commerciales, des normes DIN ou NF (voir page 135), des sigles (p. ex. VDE ou GS-geprüfte Sicherheit) ou des appellations (p. ex. AOC Appellation d'origine contrôlée pour le vin). Une qualité courante est appelée «**qualité marchande**» ou faq = fair average quality.
**L'aspect de la marchandise** peut être précisé par des photographies, des descriptions ou des échantillons.
**La quantité de la marchandise** doit toujours être définie avec autant de précision que possible:
— en mesures de capacité: L'unité est le litre (l).
   Multiples: le décalitre (dal), l'hectolitre (hl) ou
— en mesures de poids: L'unité est le gramme (g).
   Multiples: le décagramme (dag), l'hectogramme (hg), le kilogramme (kg).
Pour les grosses quantités, on parle aussi de quintal = 100 kg, de tonne métrique = 1000 kg, de tonne longue = 1016 kg ou de tonne courte = 907,18 kg.
On peut employer aussi des unités usuelles pour une marchandise donnée:

      sac     — sac de café
      balle   — balle de coton
      barrique — barrique de vin
      tonneau — tonneau d'eau de vie
      bidon   — bidon d'huile

Les quantités données s'entendent toujours avec une variation de plus ou moins 3%, sauf si l'on a employé «environ» et «circa». Dans ce cas, la tolérance sera de plus ou moins 5 ou 10%.[2]

---

[1] CFCE, Recommandations . . . p. 4.
[2] En règle générale la mention «circa» ou «environ» correspond à une différence de plus ou moins 5%. Pour les crédits documentaires cette mention correspond à 10%.

# 3. Le prix

Le prix correspond à une unité de poids ou à un nombre d'unités. Il ne faut pas seulement considérer le prix de base de la marchandise, mais aussi les diverses réductions qui peuvent lui être appliquées.
On peut considérer les réductions suivantes sur les prix :

## 3.1 La remise

On appelle remise une réduction accordée habituellement par le vendeur à l'acheteur en fonction du volume de ses achats et de sa qualité de revendeur.

p. ex.  La facture portera
        prix brut . . . 1.200 F x 25             = 30.000 F
        remise 18% sur 30.000 F           =  5.400 F
        prix net                                         24.600 F

Il faut noter le cas de deux remises successives: appelées «remises superposées». On rencontre souvent l'expression «Remise 10% + 5%». Il ne faut pas calculer 15%. La deuxième remise 5% se calcule sur le reste obtenu après déduction de la première (10%).

        prix brut                                  = 30.000 F
        remise 10%                          =  3.000 F
                                                 27.000 F

        remise 5%                              =  1.350 F
                                                 25.650 F

## 3.2 Le rabais

Le rabais est une réduction exceptionnelle. Il est la réduction, sous forme de pourcentage, du prix de vente, accordée au client lorsqu'il se plaint soit
– d'un défaut de qualité
– de la non-conformité de sa commande
– d'une marchandise endommagée.

Le rabais est accordé aussi par des magasins lors d'offres spéciales ou d'occasions
– ventes de «fins de série» pour écouler facilement d'anciens stocks
– quinzaines commerciales
– ventes anniversaires
– soldes d'hiver ou soldes d'été

## 3.3 La ristourne

La ristourne est accordée par le vendeur à son client à la fin d'une période, surtout à la fin de l'année pour récompenser sa fidélité. Le taux de la ristourne peut être progressif et dépend souvent du chiffre d'affaires traité avec le fournisseur: Par exemple

        0,25% jusqu'à 10.000,–F        1,00% jusqu'à 25.000,–F
        0,50% jusqu'à 15.000,–F        1,25% jusqu'à 30.000,–F
        0,75% jusqu'à 20.000,–F        1,50% jusqu'à 35.000,–F etc.

## 3.4 L'escompte

On l'appelle aussi «escompte de caisse». L'escompte est une prime récompensant l'acheteur qui paie une facture avant la date prévue. P.ex.: 3% d'escompte pour paiement dans les 10 jours ou comptant net dans les 30 jours.
Le paiement avec escompte ne peut être appliqué en France que dans la mesure où il est prévu dans les conditions générales de vente ou fait l'objet d'un accord particulier entre les parties. En Allemagne Fédérale, il s'agit d'une pratique usuelle qui peut être employée si elle n'a pas été dénoncée dans les conditions commerciales.

## Exemples:

Une facture de 4.500,– F est payée dans les 10 jours. L'acheteur a le droit de diminuer le montant net de la facture de 3% d'escompte p.ex.

| | |
|---|---:|
| montant de la facture | 4.500,– F |
| ./. escompte de 3% | 135,– F |
| | 4.365,– F |

L'acheteur ne paie que cette somme. Si l'acheteur paie à 30 jours, il devra verser 4.500,– F. C'est-à-dire que pour un crédit que lui accordera le fournisseur (il s'agit d'un Crédit-Fournisseur) pour 20 jours, il devra payer un taux d'intérêt égal à 54%, comme il apparaît dans le décompte suivant:

3% de remise pour 20 jours de crédit correspondent à un taux d'intérêt de $\frac{3 \times 360}{20} = 54\%$

Il apparaît donc dans la mesure du possible plus avantageux de prendre un crédit bancaire pour pouvoir bénéficier de l'escompte du fournisseur. Par exemple:

Taux du crédit à court terme: 9%. Pour pouvoir calculer l'intérêt (I) pour un temps exprimé en jours, il faut utiliser la formule suivante:

$$I = \frac{C \times t \times n}{36\,000}$$

C = capital; t = taux de crédit; n = jours

## 3.5 Réductions sur le poids

Le poids de la marchandise et de son emballage constituent **le poids brut**. Le poids de la marchandise seule est **le poids net**. On appelle la différence entre le poids brut et le poids net **la tare**; il s'agit du poids de l'emballage.
Pour obtenir le poids net, on peut calculer la tare comme suit:
1. **La tare réelle:** C'est le poids exact du contenant. Il devrait être indiqué sur l'emballage.
2. **La tare unitaire:** En cas de tare unitaire, celle-ci sera prise en considération pour chaque unité de vente; p.ex. pour le café brésilien, la tare unitaire est d'un demi-kilo par sac.
3. **La tare conventionnelle:** Pour éviter de déballer la marchandise, on calcule la tare proportionnellement au poids brut par l'application d'un pourcentage. Pour le coton p.ex., la tare est fixée à 4% du poids brut.
4. **La tare moyenne:** Cette tare est déterminée sur un prélèvement d'échantillons représentatifs du lot. Elle sera appliquée à l'ensemble de la marchandise.
5. **La tare d'usage:** C'est le poids présumé du contenant.
6. **La tare légale:** Elle est fixée par l'administration des douanes pour le calcul des droits de douane.

Suivant les marchandises et leur mode d'expédition, il peut résulter du transport des pertes de poids. Le fournisseur peut livrer un poids supérieur à celui facturé ou bien accorder les remises de poids ou de volume suivantes:
1. **Le don:** C'est une réduction accordée pour l'altération naturelle de la marchandise.
2. **Le surdon:** C'est une réduction accordée pour avaries ou mouillures accidentelles.
3. **La tolérance:** C'est une réduction accordée en général pour le déchet nommé pousse ou poussière.
4. **La freinte:** le déchet que font subir à certaines marchandises le transport et les manipulations.
5. **Le leckage:** perte partielle de liquide.

## 3.6 La taxe sur la valeur ajoutée

La vente de biens ou de services par un producteur, revendeur, grossiste, détaillant ou artisan est passible d'une Taxe sur la valeur ajoutée (TVA) payable par l'acheteur, mais récupérable en cas de revente sur le consommateur final ou le bénéficiaire des services. Ce sont les vendeurs qui sont les collecteurs d'un impôt aussi élevé. Le taux de la TVA s'applique aux prix de vente nets hors taxes, ce qui simplifie le calcul de la TVA. Actuellement sont en vigueur:
**Le taux normal de 18,6%.** Ce taux s'applique à toutes les ventes et prestations qui ne sont pas passibles d'un taux réduit ou majoré.
**Le taux réduit de 7%.** Un certain nombre de produits et services de consommation courante en bénéficient p.ex.: les produits agricoles non transformés, les produits destinés à l'agriculture (p.ex. engrais), les produits destinés à l'alimentation humaine, les produits pharmaceutiques, les livres, les transports de voyageurs, etc.
**Le taux majoré de 25%.** Les métaux et les pierres précieuses, la plupart des automobiles, les appareils de radio, électrophones etc., les fourrures de luxe, les tabacs, les parfums, le caviar etc. En plus existent des taux réduits résultant d'une refaction: p.ex. la vente des quotidiens et des hebdomadaires (2,1%), celle des autres publications de presse (4%), les terrains à bâtir (5,28%)[1].

## Facturation

D'après la loi, il est nécessaire de faire apparaître le taux légal de la TVA, le prix net, le montant de la taxe

| | |
|---|---:|
| Prix hors taxes (HT) | 2.500,– F |
| TVA au taux de 18,6% | 465,– F |
| Prix taxes comprises (TC) | 2.965,– F |

«En France le taux de la TVA s'applique ainsi aux prix de vente nets, mais à l'importation, la douane n'est pas liée par la valeur déclarée et la base imposable est la «valeur en douane», c.-à-d. le prix normal au comptant des marchandises au moment de la déclaration, y compris tous les frais se rapportant à la vente: frais de transport et de magasinage jusqu'à la frontière, frais d'assurances, commissions et courtages, droits de douane etc. Depuis 1977, la valeur imposable inclut «les frais accessoires jusqu'au premier lieu de destination à l'intérieur du pays».[2]

---

[1]) Voir Egret, Georges, La TVA, Que sais-je? p. 64 – 68, Presses Universitaires, Paris.
[2]) Egret, Georges, La TVA, Que sais-je? p. 60

# 4. Conditions de livraison

## 4.1 Conditionnement[1]

Le conditionnement doit être adapté au pays destinataire de la marchandise. Il peut en résulter la nécessité d'emballages spéciaux adaptés à des conditions climatiques particulières. Le poids de l'unité de vente doit être aussi adapté au marché (p. ex. livre anglaise pour les pays anglo-saxons, sous-multiples du kilogramme pour la plupart des produits alimentaires destinés à l'Allemagne Fédérale).

## 4.2 Emballage

Afin que l'acheteur reçoive sa marchandise en parfait état, elle doit être présentée dans un emballage en rapport avec la valeur de la marchandise et le mode de transport choisi. L'emballage différera suivant que la marchandise voyagera par chemin de fer, par bateau, par avion ou par camion.
Le vendeur doit aussi connaître la voie d'acheminement afin de savoir s'il a lieu de craindre des changements climatiques, des entreposages dans des conditions difficiles, afin de prévoir l'emballage qu'il convient d'employer pour pouvoir être couvert par des polices d'assurance en cas de dégât.

## 4.3 Mode d'emballage

1. **Pour marchandises courantes:**
   - carton ondulé — Wellpappe
   - carton — Pappkarton
   - colis — Paket
   - ballot — Ballen
   - sac — Sack
   - sac de papier — Papiersack
   - papier kraft, — Packpapier
   - papier d'emballage
   - palette — Palette

2. **Pour marchandises particulièrement fragiles**
   - caisse garnie de papier huilé — mit Ölpapier ausgelegte Kiste
   - caisse doublée de fer blanc — Kiste mit Blecheinsatz
   - caisse à cerclage métallique — mit Stahlband gesicherte Kiste
   - papier ciré — Wachspapier
   - laine de bois — Holzwolle
   - emballage maritime — seefeste Verpackung
   - conteneur — Container

3. **Pour les liquides:**
   - citerne — Tank
   - barrique, fût, tonneau — Faß
   - bidon — Kanister
   - emballage plastique — Bag in box

4. **Pour objets encombrants:**
   - caisse en bois — Holzkiste
   - caisse à claire-voie — Lattenkiste
   - cageot — Holzverschlag
   - caisse en contre-plaqué — Sperrholzkiste

## 4.4 Frais d'emballage

Tout d'abord il faut faire la différence entre le conditionnement et l'emballage d'expédition. Le coût du conditionnement de la marchandise est en règle générale à la charge du vendeur à moins que l'acheteur ne désire un conditionnement spécial. Il doit être inclus dans le prix de la marchandise. Le prix de l'emballage d'expédition peut par contre être facturé à l'acheteur dans certains cas et chaque fois que l'emballage est onéreux par rapport au prix de la marchandise. On utilise les expressions suivantes se rapportant à l'emballage.

---

[1] On appelle «conditionnement» l'emballage de l'unité de vente qui ne peut être commercialisée sans celui-ci (p. ex. une bouteille pour le liquide, etc.).

1. **Emballage gratuit/compris**
   L'emballage ne sera pas facturé.
2. **Emballage non compris**
   L'emballage sera facturé.
3. **L'emballage au prix coûtant**
   L'emballage est facturé au prix qu'il a coûté au fabricant.
4. **Brut pour net (bpn)**
   L'emballage est vendu au prix de la marchandise. C'est souvent le cas pour les fruits et légumes français.
5. **Emballage consigné**
   L'emballage est loué. L'acheteur pouvant alors, soit le conserver contre paiement, soit le renvoyer au vendeur qui établira un avoir correspondant à son montant.
6. **Emballage perdu**
   L'emballage peut être gardé ou jeté par l'acheteur.

## 4.5 Le marquage

Sur les unités de vente, les mentions doivent généralement figurer dans la langue du pays destinataire et correspondre aux lois, aux ordonnances ou aux décrets de ce pays. Sur l'emballage d'expédition il est nécessaire de porter des mentions afin d'éviter les difficultés suivantes.
– manque de colis
– mélange de colis
– concordance entre différents colis de présentation différente mais appartenant à un même lot.

Les mentions suivantes doivent figurer sur les emballages d'expédition:
– nombre total de colis (numéro principal)
– numéro de chaque colis à côté du numéro principal
– lieu de destination/port
– code du destinataire
– dimensions des colis
– poids brut, net, tare

De plus, il faut porter, le cas échéant, pour les marchandises demandant un soin particulier les mots ou les signes correspondants suivants:

| | | | |
|---|---|---|---|
| Attention | – Vorsicht | Ouvrir ici | – Hier öffnen |
| Verre | – Glas | Tenir au sec | – Vor Nässe |
| Fragile | – Zerbrechlich | | schützen |
| Dessus/Bas | – Oben/Unten | Soulever ici | – Hier anheben |
| Ne pas laisser tomber | – Nicht stürzen | Rouler, ne pas | – Nicht kanten, |
| Liquides – ne pas renverser | – Flüssigkeit – Nicht stürzen | culbuter | nur rollen |

**fig. H 1**

## 4.6 Les frais de transport

Le factage – le camionnage
«Le factage» signifie le transport de petits colis de la gare d'arrivée à domicile.
On appelle «le camionnage» le transport des colis lourds et encombrants.

**Remarque:**
Dans les conditions de livraison il faut préciser pour éviter tout malentendu, le lieu exact du chargement. P.ex. **départ gare de Lyon à Paris.**
Lorsqu'on emploie l'expression «Rendu frontière», il faut préciser le point de passage. En effet pour un Français qui expédiera sa marchandise dans le nord de l'Allemagne Fédérale, il comprendra «Rendu frontière franco-belge» (p.ex. Valenciennes) alors que pour un Allemand ce sera la frontière germano-belge (p. ex. Aix-la-Chapelle.)

**fig. H 2**

## 4.6 Les frais de transport

| L'acheteur | | | | | | |
|---|---|---|---|---|---|---|
| Le camionnage/ le factage | | | | | ⑤ | |
| Le déchargement | | | | | | |
| La gare d'arrivée | | | | | | |
| Les frais de transport | | | | ④ | | |
| Le chargement | | | ③ | | | |
| La gare de départ | | | | | | |
| Le camionnage/ le factage | | ② | | | | |
| Le vendeur | ① | | | | | |

① Départ usine
   Ex usine
   Ex magasin = ab Fabrik, ab Lager  L'acheteur doit supporter tous les frais de transport.

② Franco gare
   Franco gare départ/en port dû = frei Versandbahnhof ab hier, unfrei  Le vendeur doit supporter les frais d'acheminement jusqu'à la gare d'expédition.

③ Franco sur wagon
   F.O.R. = frei Waggon free on rail  Le vendeur doit supporter les frais d'acheminement jusqu'au lieu de chargement et les frais de chargement.

④ Franco gare d'arrivée = frei Bestimmungsbahnhof  Le vendeur doit supporter les frais d'acheminement, les frais de chargement et le transport jusqu'au lieu de destination.

⑤ Franco domicile = frei Haus  Le vendeur supporte tous les frais jusqu'au domicile du destinataire.

## 4.7 Incoterms terrestres 1980

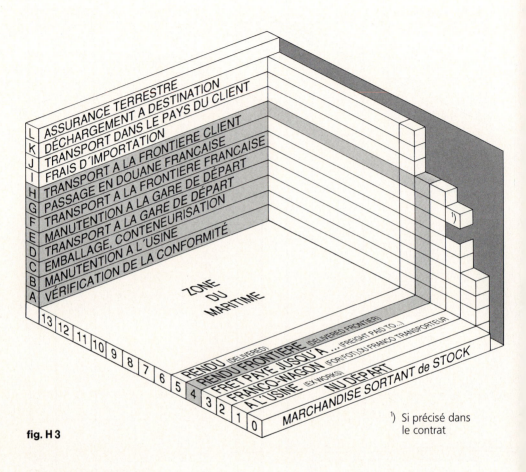

**fig. H 3**

1) Si précisé dans le contrat

### Exemple d'utilisation

J'expédie, depuis Tours, une marchandise que j'ai vendue »Rendu frontière». Quels sont les frais qui m'incombent (et qui viendront gonfler le prix de vente par répercussion)?
Les coordonnées sont, verticalement, le n° 4 (Rendu frontière) et horizontalement H (Transport à la frontière client).

Les postes suivants sont donc à ma charge:
H – Transport à la frontière du client (Buchs).
G – Passage en douane française (Genève).
F – Transport à la frontière française (Genève).
E – Manutention à la gare de Tours.
D – Transport à la gare de Tours.
C – Emballage – Conteneurisation.
B – Manutention à l'usine.
A – Vérification de la conformité.

On remarquera que tous ces postes sont matérialisés par des «briques». Les autres postes (non briquetés) sont à la charge de l'acheteur.

Tiré de: Incoterms terrestres, «Qui paie quoi?»,
Robert Rochette MOCI, n° 434/19 Janvier 1981, p. 45

# Commentaires:

| | | |
|---|---|---|
| L | Assurance terrestre | Versicherungen gegen verschiedene Risiken auf dem Lande (Transport, Lagerung, Verladung der Ware etc.) |
| K | Déchargement à destination | Entladung/Löschung am Bestimmungsort |
| J | Transport dans le pays du client | Transport in das Land des Kunden (z. B. Transportkosten) |
| I | Frais d'importation | Importkosten (Zoll bzw. Einfuhrumsatzsteuer etc.) |
| H | Transport à la frontière client | Transportkosten bis zur Grenze des Kunden |
| G | Passage en douane française | Transitkosten an der französischen Grenze |
| F | Transport à la frontière française | Transportkosten bis zur franz. Grenze |
| E | Manutention à la gare de départ | Kosten der Be- und Entladung am Versandbahnhof |
| D | Transport à la gare de départ | Transportkosten bis zum Versandbahnhof |
| C | Emballage, Conteneurisation | Verpackungskosten, Container |
| B | Manutention à l'usine | Beladungskosten am Werk |
| A | Vérification de la conformité | Prüfung d. Ware im Werk d. Sachverständigen |

**1**  **Ex works** (ex factory, ex mill, ex plantation, ex warehouse, etc.)
**A l'usine** (à la mine, au magasin, en entrepôt, etc.)

(EXW) ab Werk, ab Fabrik, ab Mühle, ab Pflanzung

L'unique responsabilité du vendeur est de mettre la marchandise à la disposition de l'acheteur, à son établissement. Le vendeur n'est pas responsable du chargement de la marchandise sur le véhicule fourni par l'acheteur, sauf convention contraire. L'acheteur supporte tous les frais et risques inhérents au transport de la marchandise, de ce point au lieu de destination. Ce terme représente l'obligation minimum pour le vendeur.

**2**  **FOR/FOT Free on Rail/free on Truck** (named departure point)
**FRANCO-WAGON** (point de départ convenu)

(FOR) Frei (Franko) Waggon ... (benannter Abgangsort)

Incoterm réservé uniquement aux marchandises transportées par chemin de fer. Deux alternatives: wagon complet ou envoi de détail. Dans le premier cas, la commande du wagon «de nature et dimensions appropriées» et son chargement incombent en frais et risques au vendeur. Dans le second cas, le vendeur accomplit ses obligations en remettant la marchandise au chemin de fer. Le transfert des frais et des risques se fait lors de la remise par le vendeur du wagon chargé ou de l'envoi de détail au chemin de fer. C'est donc l'acheteur qui paye le transport. Ce terme ne précise pas qui a la charge du dédouanement à l'exportation: ce point doit être précisé entre le vendeur et l'acheteur dans le contrat.

| 3 | **Freight or Carriage Paid to** (named point of destination)
**Fret ou port payé jusqu'à** (point de destination convenu) | (DCP) frachtfrei . . . (benannter Bestimmungsort) |

Le vendeur choisit le transporteur et paye le fret pour le transport de la marchandise au lieu de destination convenu. Cependant, les risques d'avarie à la marchandise ou de sa perte, ainsi que d'augmentation des coûts en cours de transport, sont transférés du vendeur à l'acheteur lorsque la marchandise est remise au premier transporteur. Mêmes observations pour chargement, déchargement et dédouanement que le «franco-transporteur».

| 4 | **DELIVERED at FRONTIER** (named place of delivery at frontier)
**RENDU FRONTIERE** (lieu de livraison convenu à la frontière) | (DAF) Geliefert Grenze . . . (benannter Lieferort an der Grenze) |

Le transfert des frais et des risques se fait au passage de la frontière, celle-ci devant être précisée très soigneusement et complètement. Le vendeur paye les frais et supporte les risques jusqu'à la frontière. S'il convient de couvrir une assurance, les Incoterms recommandent à l'acheteur et au vendeur de se mettre d'accord pour que l'un d'eux soigne l'assurance sur la totalité du parcours.

| 5 | **Delivered Duty Paid** (named place of destination in the country of importation)
**Rendu droits acquittés** (lieu de destination convenu dans le pays d'importation) | (DDP) Geliefert verzollt . . . (benannter Bestimmungsort im Einfuhrland) |

A l'inverse du terme «à l'usine», cet incoterm, lorsqu'il est suivi par des mots désignant l'établissement de l'acheteur, dénote l'autre extrême, l'obligation maximum du vendeur. C'est le vendeur qui fait tout, y compris le dédouanement à l'import et le paiement des droits et taxes exigibles. Le transfert des risques et des frais se fait à la livraison chez l'acheteur. Sauf stipulation contraire, le déchargement est à la charge du vendeur.

## 4.8 Incoterms maritimes 1980

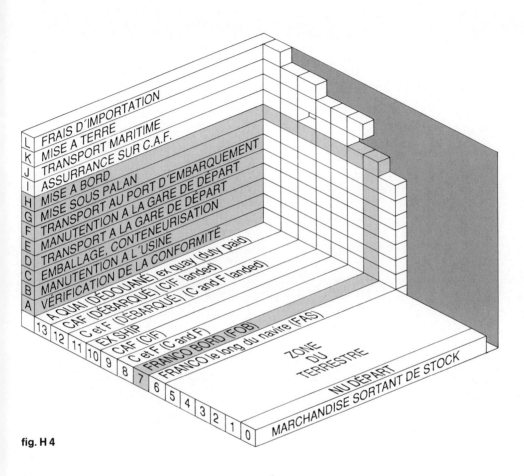

**fig. H 4**

### Exemple d'utilisation

J'expédie, depuis Tours, une marchandise que j'ai vendu FOB Le Havre. Quels sont les frais qui m'incombent.

Les coordonnées sont, verticalement, le n° 7 (FOB) et, horizontalement, H (mise à bord navire). En effet, les postes suivants sont à ma charge:

- H – Mise à bord navire au Havre.
- G – Mise sous palan, quai au Havre.
- F – Transport au Havre.
- E – Manutention à la gare de Tours.
- D – Transport à la gare de Tours.
- C – Emballage Conteneurisation.
- B – Manutention à l'usine.
- A – Vérification de la conformité.

On remarquera que tous ces postes sont matérialisés par des «briques». Les autres postes (non briquetés) sont à la charge de l'acheteur.

> Tiré de: Incoterms maritimes, «Qui paie quoi?»,
> Robert Rochette MOCI, n° 434/19 janvier 1981, p. 43.

## Commentaires:

| | | |
|---|---|---|
| L | Frais d'importation | Importkosten (Zoll, bzw. Einfuhrumsatzsteuer) |
| K | Mise à terre | Kosten für Löschung, Leichterung u. Verbringung an Land |
| J | Transport maritime | Kosten des Seetransportes |
| I | Assurance sur C.A.F. | Versicherung auf CAF |
| H | Mise à bord | Kosten der Beladung an Bord des Schiffes |
| G | Mise sous palan | Bereitstellung der Ware am Kai (am Verladekran) |
| F | Transport au port d'embarquement | Transportkosten bis zum Verschiffungshafen |
| E | Manutention à la gare de départ | Be- u. Entladekosten am Versandbahnhof |
| D | Transport à la gare de départ | Transportkosten bis zum Versandbahnhof |
| C | Emballage, Conteneurisation | Verpackungskosten, Container |
| B | Manutention à l'usine | Verladung am Werk |
| A | Vérification de la conformité | Prüfung der Ware im Werk durch Sachverständigen |

**6** **FAS – Free Along Side Ship** (named port of shipment)
**FAS – Franco le long du Navire** (port d'embarquement convenu)

(FAS) Frei Längsseite Seeschiff...
(benannter Verschiffungshafen)

D'après ce terme, les obligations du vendeur sont remplies lorsque la marchandise a été placée le long du navire sur le quai ou dans des allèges (barges ou péniches). Cela signifie que l'acheteur doit, à partir de ce moment, supporter tous les frais et risques de perte ou de dommage aux marchandises. Il convient de noter que, à la différence du FOB, le présent terme exige de l'acheteur qu'il dédouane la marchandise en vue de son exportation. C'est l'acheteur qui désigne le navire et paye le fret maritime.

**7** **FOB – Free on Board**
(named port of shipment)
**FOB – Franco Bord**
(port d'embarquement convenu)

(FOB) Frei an Bord...
(benannter Verschiffungshafen)

La marchandise doit être placée à bord du navire par le vendeur et au port d'embarquement désigné dans le contrat de vente. C'est l'acheteur qui choisit le navire et paye le fret maritime. Le transfert de frais et de risques entre vendeur et acheteur se fait lorsque la marchandise passe le bastingage du navire. Les formalités d'exportation incombent au vendeur.

| 8 | **C and F – Cost and Freight** (named port of destination) **C et F – Coût et Fret** (port de destination convenu) | (CFR) Kosten und Fracht . . . (benannter Bestimmungshafen) |

C'est le vendeur qui choisit le navire et paye le fret maritime jusqu'au port convenu. Chargement sur navire à la charge du vendeur. Formalités d'exportation également. Le risque de perte ou de dommages aux marchandises, ainsi que de toute augmentation des frais est transféré du vendeur à l'acheteur lorsque la marchandise passe le bastingage du navire au port d'embarquement. Le point de transfert de risque est donc le même qu'en FOB.

| 9 | **CIF – Cost, Insurance and Freight** (named port of destination) **CAF – Coût, Assurance, Fret** (port de destination convenu) | (CIF) Kosten, Versicherung, Fracht) . . . (benannter Bestimmungshafen) |

Terme identique au C et F avec l'obligation supplémentaire pour le vendeur de fournir une assurance maritime contre le risque de perte ou de dommages aux marchandises en cours du transport maritime. Il s'agit d'une assurance sur la valeur CIF + 10%, obligation minimum du vendeur. C'est le vendeur qui paye la prime. Mais la marchandise voyage aux risques et périls de l'acheteur, et la position du transfert de risque (passage du bastingage au port d'embarquement) est la même qu'en FOB ou C et F.

| 10 | **Ex SHIP** (named port of destination) **Ex SHIP** (port de destination convenu) | (EXS) Ab Schiff . . . (benannter Bestimmungshafen) |

C'est le vendeur qui choisit le navire, paye le fret et supporte les risques du transport maritime. Le transfert des frais et des risques se fait à bord du navire au point de déchargement usuel du port de destination convenu, de façon à permettre l'enlèvement de la marchandise du navire par les moyens de déchargement appropriés à la nature de celle-ci.

| 11 | **C and F – Cost and Freight-Landed** **C et F** (Débarqué) | Kosten und Fracht gelöscht/ausgeladen |

Comme au n° 8, mais les frais de déchargement sont á la charge du vendeur.

| 12 | **CIF – Landed** **CAF** (Débarqué) | Kosten, Versicherung, Fracht gelöscht, ausgeladen |

Comme au no. 9, mais les frais de déchargement et d'assurance sont à la charge du vendeur, jusqu'à ce que la marchandise soit mise à quai.

| 13 | **Ex QUAY** (duty paid named port) **A QUAI** (dédouané port convenu) | (EXQ) Ab Kai . . . (verzollt . . . benannter Hafen) |

Comme son nom l'indique, ce terme signifie que transferts de risques et de frais ont lieu lorsque le vendeur met la marchandise à disposition de l'acheteur, dédouanée et sur le quai du port convenu. Les formalités de dédouanement dans le pays d'importation, ainsi que le paiement des droits et taxes exigibles à l'importation incombent au vendeur.

## 5. Délais de livraison

Ou les délais de livraison sont **fermes** et dans ce cas, la date de livraison est fixée de façon impérative et doit être rigoureusement respectée, ou les délais de livraison sont **non-fermes**, ils sont fixés à l'intérieur d'une fourchette de tolérance expressément définie, p.ex. dans la 30ième semaine, ou mi-octobre, fin mai, etc.
Les délais de livraison peuvent être prolongés si survient un événement constituant une des clauses exonératoires prévues au contrat: p.ex.

### 5.1 Le cas de force majeure

En droit allemand et français, lorsque survient un événement imprévisible et irrésistible (tremblement de terre, inondation, grèves, etc.), rendant impossible l'exécution des engagements d'un des co-contractants.
Le non-respect des délais peut entraîner le paiement d'indemnités fixées en fonction des dommages subis, et limitées ou non par un plafond ou la résiliation du contrat dans certaines conditions.

### 5.2 Le point de départ des délais de livraison

Celui-ci peut être lié à la signature du contrat, à la fourniture par l'acheteur de spécifications, règles de normalisation, dessins, licences d'importation ou autorisations diverses par exemple.[1]

## 6. Les conditions de paiement

### 6.1 En commerce intérieur

En commerce intérieur on fait la différence entre trois conditions de paiement:

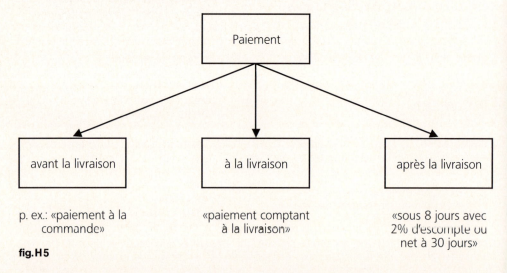

fig. H5

---
[1] Voir Cazalet, MOCI, n° 470/28 Septembre 1981, Les obligations du vendeur et de l'acheteur, p. 65.

## 6.2 En commerce international

En commerce international les conditions de paiement jouent un rôle important étant donné la distance et les risques politiques ou économiques. Il appartient donc à l'exportateur de se protéger contre le non-paiement ou contre le retard de paiement. Le schéma suivant donne de 1 à 7 les risques croissants que doit supporter l'exportateur. Inversement on trouvera de 7 à 1 les risques croissants que doit supporter l'acheteur (l'importateur).

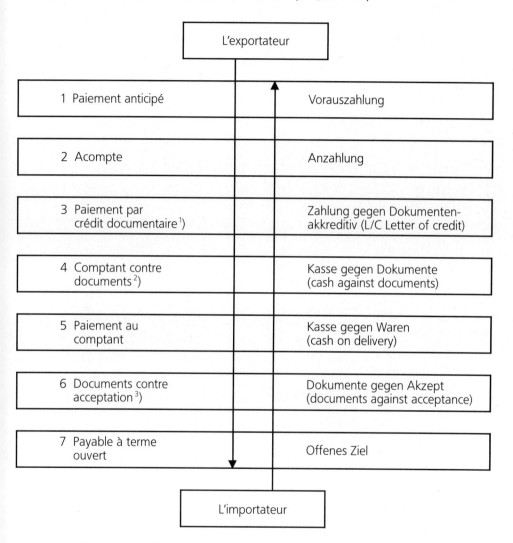

La condition la plus mauvaise pour l'exportateur est «payable à terme ouvert» pour l'importateur: «paiement anticipé»

**fig. H 6**

---

[1]) – [3]) Explication des expressions voir chapitre «Le règlement», page 251.

Ni l'exportateur ni l'importateur ne sont généralement prêts à payer d'avance. Les conditions de paiement dépendent souvent d'une relation de force. Ou le vendeur domine, dans ce cas il imposera ses conditions de paiement, ou l'acheteur est en position forte et dictera ses conditions de paiement.

Le paiement d'un acompte joue un rôle souvent important dans les grands contrats (p.ex. achat d'un bateau, de machines onéreuses, d'usine clef en main, etc.). Le paiement d'acompte est dans ce cas un préfinancement. On peut concevoir p.ex. le paiement de 1/3 à la commande, 1/3 à la livraison et le solde deux mois après la livraison. Afin de se protéger contre une non-livraison, le vendeur peut fournir à l'acheteur une garantie bancaire correspondant au montant de l'acompte. En cas de non-livraison, la banque remboursera à l'acheteur l'acompte versé. De plus en plus on recherche la solution «donnant – donnant» p.ex. paiement comptant contre remise de la marchandise ou paiement contre documents. Les entreprises font souvent appel aux assurances-crédit pour les échanges internationaux. Les compagnies d'assurances les plus connues sont en Allemagne HERMES et en France la COFACE (la Compagnie Française d'Assurance pour le Commerce Extérieur)[1]

# 7. Droit applicable et règlement des litiges

## 7.1 Droit applicable

Dans une vente internationale, il ne faut pas oublier d'évoquer et de définir le droit auquel elle sera soumise, car il peut varier considérablement d'un pays à l'autre. Le droit romain constitue la base du droit français qui remonte à Napoléon, au début du XIX$^e$ siècle et est employé par le Bénélux, de nombreux pays africains, l'Iran et l'Irak. Les pandectes[2] sont la base du droit allemand qui date de la fin du XIX$^e$ siècle et est employé entre autres par l'Autriche, les Pays-Bas, la Suisse et les Pays Scandinaves. La «Common Law», base du droit anglais, est appliquée par les Etats-Unis, le Canada, l'Inde et l'ensemble des anciennes colonies anglaises. Les pays de l'Est, la Chine et les républiques populaires d'Asie sont régis par un droit socialo-marxiste. Alors que le droit commercial français et belge est essentiellement favorable à l'acheteur, le droit allemand est favorable au vendeur. Le droit allemand prévoit, comme le droit américain, que toute ambiguïté s'interprète en défaveur du rédacteur du contrat ou de celui qui a imposé la clause litigieuse.

Afin de faciliter les échanges internationaux, il a été conclu à Vienne le 11 avril 1980 une convention des Nations Unies, appelée aussi **Convention de Vienne** qui a été signée par 21 pays, dont la plupart des membres de la Communauté Européenne (exception faite de la Grande-Bretagne et de la Belgique). Cette convention devrait être ratifiée prochainement par les Etats-Unis, ce qui devrait aussi entraîner l'adhésion de nombreux autres pays.

L'application de la Convention de Vienne n'est pas générale, elle ne règle pas, par exemple, le moment et la manière dont se réalise le transfert de la propriété, point important puisqu'il entraîne souvent les obligations de paiement, mais cette nouvelle convention apporte un progrès important pour les échanges internationaux. Les vendeurs et les acheteurs des pays signataires sont libres d'adopter seulement certaines clauses de cette convention ou de la rejeter. Il y a lieu de le préciser dans les conditions générales de vente, dans l'offre ou dans les contrats de vente.

## 7.2 Règlement des litiges

Il est très fréquent, dans les affaires internationales, de soumettre le règlement des diffé-

---
[1] Voir «Le contrat d'assurance-crédit», page 196.
[2] les pandectes = recueil de jurisprudences romaines (Sammlung römischer Gerichtsurteile)

rends pouvant survenir entre contractants à l'arbitrage, notamment en insérant la clause d'arbitrage mise au point par la Chambre de Commerce Internationale.[1])
Cette solution présente des avantages appréciables, mais elle est onéreuse et se justifie moins dans le contexte des affaires franco-allemandes. La Convention de Bruxelles du 27 juillet 1968 assure la reconnaissance et l'exécution des décisions de justice sur le territoire des Etats membres de la Communauté. Les conventions attributives de juridiction se voient ainsi garantir une efficacité comparables à celles qu'elles ont dans le commerce interne.
Cependant, elles doivent faire l'objet d'un écrit et il est douteux qu'il suffise de les mentionner dans les conditions générales. Il est donc préférable de faire signer séparément la clause attributive de juridiction, si l'on désire en stipuler une.
Il faut toutefois signaler qu'il est peu souhaitable de faire statuer un juge dans un droit qui n'est pas le sien.
Comme le contrat devrait être le plus souvent soumis au droit allemand, les entreprises françaises devraient renoncer à inscrire une clause d'attribution de juridiction au tribunal de commerce de leur siège social. Le droit procédural allemand met les frais d'avocat à la charge de la partie perdante d'une manière le plus souvent refusée au plaideur français.[2])

# 8. Exercices

## 8.1 Compréhension et commentaires

1. D'après le droit allemand, on devient propriétaire de la marchandise lorsque celle-ci a été livrée. Comment le problème est-il réglé d'après le droit français?
2. Quelles sont les deux sortes d'offre qui peuvent être faites?
3. Quelle est la différence entre une offre ferme et une offre sans engagement?
4. Comment un vendeur peut-il limiter une offre?
5. Quels points importants concernant la marchandise doivent figurer dans une offre?
6. Quelles remises de prix connaissez-vous?
7. Quelle différence y a-t-il entre le mot allemand «Rabatt» et le mot français «rabais»?
8. Pourquoi le crédit-fournisseur est-il le plus cher?
9. Quelles réductions de poids connaissez-vous?
10. Définissez les expressions «don, surdon, tolérance, freinte et leckage».
11. Quels taux de TVA connaissez-vous? Donnez un exemple.
12. Quelle différence y a-t-il entre «conditionnement» et «emballage»?
13. Quels accords peuvent être conclus sur les frais d'emballage?
14. A quoi doit-on faire attention pour le marquage des emballages?
15. Expliquez comment sont calculés les frais de transport!
16. Quelle différence y a-t-il entre «factage» et «camionnage»?
17. Que connaissez-vous comme «Incoterms terrestres 1980»?
18. Quels «Incoterms maritimes 1980» pouvez-vous citer et expliquer?
19. Nommez les trois points importants qui doivent être observés dans les délais de livraison.
20. En commerce intérieur on fait la différence entre trois modes de paiement. Quels sont-ils? Caractérisez-les!
21. En commerce international on peut employer au moins 7 modes de paiement. Citez-les!
22. Que pouvez-vous dire sur le droit applicable à un contrat international et sur le règlement des litiges?

---

[1]) Voir aussi le livre: «Arbitrage de la Chambre officielle Franco-Allemande de commerce et d'industrie, Paris/Düsseldorf, octobre 1985)
[2]) Centre Français du Commerce Extérieur, Service juridique, Recommandations pour l'établissement d'un contrat de vente international, Paris 1985, p. 3

## 8.2 Dictée

Une offre précise devrait contenir les clauses suivantes:
- Désignation de la marchandise: nature, aspect, qualité et quantité de la marchandise.
- Prix de la marchandise. Dans le calcul du prix de vente, il faut tenir compte des réductions de prix telles que les remises, le rabais, la ristourne et l'escompte, ainsi que des réductions de poids comme la tare réelle, unitaire, conventionnelle, moyenne, d'usage et légale. Mais le fournisseur peut livrer aussi un poids supérieur ou bien accorder des remises de poids ou de volume comme le don, le surdon, la tolérance, la freinte et le leckage.
- Il faut ajouter le cas échéant au prix de la marchandise les frais d'emballage, si ceux-ci ne sont pas gratuits ou non-compris dans le prix. Les emballages peuvent être facturés au prix-coûtant, être consignés ou être vendus «brut pour net».
- Dans les conditions de paiement on peut prévoir un paiement anticipé, un acompte à la commande, un paiement par crédit documentaire ou un paiement comptant. En France, le paiement contre acceptation est très développé. Mais en général, le paiement à terme ouvert est la solution la plus employée. Pour couvrir les risques d'un tel mode de paiement, les vendeurs font généralement appel à une assurance-crédit. En commerce international, les «Incoterms maritimes 1980» tels que «franco le long du navire, franco à bord, c et f, caf, ex ship, c et f débarqué, caf débarqué, à quai dédouané» et les «Incoterms terrestres 1980» tels que «rendu, rendu frontière, fret payé jusqu'à, franco wagon et à l'usine», sont souvent employés.

### Compréhension et commentaires

1. Comment doit être définie une marchandise dans une offre?
2. Que ne doit-on pas oublier lorsqu'on calcule un prix de vente?
3. Que faut-il entendre par «brut pour net»?
4. Quelles conditions de paiement connaissez-vous?
5. Comment couvrir les risques de non-solvabilité de l'acheteur?

## 8.3 Traductions

### 8.3.1 Version

### 1. Du mauvais emploi des Incoterms

Contrats «A l'usine» (Ex Works), histoire d'un acheteur qui a eu bien des ennuis.
M. Müller de Düsseldorf, il y a quelques années, achète des chaussures de dame à un industriel du Sud-Est de la France. Le contrat signé ex works, usine de Marseille, stipulait que le transport aurait lieu par fer, en wagons complets. Un beau jour, le vendeur français avise son client par télex que la marchandise est prête et lui demande de prévoir trois wagons, type K 5. Réponse de M. Müller: «Soyez aimable de commander vous-même les wagons nécessaires à la SNCF». Réponse du vendeur: «Navré, je n'ai pas le temps...». M. Müller se décide donc à faire commander les wagons par le correspondant en France de son transitaire de Düsseldorf et quelques jours après, les trois wagons sont «positionnés» sur l'embranchement particulier de l'usine. Alors

commence l'attente ... «S'il vous plaît, chargez les wagons», demande Monsieur Müller par télex. «Impossible, avec toute la meilleure volonté, je suis actuellement débordé, je n'ai plus ni équipes, ni matériels de manutention à mettre à votre disposition» répond le vendeur ... et M. Müller se voit dans l'obligation de faire commander main-d'œuvre et élévateurs pour charger sa marchandise. Il paye en plus à la SNCF de sévères frais de stationnement pour les trois wagons. On apprend par cette histoire que, si M. Müller désirait laisser au vendeur le soin de commander les wagons et de les charger, il devait traiter FOR (Free on rail) sur embranchement particulier usine de Marseille...

Extrait de «Mauvais emploi des Incoterms»,
Moci, n° 434/19 Janvier 1981, p. 27/28

### Compréhension et commentaires

1. Que signifie pour le vendeur l'Incoterm terrestre 1980: «ex works, usine de Marseille?»
2. Expliquez la phrase: «le correspondant en France de son transitaire de Düsseldorf».
3. Quelle faute a fait Monsieur Müller dans l'interprétation de l'Incoterm?

## 2. La TVA et l'exportation

La TVA étant un impôt frappant le produit cédé ou le service rendu au consommateur final, c'est l'impôt du pays de consommation – ou, comme le disent les experts de Bruxelles, l'impôt du «pays de destination» – qui doit s'appliquer; d'où la nécessité d'un ajustement aux frontières.
Cet ajustement consiste, en cas d'exportation, à détaxer le produit exporté. On parle d'«exonération à l'exportation», mais il serait plus exact de dire qu'il y a suspension de taxe: le produit étant entièrement détaxé pour pouvoir supporter la taxe du pays de destination.
En contrepartie en effet, quand le produit importé franchit la frontière il est soumis à la TVA, ou à l'impôt de consommation du pays dans lequel il pénètre.
Les Américains ont toujours protesté contre ce système de la «compensation aux frontières», car ils veulent ignorer la notion d'impôt sur les produits, et raisonnent comme s'il n'y avait que des impôts sur les personnes. C'est pourquoi ils considèrent la compensation aux frontières comme «une subvention aux exportations et une entrave aux importations».

Tiré de: Egret, G., La TVA, Que sais-je?, PUF 1982, pages 38/39

### Compréhension et commentaires

1. Pourquoi, dans le système de la TVA, doit-il y avoir une compensation à la frontière?
2. Que devient la TVA pour une marchandise exportée ou importée?
3. Pourquoi les Américains protestent-ils contre le système de la TVA qu'ils appellent une compensation aux frontières?

## 8.3.2 Thème

OTRON KG, Fabrik für Elektromotoren, Hansaring 29, 5000 Köln 1

Köln, den 22. 10. 19 . .

Firma
Dresser-France
6 place Savini

F-75015 Paris Cedex 23

Ihre Anfrage

Sehr geehrte Herren,

besten Dank für Ihre Anfrage vom 20. Oktober 19 . . Wir freuen uns, daß Sie sich für unseren Elektromotor Modell PDX-200 interessieren und übersenden Ihnen gerne die gewünschten Produktunterlagen, denen Sie technische Daten, Maße und Gewichte des Elektromotors entnehmen können.

Wir liefern zu folgenden Bedingungen:
1. Preise: Der Preis pro Motor beträgt 2.950,– DM o. MWSt.
2. Preisnachlässe: Bei Abnahme von mindestens 5 Motoren gewähren wir einen Preisnachlaß i. H. v. 8%.
3. Zahlungsbedingungen: bei Zahlung innerhalb von 10 Tagen nach Rechnungserhalt 3% Skonto, sonst 30 Tage netto Kasse.
4. Zahlungsart: mit Bankscheck.
5. Verpackung: Verpackung zum Selbstkostenpreis.
6. Transportkosten: frachtfrei deutsch-belgische Grenze, Aachen, unverzollt.
7. Transport: per LKW
8. Lieferzeit: bis 18. November 19 . .
9. Recht: Alle schriftlichen Vereinbarungen unterliegen dem deutschen Recht.
10. Gerichtsstand: Gerichtsstand für beide Teile ist Köln.

Im übrigen gelten für eine Bestellung unsere allgemeinen Geschäftsbedingungen. Wir hoffen, daß wir bald Gelegenheit haben, Sie von unserer Leistungsfähigkeit zu überzeugen.

Mit freundlichen Grüßen


Anlagen

## 8.4 Pratique de communication

1. Un client appelle au téléphone et demande qu'on lui explique la différence entre la tare réelle et la tare conventionnelle.
2. Vous avez envoyé une offre limitée au 20 octobre à un correspondant. La demande concernant la marchandise offerte est très importante et le lot est vendu en quelques jours. Votre partenaire vous appelle le 25 octobre et exige que vous lui livriez la marchandise au prix de l'offre ferme. Expliquez le point juridique de l'offre.
3. Répondez à la question suivante: Est-ce qu'il est rentable de prendre un crédit bancaire à 12% lorsque les conditions de paiement sont les suivantes:
   «Paiement dans les 10 jours après réception de la facture avec 3% d'escompte ou net à 30 jours.» Justifiez votre décision!
4. Un client appelle au téléphone et vous demande quels sont les Incoterms terrestres les plus favorables pour lui et quels sont ceux qui sont les plus favorables pour le vendeur. Répondez et commentez!
5. Faites une offre contenant les données suivantes:
   Waren und Preise nach Ihrer Wahl.
   Preisnachlaß: 8% Preisnachlaß ab bestimmten Mengen
   Gewichtsabzüge: Effektivtara
   Zahlungsbedingungen: Dokumente gegen Akzept
   Zahlungsart: mit Wechsel
   Verpackung: zum Selbstkostenpreis
   Transportkosten: frei deutsch-französische Grenze (Strasbourg)
   Transport: Bahn
   Lieferzeit: 35. Woche 19 . .
   Recht: Alle schriftlichen Vereinbarungen unterliegen dem deutschen Recht.
   Gerichtsstand: Gerichtsstand für beide Teile ist Köln.

# 9. Lexique: L'offre

## Qualification de l'offre

**l'impact (m)**   Treffer, hier: Wirkung
**se mettre d'accord sur qc.**   sich über etwas einigen
**la clause de sauvegarde**   Vorbehaltsklausel
**l'offre provoquée par le client**   verlangtes Angebot
**l'offre spontanée**   nicht verlangtes Angebot
**le côté juridique de l'offre**   juristische Seite des Angebots
**l'offre ferme**   verbindliches Angebot
**avec réserves**   mit Einschränkungen
**jusqu'à épuisement du stock**   solange der Vorrat reicht
**sous réserve de modifications de prix**   Preisänderungen vorbehalten
**l'offre est ferme sous réserve d'acceptation à la date du ...**   das Angebot ist verbindlich bei Annahme bis zum ...
**l'offre sans engagement**   unverbindliches Angebot
**sauf vente**   Zwischenverkauf vorbehalten
**vente intermédiaire réservée**   Zwischenverkauf vorbehalten
**le message téléscripté**   die mit dem Fernschreiber übermittelte Nachricht

## Désignation de la marchandise

**désignation (f) de la marchandise**   Bezeichnung, Bestimmung der Ware
**la nature de la marchandise**   Art der Ware
**le sigle**   Gütezeichen
**la qualité marchande**   handelsübliche Qualität
**l'aspect (m) de la marchandise**   Beschaffenheit der Ware
**l'échantillon (m)**   Muster
**le quintal (métrique)**   Doppelzentner
**la tonne métrique**   metrische Tonne (1000 kg)
**la tonne longue**   long ton = Britische Tonne (1016,05 kg)
**la tonne courte**   short ton = Amerikanische Tonne (907,18 kg)
**le sac**   Sack
**la balle**   Ballen
**la barrique**   Faß
**le tonneau**   Faß
**le bidon**   Kanister

## Le prix

**l'unité (f) de poids**   Gewichtseinheit
**le nombre d'unités**   Mengeneinheit
**le prix de base**   Grundpreis
**la réduction**   Preisnachlaß
**la remise**   Preisnachlaß
**le prix brut**   Bruttopreis
**le prix net**   Nettopreis
**la remise superposée**   Doppelrabatt
**la déduction**   Abzug, Preisnachlaß
**le rabais**   Rabatt (bei Mängelrügen)
**le prix de vente**   Verkaufspreis
**se plaindre**   sich beklagen
**le défaut de qualité**   Qualitätsmangel
**la non-conformité**   Nicht-Übereinstimmung
**la marchandise endommagée**   beschädigte/mangelhafte Ware
**l'offre spéciale**   Sonderangebot
**l'offre d'occasion**   Jubiläumsofferte
**la vente de fins de série**   Schlußverkauf
**le stock**   Lager
**les quinzaines commerciales**   Werbewochen
**les ventes (f) anniversaires**   Jubiläumsverkäufe
**les soldes (m) d'hiver**   Winterschlußverkauf
**les soldes d'été**   Sommerschlußverkauf
**la ristourne**   Bonus
**récompenser**   belohnen
**le taux**   Prozentsatz
**progressif, ve**   gestaffelt
**le chiffre d'affaires**   Umsatz
**l'escompte (m)**   Skonto
**l'escompte de caisse**   Kassenabzug
**la prime**   Prämie
**comptant net**   netto Kasse
**le crédit fournisseur**   Lieferantenkredit
**le décompte**   Berechnung
**le taux d'intérêt**   Zinssatz

| | |
|---|---|
| le crédit bancaire | Bankkredit |
| à court terme | kurzfristig |
| réductions sur le poids | Gewichtsabzüge |
| le poids brut | Bruttogewicht |
| le poids net | Nettogewicht |
| la tare | Tara |
| la tare réelle | Effektivtara |
| la tare unitaire | Stücktara |
| la tare conventionnelle | Prozenttara |
| la tare moyenne | Durchschnittstara |
| la tare d'usage | Usanz-/Usotara |
| la tare légale | Zolltara |
| le contenant | Behälter |
| l'emballage (m) | Verpackung |
| déballer | auspacken |
| proportionnellement | prozentual |
| l'application (f) | Anwendung |
| le coton | Baumwolle |
| le prélèvement | Abzug |
| le lot | Los, gesamte Partie |
| présumé | geschätzt |
| l'administration (f) des douanes | Zollverwaltung |
| les droits de douane | Zoll |
| le mode d'expédition | Versandart |
| les pertes (f) de poids | Gewichtsverluste |
| les remises (f) de poids | Gewichtsnachlässe |
| le don | Gutgewicht |
| le surdon | Sondergutgewicht/Refaktie |
| la tolérance | Toleranz |
| la freinte | Schwund |
| le leckage | Leckage |
| l'altération naturelle | natürliche Veränderung |
| l'avarie (f) | Havarie/Seeschaden |
| la mouillure | Feuchtsein (Zustand) |
| accidentel, le | zufällig, unerwartet |
| le déchet | Schwund, Verlust |
| la pousse | Abfall |
| la poussière | Staub |
| la manipulation | Behandlung |
| la perte partielle | teilweiser Verlust |
| le liquide | Flüssigkeit |
| la taxe sur la valeur ajoutée (T.V.A.) | Mehrwertsteuer |
| les biens (m) | Güter |
| les services (m) | Dienstleistungen |
| le producteur | Erzeuger, Hersteller |
| le grossiste | Großhändler |
| le détaillant | Einzelhändler |
| l'artisan (m) | Handwerker |
| être passible de qc. | einer Sache unterliegen |
| la valeur ajoutée | Mehrwert |
| être récupérable | rückerstattbar sein |
| la revente | Wiederverkauf |
| le consommateur final | Endverbraucher |
| le collecteur | Einsammler |
| l'impôt (m) | Steuer |
| élevé, e | hoch |
| le prix de vente net | Nettoverkaufspreis |
| hors taxes (HT) | ohne, ausschließlich MWSt. |
| le calcul | Berechnung |
| être en vigueur | gültig sein |
| le taux normal | regulärer Steuersatz |
| les prestations (f) | Dienstleistungen |
| le taux réduit | verminderter Steuersatz |
| non transformé, e | nicht verarbeitet |
| l'engrais (m) | Dünger |
| l'alimentation (f) | Ernährung |
| le taux majoré | erhöhter Steuersatz |
| le métal, les métaux | Metall |
| les pierres précieuses | Edelsteine |
| l'électrophone (m) | Plattenspieler |
| les fourrures (f) de luxe | Luxuspelze |
| la refaction | prozentualer Abzug |
| le quotidien | Tageszeitung |
| l'hebdomadaire (m) | Wochenzeitung |
| le terrain à bâtir | Baugelände |
| la facturation | Rechnungserstellung |
| le taux légal | gesetzlich gültiger Steuersatz |
| le montant de la taxe | Höhe der Steuer |
| les prix hors taxes | Preise ohne MWSt. |
| les prix taxes comprises | Preise einschl. MWST. |
| la base imposable | Besteuerungsgrundlage |
| la valeur en douane | Zollwert, Verzollungswert |
| le prix normal au comptant des marchandises | regulärer Barpreis der Waren |
| la déclaration (en douane) | Zollinhaltserklärung |
| les frais (m. pl.) | Kosten |
| les frais de transport | Transportkosten |
| les frais de magasinage | Lagerkosten, Lagergebühren |
| les frais d'assurance | Versicherungskosten |
| la commission | Provision |
| le courtage | Maklerprovision, Courtage |
| la valeur imposable | Verzollungswert |
| les frais accessoires | Nebenkosten |
| le lieu de destination | Bestimmungsort |

## Conditions de livraison

**les conditions (f) de livraison**  Lieferbedingungen
**le conditionnement**  Verkaufsverpackung
**le pays destinataire**  Bestimmungsland
**adapter**  anpassen
**le poids de l'unité de vente**  Gewicht der Verkaufseinheit
**la livre anglaise**  engl. Pfund
**les pays (m) anglo-saxons**  angelsächsische Länder
**l'emballage (m)**  Verpackung
**le mode de transport**  Transportart
**le chemin de fer**  Eisenbahn
**le bateau**  Schiff
**le camion**  LKW
**la voie d'acheminement (m)**  Beförderungsweg
**l'entreposage (m)**  Einlagerung
**le dégât**  Schaden
**le mode d'emballage**  Verpackungsart
**les marchandises courantes**  handelsübliche Waren
**les objets encombrants**  sperrige Güter
**les frais d'emballage**  Verpackungskosten
**l'emballage d'expédition**  Versandverpackung
**onéreux, se**  kostspielig
**l'emballage gratuit/compris**  einschließlich Verpackung
**l'emballage non compris**  ausschließlich Verpackung
**l'emballage au prix coûtant**  Verpackung zum Selbstkostenpreis
**brut pour net**  Brutto für Netto (bfn)
**l'emballage consigné**  Leihverpackung
**l'emballage perdu**  Einwegverpackung
**le marquage**  Markierung
**la mention**  Vermerk
**le manque de colis**  fehlende Packstücke
**le mélange de colis**  Verwechslung von Packstücken
**la concordance**  Übereinstimmung, hier: Zusammengehörigkeit
**le lot**  Posten, hier: Gesamtpartie
**le numéro principal**  Hauptnummer
**le numéro de chaque colis**  Eigennummer des fortlaufenden Packstückes (fortlaufende Nummer)
**le code du destinataire**  Kennmarke/-Ziffer des Empfängers
**les dimensions (f)**  Maße

**les frais de transport**  Transportkosten
**le camionnage**  Rollgeld (bei sperrigen Gütern)
**le factage**  Rollgeld (bei Paketen)
**la gare de départ**  Versandbahnhof
**le chargement**  Beladung
**la gare d'arrivée**  Bestimmungsbahnhof
**le déchargement**  Entladung
**les frais (m) d'acheminement**  Beförderungskosten
**le lieu de chargement**  Verladeort
**le lieu d'expédition**  Versandort
**le malentendu**  Mißverständnis
**Gare de Lyon**  Name eines Pariser Bahnhofs oder Bahnhof der Stadt Lyon
**rendu frontière**  geliefert Grenze
**incomber à qn.**  obliegen, zukommen
**gonfler**  aufblasen, erhöhen
**la répercussion**  hier: Rückwirkung, Auswirkung
**être matérialisé**  verkörpert, dargestellt sein
**la brique**  Backstein, hier: Kästchen
**être à la charge de qn.**  zu Lasten von jdm. sein
**nu départ**  ab Werk ohne Verpackung
**sauf convention contraire**  ohne gegenteilige Vereinbarung
**inhérent à qc.**  einer Sache innewohnend, hier: betreffend
**l'envoi (m) de détail**  Stückgutversand
**faire face à ses obligations**  seine Verpflichtungen erfüllen
**le transfert des frais**  Kostenübergang
**le transfert des risques**  Gefahrenübergang
**le dédouanement**  Verzollung
**le fret**  Fracht
**les risques d'avarie (f)**  Havarie (Seeschaden)-risiko
**la perte de la marchandise**  Verlust der Ware
**le franco-transporteur**  Frei Frachtführer
**le parcours**  Strecke
**à l'inverse de qc.**  im Gegensatz zu
**sauf stipulation contraire**  ohne gegenteilige Angabe
**l'allège (f)**  Leichter
**la barge (f)**  Barke, Flachboot
**la péniche (f)**  Last-, Schleppkahn
**le dommage**  Schaden, Beschädigung
**le fret maritime**  Seefracht
**le port d'embarquement**  Verschiffungshafen

**le bastingage** Reling
**l'assurance (f) maritime** Seeversicherung

## Délais de livraison

**délais de livraison** Lieferfristen
**ferme** fest, verbindlich
**impératif, ve** befehlend, hier: zwingend
**non-ferme** unverbindlich
**la fourchette de tolérance** Toleranzbreite
**mi-octobre** Mitte Oktober
**fin-mai** Ende Mai
**survenir** plötzlich eintreten
**l'événement (m)** Ereignis
**constituer** begründen
**la clause exonératoire** Freistellungsklausel
**la force majeure** höhere Gewalt
**imprévisible** unvorhersehbar
**irrésistible** unabwendbar
**le tremblement de terre** Erdbeben
**l'inondation (f)** Überschwemmung
**la grève** Streik
**le co-contractant** Vertragspartner
**le non-respect** Nichtbeachtung
**le paiement d'indemnités** Schadenersatzzahlung
**le dommage** Schaden
**subir** erleiden
**le plafond** Höchstbetrag
**la résiliation du contrat** Auflösung des Vertrages, Rücktritt vom Vertrag
**le point de départ** Verpflichtungszeitpunkt
**les spécifications (f)** Spezifizierungen
**les règles (f) de normalisation** Normen
**le dessin** Zeichnung
**la licence d'importation** Importlizenz
**l'autorisation (f)** Genehmigung

## Conditions de paiement

**les conditions de paiement** Zahlungsbedingungen
**le commerce intérieur** Binnenhandel
**avant la livraison** vor Lieferung
**à la livraison** bei Lieferung
**après livraison** nach Lieferung
**le commerce international** internationaler Handel
**le retard de paiement** Zahlungsverzug
**croissant, e** wachsend
**supporter** tragen, übernehmen

**inversement** in umgekehrter Reihenfolge
**payer d'avance** im voraus zahlen
**dépendre de** abhängen von
**la relation de force** Machtverhältnis
**dominer** dominieren
**imposer** zwingen
**être en position forte** eine starke Position haben
**dicter** diktieren
**l'acompte (m)** Anzahlung
**la machine onéreuse** teure Maschine
**l'usine (f) clef en main** schlüsselfertige Fabrik
**le préfinancement** Vorfinanzierung
**concevoir** entwerfen
**se protéger** sich schützen
**la garantie bancaire** Bankgarantie
**rembourser** zurückerstatten
«donnant – donnant» Zug um Zug
**le paiement comptant** Barzahlung
**contre remise de la marchandise** gegen Aushändigung der Ware
**paiement contre documents** Zahlung gegen Dokumente
**faire appel à qn.** in Anspruch nehmen
**l'assurance-crédit** Kreditversicherung
**la compagnie d'assurances** Versicherungsgesellschaft
**le paiement anticipé** Vorauszahlung
**le paiement par crédit documentaire** Zahlung gegen Dokumentenakkreditiv
**comptant contre documents** Kasse gegen Dokumente
**paiement au comptant** Kasse gegen Waren
**documents contre acceptation** Dokumente gegen Akzept
**payable à terme ouvert** offenes Ziel
**droit applicable et règlement des litiges** anwendbares Recht und Regulierung von Rechtsstreitigkeiten
**soumettre** unterwerfen
**le droit romain** römisches Recht
**la «Common Law»** engl. Recht
**la république populaire** Volksrepublik
**le droit socio-marxiste** marxistischsozialistisches Recht
**le droit commercial français-belge** französisch-belgisches Handelsrecht
**prévoir** vorsehen
**l'ambiguïté (f)** Zweideutigkeit
**s'interpréter** etwas auslegen
**en défaveur de qn.** zu Ungunsten von jdm.

**le rédacteur** Verfasser
**la clause litigieuse** Streitklausel
**la Convention de Vienne** Wiener Abkommen
**être ratifié, e** ratifiziert werden
**l'adhésion (f)** Mitgliedschaft
**l'application (f)** Anwendung
**le transfert de la propriété** Eigentumsübertragung
**les obligations (f) de paiement** Zahlungsverpflichtungen
**le progrès important** wichtiger Fortschritt
**les pays (m) signataires** Signaturstaaten, Unterzeichnerländer
**adopter** annehmen, übernehmen
**rejeter** zurückweisen
**les affaires internationales** internationale Geschäfte
**le différend** Meinungsverschiedenheit
**soumettre qc. à l'arbitrage (m)** Schiedsgericht anrufen
**la clause d'arbitrage (m)** Schiedsgerichtsklausel
**appréciable** nennenswert

**onéreux, se** teuer
**se justifier** sich rechtfertigen
**la Convention de Bruxelles** Brüsseler Abkommen
**la reconnaissance** Anerkennung
**l'exécution (f)** hier: Vollstreckung
**les Etats membres de la Communauté** Mitgliedsländer der Gemeinschaft
**la convention attributive de juridiction** Abkommen über den zuständigen Gerichtsstand
**la clause attributive de juridiction** Gerichtsbarkeitsklausel
**stipuler qc.** angeben
**faire statuer qn. dans qc.** hier: jdn. in etwas entscheiden lassen
**le tribunal de commerce** Handelsgericht
**le siège social** Firmensitz
**le droit procédural allemand** deutsches Prozeßrecht
**les frais (m.pl.) d'avocat** Anwaltskosten
**à la charge de la partie perdante** zu Lasten der Prozeßpartei, die verliert
**le plaideur français** französischer Prozeßbeteiligter

# Le contrat commercial | I

## 1. Le contrat de vente d'après le droit allemand

Le contrat de vente est un accord entre deux parties: l'acheteur et le vendeur qui se sont mis d'accord sur un objet et son prix. Il y a accord lorsque l'offre du vendeur est acceptée sans modification par l'acheteur.
Il y a plusieurs possibilités de conclure un contrat de vente:
a) Le vendeur fait une offre ferme. L'acheteur passe une commande. Le contrat de vente est conclu.
b) L'acheteur commande chez le vendeur de la marchandise sans qu'une offre ait été faite par le vendeur. Si le vendeur accepte la commande – avec ou sans confirmation écrite – le contrat est considéré comme conclu.
c) Le vendeur envoie une marchandise non commandée. Si l'acheteur paie cette marchandise, le contrat de vente est conclu.

Un contrat de vente international doit avoir une forme écrite, afin que soient mentionnés les points essentiels du contrat tels que la nature de la marchandise, la quantité minimum, les conditions de paiement et de livraison, le prix, les remises etc. (voir aussi chapitre «L'offre» page 161)

Le commerçant doit, pour un contrat international, souvent faire appel aux banques, aux assurances, aux transporteurs et il doit en plus prendre en considération les réglementations en vigueur dans les deux pays (contrôles en douane, réglementations des changes, réglementations sanitaires etc.).

Les obligations suivantes résultent d'un contrat de vente d'après le droit allemand (code civil allemand § 433)

a) **Le vendeur est obligé:**
   - de fournir à l'acheteur une marchandise sans défaut et à un moment donné de lui permettre d'en devenir propriétaire
   - d'accepter le prix d'achat

b) **L'acheteur est obligé:**
   - de payer au vendeur en temps voulu le prix convenu de la marchandise
   - de prendre livraison de la marchandise achetée.

En règle générale, la livraison de la marchandise à l'acheteur signifie en même temps le transfert de la propriété et par là le droit de l'acheteur d'en disposer à sa convenance.

Devenir possesseur et propriétaire d'une chose peut être étalé dans le temps:

L'acheteur peut, par exemple, être déjà propriétaire de la marchandise par un connaissement[1]) avant qu'il ne la reçoive. Si le vendeur a énoncé une réserve de propriété, l'acheteur ne sera que possesseur de la marchandise. La propriété en restera au vendeur jusqu'au paiement intégral du prix de vente par l'acheteur.

## 2. Le contrat de vente d'après le droit français

«La vente est un contrat par lequel une personne s'oblige à transférer la propriété d'une chose à une autre personne moyennant un prix en argent que celle-ci s'oblige à lui payer.» (Code Civil, art. 1582)

«La vente est parfaite entre les parties et la propriété est acquise de droit à l'acheteur à l'égard du vendeur **dès qu'on est convenu de la chose et du prix, quoique la chose n'ait pas encore été livrée ni le prix payé.**» (Code Civil, art. 1583)

Il résulte de ce principe que **le transfert** à l'acheteur **de la propriété** de la chose vendue ne découle pas de la remise de la chose ou de son paiement par l'acheteur, mais du seul échange des consentements. En pratique, lors de l'acceptation de la commande par le vendeur, ou de l'offre par l'acheteur.

Il faut ajouter dans ce contexte, que les risques sur la chose vendue passent ainsi à l'acheteur dès qu'il en est devenu propriétaire. La loi allemande offre une solution très différente: l'échange des consentements n'est pas par lui-même translatif de propriété, le transfert ne s'effectue que lors de la remise matérielle de la chose à l'acheteur. Les risques sont transférés indépendamment du transfert de propriété, lors de la remise matérielle de la chose à l'acheteur.[2])

---

[1]) Voir aussi chapitre «Les documents concernant le transport et la douane» page 219.
[2]) Lécroart, O., Transfert de propriété et des risques, MOCI, n° 470/28 Septembre 1981, pages 37/38 (Erläuterung: in Deutschland findet der Gefahrenübergang beim Versendungskauf bei der Übergabe der Ware an die Versandanstalt statt).

# 3. Les obligations du vendeur et de l'acheteur[1]

Le vendeur est obligé de

| | | |
|---|---|---|
| 1. | livrer la chose | – conforme à l'objet du contrat<br>– en un lieu donné<br>– à une date déterminée |
| 2. | garantir à l'acheteur l'absence de tous vices cachés[2] | |
| 3. | accepter la somme convenue dans les devises mentionnées dans le contrat | |
| 4. | fournir les moyens de transport nécessaire à l'acheminement de la chose | – jusqu'au point de délivrance prévu par les INCOTERMS ou jusqu'en un point prévu dans le contrat. |
| 5. | informer l'acheteur des mouvements de la marchandise. Il peut lui adresser | – un avis d'expédition<br>– un avis d'embarquement<br>– un avis de chargement etc.<br>En plus il peut lui communiquer:<br>– la date de départ du navire/de l'avion<br>– la date d'arrivée etc. |
| 6. | conditionner et emballer la chose | – pour que le transport se fasse sans aléas. |
| 7. | permettre le transfert de propriété | |
| 8. | fournir les licences d'exportation | – si cela est nécessaire. |
| 9. | fournir les certificats d'origine[3] | – et factures consulaires[3] si besoin est. |

**fig. I 1**

---

[1] Cazalet de, Bruno, Choisir sa loi, MOCI, n° 470/28 Septembre 81, p. 35.
[2] Les vices cachés: en matière de vices cachés, la législation française (art. 1641, Code Civil) présume la connaissance du vice par le vendeur et déclare nulle toute clause limitative de responsabilité. Le vendeur français peut ainsi être recherché sans limitation dans le temps en raison du vice caché. Le droit allemand admet largement des limitations conventionnelles de responsabilité et fixe à **six mois** ou **un an** après la vente la date limite pour introduire une réclamation (source: voir 1)
[3] Explication voir chapitre «Les documents concernant le transport et la douane» page 241.

Le vendeur n'est pas seul soumis à des obligations, l'acheteur est tenu de

- payer le prix de la chose aux dates convenues
  - par acceptation d'une lettre de change[1]
  - par ouverture d'un crédit documentaire[2] etc.

- en prendre livraison en temps et lieu fixés par le contrat

- fournir, en temps utile, les licences d'importation
  - qui autorisent l'acheteur à importer la marchandise

- contracter éventuellement une assurance de transport[3]
  - Attention: Les marchandises voyagent toujours aux risques et périls du destinataire (Art. 100 du Code de Commerce)[4]

**fig. 12**

## 4. Réserve de propriété[5]

La clause de réserve de propriété a connu une extraordinaire fortune en Allemagne. Elle figure très couramment dans les conditions générales de vente en usage dans ce pays.
Le principe est posé par l'article 455 du Code Civil allemand (BGB):
«Lorsque le vendeur d'un bien meuble s'en est réservé la propriété jusqu'au paiement du prix, il faut considérer, en cas de doute, que le transfert de la propriété est subordonné à la condition suspensive du paiement intégral du prix de vente et que le vendeur a droit à la résiliation du contrat quand l'acheteur est en retard pour le paiement.»
Ce mécanisme protecteur du vendeur à crédit présente de tels avantages qu'il a fini par passer le Rhin pour inspirer le législateur français. Mais la loi française du 12 Mai 1980 n'a introduit dans notre droit la réserve de propriété que sous la forme la plus simple et avec des règles de formes plus lourdes. Si bien que l'exportateur français a tout intérêt à se familiariser avec le mécanisme de la réserve de propriété en droit allemand.
Le transfert de propriété, qui intervient en droit français au moment même du consentement, se produit en droit allemand par l'exécution d'un contrat distinct de transfert de propriété (Übertragungsvertrag), normalement par la livraison de la marchandise.
Quoiqu'il en soit, le vendeur sera souvent payé beaucoup plus tard. Il supportera donc l'éventuelle défaillance de son acheteur puisque les marchandises qu'il a livrées sont devenues la propriété de son acheteur.

---

[1] Voir chapitre «Le règlement», page 263.
[2] Voir chapitre «Le règlement», page 271.
[3] Cazalet de, Bruno, Les obligations du vendeur et de l'acheteur, MOCI, n° 470/28 Septembre 1981, p. 66.
[4] In Deutschland haftet die Versandanstalt (Post, Bahn, Spediteur) bis zu einer bestimmten Höhe für das Transportrisiko).
[5] CFCE, Service juridique, Recommandations pour l'établissement d'un contrat de vente international, avril 1985, p. 5.

L'insertion d'une clause de réserve de propriété a précisément pour effet de répondre à ce problème en différant le transfert de propriété jusqu'au paiement intégral et en autorisant par conséquent le vendeur impayé à reprendre sa marchandise, même en cas de faillite de son client.

Sous sa forme la plus simple la clause de réserve de propriété peut s'énoncer comme suit:
«Bis zur vollständigen Bezahlung des Kaufpreises und aller Nebenforderungen behalten wir uns das Eigentum an den von uns gelieferten Waren vor.»
«Jusqu'au paiement intégral du prix et de toutes les créances accessoires nous nous réservons la propriété de la marchandise livrée.»

Au cas où la vente porte sur des matières premières, devant faire l'objet d'une transformation, il convient de stipuler que le vendeur deviendra propriétaire du produit fini. C'est la clause de transformation (Verarbeitungsklausel).
La clause de réserve de propriété prolongée (verlängerter Eigentumsvorbehalt) s'impose lorsque les marchandises sont destinées à être revendues.
Il est souhaitable de mentionner la réserve de propriété sur les factures sous une forme simple, par exemple: «Réserve de propriété».

## 5. Les cinq contrats

L'établissement d'un contrat de vente est une chose importante en commerce international. La plupart des entreprises françaises n'étant pas habituées à effectuer des contrats précis pour les ventes de marchandises ou de services sur le marché intérieur, éprouvent beaucoup de difficultés pour recouvrer leurs créances sur les marchés extérieurs, à cause des lacunes de leurs contrats commerciaux.
Un contrat commercial doit être établi de telle façon que le vendeur ne se dessaisisse de la propriété de la marchandise que contre un paiement effectif.
Beaucoup de gens pensent que le droit de livraison et le droit de paiement sont indissociables, et que, dès qu'ils ont livré, ils ont automatiquement droit au paiement. Cette conception est erronée, la livraison de la marchandise et le paiement correspondant doivent être considérés comme deux opérations différentes.
En principe, une exportation devrait reposer sur cinq contrats ou, pour le moins, les vendeurs devraient avoir en tête, lors des négociations, l'existence possible de ceux-ci, à savoir:

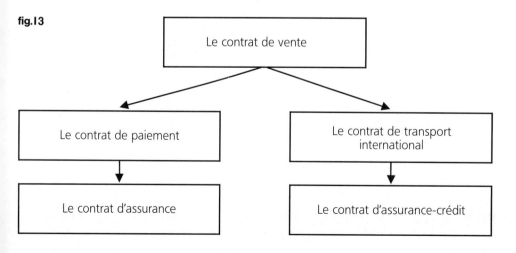

fig.13

## 5.1 Principaux points à considérer dans un contrat de vente international[1)]

| Numéro du contrat: | Date: |
|---|---|

| Vendeur:<br>représenté par: | Acheteur:<br>représenté par: |
|---|---|

Désignation de la marchandise:

Caractéristiques techniques:

| Emballage: en vrac (par exemple) | pour transport maritime<br>pour transport aérien<br>pour transport routier |
|---|---|

Prix: unité monétaire pour unité de quantité

| Incoterm | MCM[2)] – frais de dédouanement – à préciser |
|---|---|

Délai de livraison:
(force majeure)

Modalités d'exécution:
Nous nous chargerons pour votre compte . . . ces coûts seront ajoutés à la facture

Conditions de paiement

Réserve de propriété

Marquage
Numéro des colis (poids et encombrement des colis, palettes marquées)

Droit applicable

Langue (si contrat bilingue)

Règlement des litiges – clause attributive de juridiction ou clause d'arbitrage

| Signature du vendeur ou de l'agent | Signature de l'acheteur |
|---|---|

Vous trouverez les explications sur les différents points du contrat dans le chapitre «L'offre» page 161.

**fig. I 4**

---
[1)] CFCE, Service Juridique, Recommandations pour l'établissement d'un contrat de vente international, avril 1985, p. 9.
[2)] MCM = Montant compensatoire monétaire (Währungsausgleichsabgabe)

## 5.2 Le contrat de paiement[1]

Un aperçu sur les conditions de paiement se trouvent dans le chapitre «L'offre» page 161. De plus, toutes les expressions qui concernent le «mode de paiement» sont expliquées dans le chapitre «Le règlement» page 251.
Les points suivants doivent être considérés:
- Préciser la monnaie de paiement[2]
- Prévoir un acompte à la commande
- Préciser les conditions de paiement du solde du prix[3]
- Demander un «crédit ouvert à la commande» pour les produits de «fabrication sur devis».
- Demander un «crédit confirmé» pour les exportations vers des pays «difficiles»
- Prévoir au moins que la marchandise ne sera délivrée que contre un bon de réception dans le cas où aucune garantie de paiement n'est demandée
- Préciser que tous les frais de paiement sont à la charge de l'acheteur
- Pour les transferts bancaires, prévoir la procédure SWIFT[4] pour accélérer les paiements
- Le cas échéant, préciser les modalités de paiement en cas de révisions de prix
- Prévoir enfin les sanctions pour retard ou défaut de paiement:
  intérêts moratoires
  suspension des prestations du vendeur jusqu'au règlement de la créance
  le cas échéant, déchéance des avantages consentis
  résiliation du contrat
  la clause de réserve de propriété[5]

## 5.3 Le contrat de transport international[6]

En principe, celui-ci est conclu à l'initiative du vendeur, sauf si on utilise certains Incoterms (à l'usine; franco-wagon; FAS, franco le long du navire; FOB, franco-bord etc.).
Compte tenu de l'intérêt que peut avoir, dans certains cas, le vendeur à détenir le titre de transport, il peut demander à l'acheteur mandat de conclure le contrat de transport à sa place. Même lorsqu'il n'a pas la responsabilité du chargement ou du transport, le vendeur doit s'assurer qu'ils pourront s'effectuer dans de bonnes conditions.
Le contrat de transport est important surtout pour le commerce courant où l'entrée en créance du vendeur et la livraison sont simultanées. Encore faut-il que cette livraison puisse être justifiée par un document sur lequel figure la signature de l'acheteur et si possible un tampon de l'entreprise. La possession de ce document par le vendeur lui donne droit d'entrer en créance. Or, malheureusement, il peut se faire que de tels documents s'égarent et si l'acheteur conteste la livraison, il faudra pouvoir se retourner contre le transporteur.
Les documents de transports (connaissement, lettre de transport, lettre de voiture etc.) voir chapitre «Les documents concernant le transport et la douane» page 203.

---
[1] Weisz, H., Zélicourt de, J., Conditions générales de vente Export, MOCI, n° 675/2 Septembre 1985, p.24.
[2] par exemple pour le Deutsche Mark l'abréviation officielle est DEM, pour le franc français l'abréviation officielle est FRF.
[3] le solde du prix = Restzahlung
[4] SWIFT – Code voir chapitre «Le règlement» page 260.
[5] Réserve de propriété voir aussi page 192.
[6] CFCE, Service juridique, Recommandations pour l'établissement d'un contrat de vente international, avril 1985, p. 7.

## 5.4 Le contrat d'assurance[1]

Le transport, surtout lorsqu'il s'agit de denrées périssables, est à la merci d'imprévus qui peuvent rendre un lot de marchandises impropre à la consommation (délais d'acheminement trop élevés à la suite d'une panne, fonctionnement déficient du réfrigérateur...). Bien que les clauses de l'assurance-transport soient bien définies et faciles à connaître, elles peuvent devoir faire l'objet d'un complément dans certains cas. La vente CAF (Coût-Assurance-Fret) inclut automatiquement une assurance de la forme FAP (Franc d'Avaries Particulières)[2] (voir aussi page 224).

## 5.5 Le contrat d'assurance-crédit[3]

Un vendeur encourt toujours un risque pour le recouvrement de ses créances. Il peut limiter ce risque en souscrivant une assurance-crédit. En France, la Compagnie Française d'Assurance pour le Commerce Extérieur (COFACE) est spécialisée dans ce domaine. Elle couvre les risques financiers aussi bien pour les produits industriels que pour les produits agro-alimentaires. Le Groupement d'Intérêt pour Promouvoir l'Assurance-Crédit (GIPAC), qui dépend des Mutuelles Agricoles, couvre les risques financiers pour les produits agro-alimentaires et les fournisseurs de l'industrie alimentaire seulement.
Ces deux sociétés d'assurance-crédit suivent régulièrement la situation financière des acheteurs et de leurs clients, et elles sont souvent à même de les prévenir à temps en cas de tension financière. Le contrat de vente est une base de l'assurance-crédit, une raison de plus pour qu'il soit libellé avec précision.

# 6. Exercices

## 6.1 Compréhension et commentaires

1. Quelle différence y a-t-il entre un contrat de vente en droit français et un contrat de vente en droit allemand?
2. Quand y a-t-il conclusion de contrat de vente?
3. Qu'appelle-t-on «vice caché»?
4. Quelles sont les obligations de l'acheteur?
5. Quelles sont les obligations du vendeur?
6. Quelle différence y a-t-il entre être possesseur et être propriétaire d'une chose?
7. Qu'est-ce qu'une réserve de propriété?
8. Quels sont les cinq principaux types de contrat qui doivent être considérés dans une vente internationale?
9. Nommez les principaux points à considérer dans un contrat de vente internationale.
10. Que pouvez-vous dire sur le contrat de paiement?

---

[1] CFCE, Service juridique, Recommandations pour l'établissement d'un contrat de vente international, avril 1985, p. 8.
[2] FPA – free from particular average. Die FPA-Klausel gewährt lediglich eine Mindestdeckung nach CIF gem. INCOTERMS 1980. Vollständige Deckung gewährt nur «Tous risques – All risks».
[3] CFCE, Service juridique, Recommandations pour l'établissement d'un contrat de vente international, avril 1985, p. 8.

## 6.2 Dictée

Vendre est souvent une opération d'une extrême simplicité. Le marchand de légumes qui, au marché, vend un kilo d'artichauts à une ménagère, réalise une opération à laquelle tout le monde est tellement habitué qu'on n'en distingue plus les composants obligatoires. Et pourtant c'est une opération juridique dont on retrouve les éléments dans tout contrat de vente à quelque niveau que ce soit. Examinons-les rapidement:
Notre marchand doit tout d'abord être propriétaire des artichauts qu'il vend. S'il ne l'est pas, la loi prévoit en détail quels sont les droits respectifs du marchand, du véritable propriétaire et de la ménagère.
Les artichauts vendus doivent présenter certaines caractéristiques techniques qui, dans notre cas, auront trait notamment à l'hygiène.
Dans le cas où la ménagère aura été encouragée à choisir elle-même les artichauts achetés, ce sont ceux choisis par elle que le marchand devra mettre dans son panier à provisions. Il doit livrer l'objet même du contrat et pas un autre.
La ménagère doit payer le montant de son achat. Elle payera le prix affiché, le marchand ne peut lui demander un prix supérieur. A l'inverse, en lui rendant la monnaie, il ne peut lui faire une ristourne qui aboutisse à vendre ses artichauts au-dessous de son propre prix de revient; la loi le lui interdit.
Frédéric Chartier, Un atout et une garantie, MOCI, n° 470/28 Septembre, p. 29

### Compréhension et commentaires

1. Expliquez à partir de cet exemple d'un contrat de vente verbal combien de contrats auraient été conclus en réalité en R.F.A.?
2. Doit-on être possesseur ou propriétaire d'une marchandise pour pouvoir la vendre?
3. Peut-on vendre une marchandise en dessous de son prix de revient?

## 6.3 Traductions

### 6.3.1 Version

### 1. Force majeure

- Définir la force majeure, en se référant non pas au concept français (événement «imprévisible, irrésistible et extérieur») mais à l'acception plus large de la «lex mercatoria» (toute cause qui échappe «raisonnablement» au contrôle des parties). Pour éviter toute contestation, citer comme exemple de force majeure les risques les plus courants: conflits sociaux (grèves, lock-out), perturbation des moyens de transport ou communications, difficulté d'approvisionnement chez les fournisseurs.
- Prévoir les modalités et délais de notification de la force majeure.
- Indiquer les conséquences de la force majeure: dans un premier temps, suspension des obligations concernées par la force majeure puis, au delà d'une certaine limite à préciser, renégociation ou résiliation du contrat à l'amiable, ou à défaut par un juge ou un arbitre.

- Préciser que la force majeure ne peut suspendre le règlement du prix des fournitures livrées ou des prestations effectuées.

Weisz, H., Zelicourt, de J.,<br>
Conditions générales de vente Export<br>
MOCI, n° 675/2 Septembre 1985, p. 25

### Compréhension et commentaires
1. Qu'appelle-t-on «force majeure»?
2. Citez des cas de force majeure.
3. Citez des conséquences qui peuvent résulter d'un cas de force majeure.

## 2. La solution des conflits

Il est impératif d'avoir une clause de juridiction et une attribution de compétence.
On peut indiquer, le cas échéant, un arbitrage. Pour cette raison, il faut établir alors une clause compromissoire faisant référence à un arbitrage institutionnel (type CCI), soit un arbitrage «ad hoc». Dans tous les cas, il faudra fixer:
- le champ d'application et l'exclusivité de l'arbitrage;
- la procédure à suivre pour le choix des arbitres;
- le lieu de l'arbitrage;
- la langue de l'arbitrage si on la veut différente de celle du contrat;
- la loi de procédure à appliquer;
- et le caractère définitif et non susceptible d'appel de la sentence.

Martinet, F., Contrat de vente, 17<br>
questions préalables, MOCI, n° 552/25<br>
Avril 1983, p. 17

### Compréhension et commentaires
1. Expliquez par quels moyens trouver une solution aux conflits.
2. Nommez les deux types d'arbitrage auxquels on peut se référer dans un contrat.
3. Enumérez quelques points importants relatifs à l'arbitrage.

### 6.3.2 Thème

## Der mündliche Kaufvertrag nach deutschem Recht

Um den Sinn eines deutschen Kaufvertrages richtig zu verstehen, kann man folgendes Beispiel nehmen:
Ein Kunde betritt ein Schreibwarengeschäft, um einen Füller zu kaufen. Im Parterre des Geschäftes zeigt der Verkäufer ein Modell, welches dem Kunden gefällt. Der Kunde bringt seinen Kaufwunsch zum Ausdruck. Der Abschluß des Kaufvertrages hat stattgefunden. Danach bittet der Verkäufer zur Kasse, die sich im 1. Stock des Geschäftes befindet. Dort bezahlt er den Füller und bekommt ihn an der Warenausgabe ausgehändigt. Der Kaufvertrag, der im Parterre abgeschlossen wurde, wird nun auf der 1. Etage erfüllt.
Abschluß und Erfüllung finden also auf zwei verschiedenen Ebenen statt und sind rechtlich gesehen unabhängig voneinander.

## 6.4 Pratique de communication

1. Vous avez pris différentes notes lors des négociations de vente. Préparez le contrat correspondant selon le modèle page 194.
   200 colis de 12 bouteilles de vin de Bordeaux «Château de Parenchère», AOC, récolte 1982, prix 21,– FF la bouteille.
   Nous nous chargerons du transport pour votre compte. Ces coûts seront ajoutés à la facture. Droit allemand, langue française. Clause d'arbitrage: selon arbitrage de la Chambre Officielle Franco-Allemande de Commerce et d'Industrie.
   Numéro des colis de 1 à 200, colis n° 001 – lot 200 colis poids brut 16 kg par carton, 52 colis par palette, emballage (cartons et palettes) gratuit, à l'usine. Paiement: Sous 8 jours avec 3% d'escompte ou net à 30 jours, frais de dédouanement à la charge de l'acheteur.
   Délai de livraison (force majeure) jusqu'à la 35ième semaine de 19.. . Réserve de propriété, emballage pour transport routier. Vendeur: Ets. Dubois et fils, Bordeaux, représenté par M. Licet, acheteur: Firma Weinimport Clemens, 5000 Köln, représenté par M. Müller.
2. Contrôlez le contrat suivant que vous avez reçu de votre fournisseur et dites quels points importants ont été oubliés ou mentionnés de façon imprécise.
   Faites-les connaître par téléphone à votre fournisseur!

   **Contrat de vente**
   Numéro du contrat: 212-23         Date: 17 septembre 19 ..
   Vendeur: Dupont & Cie, Bordeaux   Acheteur: Export-Import GmbH Köln
   représenté par: Mme Mercier       représenté par: –
   Désignation de la marchandise: vin de Bordeaux
   Emballage: emballage à votre charge
   Prix: 21,–
   Incoterm: Rendu frontière
   Délai de livraison: fin octobre 19..
   Modalités d'exécution: Nous nous chargerons pour votre compte du transport.
   Conditions de paiement: à votre convenance
   Marquage: no. des colis de 1 à 50
   Droit applicable: français
   Langue française
3. Un client français vous appelle et vous informe que la marchandise que vous lui avez livrée il y a plus d'un an n'est pas conforme au contrat. Il attire votre attention sur l'article 1641, Code civil, voir aussi page 191.
   Expliquez-lui que le droit allemand diffère du droit français et que vous ne pouvez pas prendre en considération sa réclamation.
4. Un client allemand demande à une entreprise française quelles obligations résultent pour lui d'un contrat de vente écrit. Il demande une réponse écrite.
5. Un correspondant de votre maison vous demande de le conseiller pour élaborer un contrat de paiement. Donnez-lui par écrit quelques conseils!

# 7. Lexique: Le contrat commercial

## Le contrat de vente d'après le droit allemand

**se mettre d'accord**  sich einigen
**la modification**  Änderung
**conclure un contrat**  einen Vertrag abschließen
**la confirmation écrite**  schriftliche Bestätigung
**être considéré comme**  betrachtet werden als
**faire appel à qn.**  sich an jn. wenden
**l'assurance (f)**  Versicherung
**les réglementations (f) en vigueur**  gültige Vorschriften
**les réglementations sur les changes**  Devisenkontrolle
**les réglementations sanitaires**  Gesundheitsvorschriften
**l'obligation (f)**  Pflicht
**le code civil allemand**  BGB (Bürgerliches Gesetzbuch)
**en parfait état**  mangelfrei
**à un moment donné**  rechtzeitig
**le transfer de la propriété**  Eigentumsübertragung
**disposer de qc. à sa convenance**  nach seinem Belieben über etwas verfügen
**le possesseur**  Besitzer
**le propriétaire**  Eigentümer
**être étalé dans le temps**  zeitlich auseinanderfallen
**le connaissement**  Konnossement, Seefrachtbrief
**la réserve de propriété**  Eigentumsvorbehalt
**jusqu'au paiement intégral du prix de vente**  bis zur vollständigen Bezahlung des Kaufpreises

## Le contrat de vente d'après le droit français

**transférer la propriété d'une chose**  Eigentum an einer Sache übertragen
**moyennant**  vermittels, mit Hilfe von
**l'argent (m)**  hier: Geld
**être acquis, e**  erworben sein
**de droit**  von Rechts wegen

**à l'égard de**  im Hinblick auf, hinsichtlich
**dès que**  sobald
**convenir de**  hier: einig werden über
**quoique (+ Konjunktiv)**  obgleich
**découler**  folgen, sich ableiten
**la remise**  hier: Aushändigung, Überlassung
**le consentement**  Einwilligung, Zustimmung
**l'échange (m) des consentements**  Austausch von (übereinstimmenden) Willenserklärungen
**lors de**  bei
**dans ce contexte**  in diesem Zusammenhang
**les risques (m)**  Gefahren
**passer à qn.**  auf jn. übergehen
**être translatif de propriété**  eigentumsübertragend sein
**la remise matérielle**  hier: tatsächliche Übergabe (Aushändigung)

## Les obligations du vendeur et de l'acheteur

**le lieu donné**  festgesetzter, bestimmter Ort
**la date déterminée**  festgelegtes Datum
**l'absence (f) de tous vices cachés**  Fehlen von jeglichen versteckten Mängeln
**la somme convenue**  vereinbarter Betrag
**la devise**  ausländische Währung
**le moyen de transport**  Transportmittel
**le point de délivrance**  Lieferort
**l'avis (m) d'expédition**  Versandanzeige
**l'avis d'embarquement**  Verschiffungsanzeige
**l'avis de chargement**  Verladebenachrichtigung
**la date d'arrivée**  Ankunftsdatum
**la date de départ**  Versanddatum
**l'aléa (m)**  Wagnis, Risiko, Zufall
**conditionner qc.**  etwas mit einer Verkaufspackung versehen
**la licence d'exportation**  Exportlizenz
**le certificat d'origine**  Ursprungszeugnis
**la facture consulaire**  Konsulatsfaktura
**la législation française**  französische Gesetzgebung

**présumer** unterstellen, vermuten
**déclarer nulle toute clause limitative de responsabilité** jede, die Haftung einschränkende Klausel für nichtig erklären
**être recherché** hier: strafrechtlich verfolgt werden
**sans limitation dans le temps** ohne zeitliche Beschränkung
**admettre** zulassen
**conventionnel,le** vertraglich
**la réclamation** Mängelrüge
**être tenu de faire qc.** gehalten sein, etwas zu tun
**par acceptation d'une lettre de change** durch Wechselakzept
**par ouverture d'un crédit documentaire** durch Eröffnung eines Dokumentenakkreditivs
**prendre livraison de qc.** etwas in Empfang nehmen
**la licence d'importation** Importlizenz
**en temps utile** zu gegebener Zeit
**contracter une assurance de transport** Transportversicherung abschließen
**aux risques et périls du destinataire** auf Rechnung und Gefahr des Empfängers

## Réserve de propriété

**réserve de propriété** Eigentumsvorbehalt
**la fortune** hier: glückliche Entwicklung
**figurer** aufgeführt werden
**en usage** gebräuchlich
**le bien meuble** bewegliches Gut
**le bien immeuble** unbewegliches Gut (= Immobilie)
**se réserver qc.** sich etwas vorbehalten
**en cas de doute** im Zweifelsfall
**être subordonné à** untergeordnet sein
**la condition suspensive** aufschiebende Bedingung
**le paiement intégral** vollständige Bezahlung
**avoir droit à** das Recht besitzen zu . . .
**la résiliation** Annullierung, Auflösung (= Wandlung)
**être en retard pour le paiement** sich in Zahlungsverzug befinden
**le mécanisme protecteur** Schutzmechanismus
**finir par** schließlich
**passer** hier: überschreiten

**le législateur français** französischer Gesetzgeber
**la règle de forme** Formvorschrift
**se familiariser** sich an etwas gewöhnen, mit etwas vertraut werden
**intervenir** eintreten
**la défaillance** jur. Nichterfüllung
**l'insertion (f)** Einfügung
**différer qc.** hinausschieben, verzögern
**la faillite** Konkurs
**les matières premières** Rohstoffe
**la transformation** Verarbeitung
**stipuler** anführen, erwähnen
**le produit fini** Endprodukt

## Les cinq contrats

**être habitué à faire qc.** daran gewöhnt sein, etwas zu tun
**recouvrer des créances** Außenstände einziehen
**la lacune** Lücke
**se dessaisir de qc.** sich von etwas trennen, etwas aufgeben
**indissociable** unauflöslich
**erroné** falsch, fehlerhaft
**la conception** Vorstellung, Anschauung
**avoir en tête** hier: an etwas denken
**lors des négociations (f)** bei den Verhandlungen
**le contrat d'assurance-crédit** Kreditversicherungsvertrag
**en vrac** lose
**les frais (m. pl.) de dédouanement** Verzollungskosten
**les modalités (f) d'exécution** Ausführungsrichtlinien
**l'encombrement (m)** Maß, Umfang
**l'aperçu (m)** Übersicht
**le crédit ouvert à la commande** bei der Bestellung eröffneter Kredit
**la fabrication sur devis** Herstellung nach Kostenvoranschlag
**le crédit confirmé** bestätigter Kredit
**le bon de réception** Empfangsbestätigung
**les modalités de paiement** Durchführung der Zahlung
**la révision des prix** Preisänderung
**la sanction** Maßnahme
**le retard de paiement** Zahlungsverzug
**le défaut de paiement** Zahlungseinstellung

**les intérêts (m) moratoires** Verzugszinsen
**la suspension des prestations** Einstellung, Unterbrechung von Leistungen
**la déchéance** Entzug, Aberkennung
**la résiliation du contrat** Rücktritt vom Vertrag
**à l'initiative de qn.** seitens
**détenir** erhalten, besitzen
**le titre de transport** Transportauftrag
**demander à qn. mandat de faire qc.** jn. um den Auftrag bitten, etwas zu tun
**le commerce courant** übliches Geschäft
**l'entrée (f) en créance** Entstehung der Forderung
**justifier par** beweisen durch
**le tampon** Stempel
**entrer en créance** Forderung begründen
**s'égarer** abhanden kommen, verloren gehen
**contester qc.** etwas bestreiten
**les denrées (f) périssables** leicht verderbliche Lebensmittel
**être à la merci de qc.** einer Sache ausgeliefert sein
**l'imprévu (m)** unvorhergesehener Fall
**rendre qc. impropre à la consommation** etwas für den Verzehr ungenießbar machen
**le fonctionnement déficient** fehlerhafte Funktion

**le réfrigérateur** Kühlschrank
**le complément** Ergänzung
**encourir un risque** Risiko eingehen
**le recouvrement des créances** Eintreibung der Außenstände
**souscrire** unterschreiben
**couvrir les risques** Risiken abdecken
**le groupement d'intérêt** Interessengemeinschaft
**promouvoir** fördern, unterstützen
**la mutuelle** Gesellschaft auf Gegenseitigkeit
**l'industrie alimentaire** Lebensmittelindustrie
**prévenir** warnen
**à temps** rechtzeitig
**la tension financière** finanzielle Spannung
**les artichauts (m)** Artischocken
**la ménagère** Hausfrau
**le composant** Bestandteil, Teil, Komponente
**respectif** betreffend, jeweilig
**avoir trait à** auf etwas Bezug nehmen
**notamment** insbesondere
**le panier à provisions** Proviantkorb
**le prix affiché** ausgewiesener Preis
**la ristourne** hier: Nachlaß
**aboutir à faire qc.** dazu führen, etwas zu tun
**le prix de revient** Selbstkostenpreis

# Les documents concernant le transport et la douane   J

## 1. Les transports terrestres

### 1.1 La lettre de voiture internationale (L.V.I.)-CMR (voir fig. J 1)

Pour le transport routier international on a besoin d'une L.V.I.-CMR.
La CMR (Convention relative au contrat de transport international de marchandises par route) contient l'ensemble des conditions de transport pour la marchandise destinée à passer la frontière par route.
Selon l'article 5, la L.V.I.-CMR doit comprendre trois copies originales qui doivent être signées par l'exportateur et le transporteur. Le premier exemplaire est destiné à l'exportateur, le second accompagne la marchandise et le troisième est destiné au transporteur.[1]

---

[1] On appelle «transporteur» celui qui par profession prend en charge et transporte la marchandise sur terre, sur les fleuves, sur les autres voies d'eau à l'intérieur du pays.

**fig. J 1**

Selon l'article 6 de la CMR, les L.V.I. doivent contenir les données suivantes:
- le jour et le lieu de l'établissement du document
- le nom et l'adresse de l'expéditeur, du destinataire et du transporteur
- le jour et le lieu de la prise en charge de la marchandise et celui de la livraison
- la désignation usuelle de la marchandise, le mode d'emballage et pour les marchandises dangereuses l'étiquetage correspondant.
- le nombre, le numéro et la marque des colis
- le poids brut
- les frais de transport et les frais annexes
- les informations pour le dédouanement
- une clause rappelant que le transport est soumis à la CMR

Conséquences pour les parties prenantes des clauses de la L.V.I.-CMR
1. Le transporteur atteste la prise en charge de la marchandise.
2. La L.V.I. sert de papier d'accompagnement pour le déroulement du transport.
3. Pour les parties prenantes, la L.V.I. est une preuve que le contrat de transport a été signé.
4. Selon l'article 12 de la CMR, l'expéditeur peut réclamer au transporteur une modification du contrat (p. ex. retenir la marchandise, livrer à un autre client ou à une autre adresse). L'expéditeur mentionne les modifications dans sa copie de la L.V.I. et la présente au transporteur. Par contre, si l'expéditeur a envoyé l'original de la L.V.I. au destinataire, il ne peut plus modifier le contrat de transport. On parle de «blocage» de la L.V.I. parce que seul le propriétaire du document peut agir. Dans ce cas la L.V.I. peut jouer un rôle financier. Par exemple, lors de paiement contre documents.

L'article 17 définit la responsabilité du transporteur. Le transporteur est responsable de la perte totale ou partielle, de la détérioration de la marchandise et du retard de livraison, si la perte ou la détérioration a lieu entre la prise en charge de la marchandise et sa livraison. Le transporteur peut être exonéré de responsabilité lorsque les dommages
- résultent d'un cas de force majeure,
- sont dus à un vice propre de la marchandise,
- ont été provoqués par une faute de l'ayant-droit.

## 1.2 La lettre de voiture internationale (L.V.I.)-CIM (voir fig. J 2)

Pour le transport international par chemin de fer on emploie une L.V.I.-CIM. La CIM contient l'ensemble des conditions de transport pour la marchandise destinée à passer la frontière par chemin de fer.

Pour chaque envoi par chemin de fer, la L.V.I.-CIM doit être établie en 6 exemplaires pour les envois de détail et en 5 exemplaires pour l'envoi en wagon complet.
0) Exemplaire (page 0) pour les expéditions de détail
1) L'original (page 1) accompagne la marchandise et sera remise au destinataire avec celle-ci
2) La feuille de route (page 2) est destinée à la gare de destination
3) Le bulletin d'arrivée (page 3) à la société de chemin de fer
4) Le duplicata de la lettre de voiture à l'expéditeur
5) La souche d'expédition à la gare d'expédition

Les feuilles 1, 2 et 3 accompagnent la marchandise jusqu'à la gare de destination. Tous les documents qui accompagnent la L.V.I.-CIM sont mentionnés sur celle-ci, afin que la compagnie de chemin de fer puisse effectuer les formalités douanières lors du passage de la frontière (voir aussi page 234).

---

CIM = Convention Internationale concernant le transport de marchandises par chemin de fer

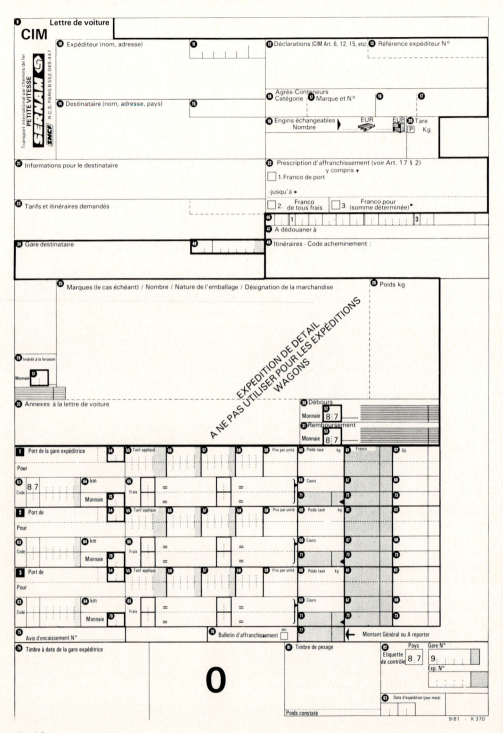

**fig. J 2**

Modification ultérieure du contrat de transport par l'expéditeur d'après l'article 30 CIM

L'expéditeur peut modifier ultérieurement le contrat de transport de la façon suivante:
a) Retourner la marchandise à la gare d'expédition.
b) Interrompre le transport de la marchandise en cours de route.
c) Faire attendre la livraison de la marchandise.
d) Faire livrer la marchandise à une autre personne que celle qui est mentionnée dans la lettre de voiture.

Selon le § 4, l'expéditeur n'a plus le droit de modifier le contrat de transport lorsqu'il n'est plus en possession du duplicata de la L.V.I. Dans ce cas, l'expéditeur de la marchandise ne peut plus faire appel à l'article 30 CIM (voir plus haut). Ainsi le duplicata de la L.V.I. peut servir de garantie de paiement et de livraison (p. ex. paiement contre documents).

Cette sécurité n'est valable que pendant la durée du transport. Lorsque la marchandise est arrivée à la gare de destination, le destinataire reçoit l'original de la L.V.I. contre le paiement prévu.
L'expéditeur ne peut plus disposer de la marchandise. Mais il est aussi assuré que le destinataire l'a bien reçue.
Si le destinataire ne prend pas les documents, il peut de nouveau disposer de la marchandise.

### Importance du duplicata de la L.V.I. pour l'expéditeur

Il est à la fois:
1. Accusé de réception établi par le transporteur
2. Preuve de l'existence du contrat de transport
3. Moyen de blocage pour le paiement et la livraison
4. Droit de modifier ultérieurement le contrat de transport.

### La responsabilité du chemin de fer

Les chemins de fer sont responsables:
a) de la détérioration de la marchandise,
b) des manques partiels ou totaux survenus entre la prise en charge de la marchandise et la livraison,
c) ils sont également responsables même si les dommages sont dus au hasard.

### Exonérations de la responsabilité

Les exonérations de la responsabilité du chemin de fer sont semblables à celles appliquées pour le transport routier.

## 1.3 Le bulletin d'expédition (voir fig. J 3)

Le bulletin d'expédition est un document postal pour les envois des colis à l'étranger.
Il comprend quatre exemplaires:
a) Le bulletin d'expédition à joindre au colis
b) Le fichet de contrôle
c) La souche à conserver par le bureau de dépôt
d) Le récépissé pour l'expéditeur
   L'expéditeur reçoit au guichet le «récépissé postal». A l'aide de ce document, il peut prouver que la marchandise a été expédiée par la poste à une date donnée. Si le paquet est envoyé par poste aérienne, l'expéditeur recevra un récépissé de poste aérienne. Au verso du bulletin d'expédition, l'expéditeur peut mentionner s'il désire qu'un avis de non-livraison soit adressé à l'expéditeur, que le colis soit renvoyé, que le colis soit traité comme abandonné, etc.

# BULLETIN D'EXPÉDITION
*(à joindre au colis)*

**PAYS D'ORIGINE : FRANCE**
**POSTES ET TÉLÉCOMMUNICATIONS**

CP 2

Étiquettes de reconnaissance ou de signalisation
« PAR AVION », « COLIS POSTAL VOIE DE SURFACE », « VALEUR DÉCLARÉE », « REMBOURSEMENT », etc.

NUMÉRO DU COLIS POSTAL (Coller étiquette)

EMPLACEMENT DE L'ÉTIQUETTE CP 8

EXPÉDITEUR

M

DESTINATAIRE (Nom en CAPITALES et adresse)

M

PAYS DE DESTINATION en CAPITALES

VOIE DE (1)

VALEUR DÉCLARÉE - francs français (en lettres) _____ (en chiffres)

REMBOURSEMENT (3) - francs français (en lettres) _____ (en chiffres)

PAYABLE A (Nom et adresse du bénéficiaire) M

EN FRANCE
(4) en espèces
(4) par compte postal n° _____ Centre de chèques

DANS LE PAYS DE DESTINATION
(4) par compte postal n° _____ Bureau de chèques

— PARTIE A REMPLIR PAR L'EXPÉDITEUR (2)

VALEUR DÉCLARÉE (D.T.S.)

Bureau d'échange de sortie de France

Timbre de la douane     T à D

Droits de douane        B Dépôt

**TAXES**

Taxe principale

Taxes supplémentaires (6)

TOTAL

| NOMBRE DE : | NATURE DE L'EMBALLAGE | POIDS BRUT (5) |  |
|---|---|---|---|
| COLIS | 1 | Kg | g |
| CERTIFICATS ET FACTURES | | | |
| DÉCLARATIONS EN DOUANE | (caisse, paquet, carton, sac, etc.) | | |

(1) A compléter lorsque plusieurs voies d'acheminement sont prévues.
(2) Inscrire, s'il y a lieu, la mention « COLIS POSTAL VOIE DE SURFACE », « PAR AVION », « COLIS ACCÉLÉRÉ », « COLIS ENCOMBRANT », « AVIS DE RÉCEPTION », « FRANC DE TAXES ET DE DROITS », « PAR EXPRÈS ».
(3) Joindre un mandat de remboursement international R4 ou une formule de versement à un compte courant postal en usage dans le pays de destination.
(4) Biffer les mentions inutiles.
(5) Colis avec valeur déclarée du poids arrondi à la dizaine de grammes supérieure pour les colis d'un poids inférieur à 5 kg et à l'hectogramme le plus voisin pour les colis d'un poids supérieur. Autres colis : arrondi à l'hectogramme supérieur.
(6) Taxes supplémentaires grevant les colis : « valeur déclarée », « contre remboursement », « franc de taxes et de droits », « exprès » ou « avis de réception ».

IN 2 112209 L - 06-81 - (Rio de Janeiro - applicable 1.7.1981)

**fig. J 3**

## 1.4 Le bulletin d'expédition colis express – CIM/TIEx (voir fig. J 4)

Le bulletin d'expédition colis express – CIM est un document des chemins de fer ou plus précisément du SERNAM.[1]
Il comprend 6 feuilles:
1. La souche
2. La feuille de route
3. Le bulletin de livraison
4. La copie pour la douane
5. Le récépissé à l'expéditeur
6. La souche pour le CDM-expéditeur[2]

L'expéditeur reçoit du SERNAM le «récépissé à l'expéditeur». Ce document est une preuve que la marchandise a bien été expédiée par chemin de fer à l'adresse du destinataire. Il est aussi un document douanier prouvant que la marchandise a bien été exportée et qu'elle n'est donc pas soumise au régime de la TVA dans le pays expéditeur. Normalement, pour les exportations à l'intérieur de la CE, la marchandise doit être accompagnée d'un «certificat de transit communautaire (T2)». Pour les expéditions par chemin de fer uniquement on emploie une formule simplifiée. Sur le bulletin d'expédition colis express TIEx doivent figurer pour la douane les mentions suivantes:
– marques
– nombre
– nature de l'emballage
– désignation de la marchandise
– masse
– numéro du tarif douanier
  Les douanes retiennent la feuille numéro 4.

---

[1] Voir aussi page 94.
[2] CDM = Centre de Messagerie

**fig. J 4**

# 2. Le transport fluvial

## 2.1 La lettre de voiture fluviale[1] et le connaissement fluvial[2]

Le document de base pour le transport de marchandises par voie navigable est la convention d'affrètement. Elle constate l'accord intervenu entre le chargeur et le transporteur et fixe les obligations de chaque partie.
On distingue trois sortes de conventions d'affrètement:
– à temps: elle est conclue pour une certaine durée
– au tonnage: elle est conclue pour un tonnage donné
– au voyage: elle n'est conclue que pour un seul transport défini.
Affréter un bateau, c'est le louer en tout ou en partie. Pour les affrètements au voyage, le courtier affiche son offre à la Bourse d'Affrètement du lieu où prend naissance le transport et les mariniers choisissent en fonction de leur ancienneté à l'attente d'affrètement le transport qui leur convient. Il est établi une convention d'affrètement suivant fig. J 5.
Il s'agit d'un contrat entre le courtier, représentant du client et le marinier. Le document de transport est, soit une lettre de voiture fluviale, soit un connaissement fluvial.

### La lettre de voiture fluviale[3]

Elle est établie lorsque le client est propriétaire de la marchandise et le restera durant le temps du transport.

### Le connaissement fluvial

Dans le cas contraire, on établit un connaissement fluvial, qui est négociable, c'est-à-dire que la marchandise peut être vendue pendant la durée du transport, cela est notamment le cas pour les céréales, qui voyagent toujours sous connaissement. Par contre les aciers, les sucres, les produits divers sont sous lettre de voiture.[4]
Le connaissement fluvial comprend deux originaux et un certain nombre de copies. L'original négociable est remis à l'expéditeur, l'original non négociable est remis au transporteur. Il existe au moins deux copies non négociables, l'une pour l'expéditeur et l'autre pour le courtier.
Négociable veut dire que le propriétaire du document peut vendre ou revendre la marchandise pendant le transport, ou la donner à une banque comme garantie. A l'aide du connaissement fluvial négociable on peut transmettre la propriété de la marchandise.
Le connaissement comporte obligatoirement:
– Le contrat de transport au voyage, au tonnage ou à temps
– Le nom et l'adresse de l'expéditeur
– Le nom et l'adresse du transporteur
– Le nom et l'adresse du courtier de fret
– La devise et le numéro d'immatriculation du bateau
– La nature, le poids ou la qualité de la marchandise
– Le lieu de départ
– Le lieu de destination
– Le délai approximatif normal du transport
– Les modalités de règlement du fret et des frais

---

[1] Voir fig. J 6.
[2] Voir fig. J 7.
[3] La lettre de voiture constitue la preuve du chargement. Les indications essentielles concernent la nature et le poids de la marchandise chargée.
[4] Tiré de: Rouvière, F., Transports terrestres, maritimes et fluviaux, Paris, février 1986.

- Les délais de planche au déchargement
- Les taux de surestaries
- La compagnie d'assurance

Le transporteur responsable de la marchandise s'engage à ne délivrer les marchandises faisant l'objet du connaissement fluvial que contre remise entre ses mains du connaissement négociable. La remise de «l'Original Négociable» annule «l'Original Non Négociable» et les «Copies».

Le connaissement fluvial est donc:
- Un accusé de réception du transporteur pour une marchandise donnée.
- Un engagement du transporteur d'acheminer la marchandise.
- Un engagement de livraison contre paiement du fret de transport et contre présentation du connaissement négociable.

2104/93

# CONVENTION D'AFFRÈTEMENT AU VOYAGE

(Modèle annexé à l'Arrêté du 29 juin 1942, Annexe 1, modifié par l'Arrêté du 24 janvier 1944)

**transports TERRESTRES MARITIMES ET FLUVIAUX**
**Affrètements · Manutention**
**Assurances**

DUNKERQUE ROUEN MARSEILLE
VALENCIENNES THIONVILLE ANVERS
DOUAI STRASBOURG ROTTERDAM

*Siège social*
10 rue de Sèze. 75009 Paris
Tél. 742 93 19 + Télex 210 875 Fluctua
Société anonyme au capital de 4 400 000 F
R.C.S. PARIS B 592 007 041

La présente convention est conclue, conformément aux prescriptions de la Loi du 22 mars 1941 de l'Arrêté du 29 juin 1942 et de l'Arrêté du 24 janvier 1944.

**Article 1. CONTRACTANTS.**
Expéditeur : M ...........
Transporteur : M ...........
Adresse : ...........
Courtier : ...........
Bourse publique de ........... le ...........

**Article 2. TRANSPORT.**
Devise du bateau : ........... N° d'immatriculation : ...........
Type du bateau (automoteur, barge) ...........
Conducteur : ...........
Propriétaire : ........... Payeur de taxes : ...........
Nature du chargement : ........... Tonnage prévu : ...........
Lieu de chargement : ........... Date de mise à port : ...........
Chargeur : ...........
Lieu de déchargement : ...........
Options diverses : ...........
Destinataire : ...........

**Article 3. ASSURANCES.**
Compagnie d'Assurance du Corps ........... Police (N° et Date) ...........
Cie d'Assurance de la responsabilité du Transporteur (2) ........... Police (N° et Date) ...........
Valeur déclarée par l'expéditeur + FRET : ...........
Avenants : ...........

**Article 4. PRIX DE FRET. (1)**
........... F ........... par tonne pour ...........
........... F ........... par tonne pour ...........
...........
........... Fret hors TVA payable sur tonnage chargé.
(Les prix de fret ci-dessus sont à augmenter ou à diminuer des passages-outre éventuels suivant barèmes officiels et des frais d'escales.)

**Articles 5, 6, 7, 8 et 10 (voir au verso).**

**Article 9. CONDITIONS PARTICULIÈRES.**
ENFONCEMENT MAXIMUM AUTORISÉ ........... M ........... Le Transporteur déclare
que son bateau peut charger à ........... m. ........... d'enfoncement, soit à ........... T environ.
Le bateau vide se trouve à ...........
...........
...........
Le marinier déclare son bateau sec, propre et sans odeur, Bordailles non huilées, apte à recevoir la marchandise. Prévenir le destinataire 48 heures avant arrivée. Prévenir le Courtier de tout arrêt anormal.

**Article 11. AVANCES SUR FRET.**
Première Avance (50 % du fret) ........... par ........... à ...........
Deuxième Avance (25 % du fret) ........... par ........... à ...........
SOLDE du fret par le Courtier (par voie de clearing pour les mariniers non résidents).
Fait à ........... le ...........

L'Expéditeur,     LE COURTIER     Le Transporteur

(1) Cotisation professionnelle batelière ...........
    Prime de ducroire ........... } incluses.
    Cotisation E.A.T.E. ...........

**fig. J 5 (1)**

### Article 5. FRAIS.

**1. À la charge du Transporteur :**
- Moitié de la taxe d'Affrètement ...............
- Timbre de la lettre de voiture ..............
- Association Développement Transports par Eau
- Loi Morice avancée pour le compte du Transporteur par le Courtier de fret.
- Prime de ducroire ........................
- Cotisation syndicale batelière ..............
- **Commission d'affrètement** ..................
- Cotisation E.A.T.E. ........................

**2. À la charge de la marchandise :**
- Moitié de la taxe d'Affrètement ...................
- Péages ........
- Assurances responsabilité du Transporteur et marchandises 30 %
- Bâchage éventuel ..........................
- Comble (s'il y a lieu) .....................

### Article 6. DÉLAIS DE PLANCHE. - SURESTARIES.

Les délais de planche au chargement et au déchargement ainsi que le taux de surestaries sont ceux fixés par l'Arrêté du 2-7-64 modifié par l'Arrêté du 7-2-74.

### Article 7. RÉSILIATION.

Le transporteur déclare son bateau en parfait état de recevoir la cargaison prévue et d'exécuter le transport. S'il est reconnu qu'il n'en est pas ainsi, sans que la bonne foi du transporteur puisse être mise en cause, la présente convention sera résiliée de plein droit sans indemnité de part et d'autre.

Si une résiliation intervient du fait, soit de l'expéditeur ou de son représentant, soit du transporteur, sans que l'état du bateau puisse être mis en cause, la partie responsable de la résiliation versera à l'autre partie un dédit égal au taux d'une journée de la première période de surestaries applicable aux automoteurs d'un port en lourd inférieur à 500 tonnes, multiplié par le coefficient 1,35. En outre s'ajoutera à ce dédit, une indemnité forfaitaire égale au taux d'une journée de la période de surestaries susvisée, applicable à chaque jour calendaire écoulé à compter du lendemain du jour de la signature du contrat jusqu'au jour de la signification du désaffrètement ; quand la partie responsable est l'expéditeur ou son représentant, cette indemnité ne pourra être versée, le cas échéant, que jusqu'à la fin du délai de planche. Si le désaffrètement intervient après l'achèvement du délai de planche, l'expéditeur ou son représentant versera au transporteur, en plus du dédit et de l'indemnité susvisés, les surestaries habituelles.

### Article 8. CONDITIONS GÉNÉRALES.

Le transporteur s'engage à se mettre en route dans les 24 heures qui suivent la délivrance de sa lettre de voiture et à gagner sa destination par la voie la plus directe. Il informera le destinataire de tout arrêt anormal en cours de route.

Tout déroulement intervenu par raison de force majeure ou par ordre des Autorités donne lieu à nouveau décompte du fret suivant barèmes officiels à la charge de la marchandise.

Le transporteur s'oblige à se tenir son bateau à la disposition du chargeur ou du destinataire pendant les heures normales d'ouverture des ports. Si les opérations sont effectuées en dehors de ces heures normales, le transporteur est en droit d'exiger une indemnité supplémentaire par heure supplémentaire. (Arrêté ministériel du 23 septembre 1947.)

Tout arrêt imposé en cours de route par l'expéditeur ou le destinataire est à défalquer du temps de planche au déchargement et au cas de dépassement de celui-ci est à considérer comme surestarie.

Tout arrêt de plus de 24 heures imposé au bateau à une frontière pour les besoins de la clientèle donnera lieu à une indemnité de F ............. par jour d'attente, fractionnable par demi-journées.

### Article 9 (voir au recto).

### Article 10. RÈGLEMENT DE FRET.

Le montant du fret et des frais exposés par le transporteur, pour compte de la marchandise suivant décompte conforme à l'article 3 de l'Arrêté du 29 juin 1942, sont dus au transporteur à la fin du déchargement, sous déduction des avances faites.

### Article 11 (voir au recto).

Le courtier soussigné se porte ducroire pour le règlement du fret.

B. — Par dérogation à l'article II de l'Arrêté du 20 juillet 1960 créant le connaissement fluvial, le transporteur devra, en l'absence de présentation du connaissement original négociable, délivrer la marchandise contre remise par le réclamateur d'une lettre de garantie portant caution bancaire couvrant la valeur de la marchandise et le prix du transport.

C. — Afin de percevoir le solde de son fret, le marinier devra nous adresser le lieferschein original.

D. — Suivant les nouvelles dispositions concernant le Marché Commun, les mariniers affrétés à destination de l'Allemagne ou la Hollande n'ont pas à régler les frais de transit à ZELZATE, SAS DE GENT, MAASTRICHT, PETIT LANAYE, LOBITH et EMMERICH. Au cas où nos instructions ne seraient pas suivies, nous ne pourrons rembourser les frais réglés à tort.

E. — Au cas où le bateau devrait arriver le dimanche, le marinier devra obligatoirement prévenir le réceptionnaire le samedi avant 12 heures, soit par télégramme, ou téléphoniquement, faute de quoi son arrivée ne sera reconnue que le lundi matin.

F. — Si le bateau affrété est une barge, le transporteur s'engage à laisser du personnel sur la barge de la mise à quai jusqu'à la remise des papiers et pendant le stationnement à charge, il doit avoir constamment un moteur à proximité dans l'éventualité de déplacer la barge.

| Cadre pour le visa du Bureau d'Affrètement | Décompte approximatif | Constatation de l'arrivée au port de chargement |
|---|---|---|
| | | Le soussigné ................... |
| | | a constaté que le bateau ................... |
| | | est arrivé au port (garage) de ................... |
| | | le ..................., à ............. heures ............. |

En cas de contestation, pour quelque motif que ce soit, le Tribunal de Commerce de la Seine sera seul compétent. Aucune clause de paiement par chèque ou par traite ne comporte de dérogation à cette clause attributive de juridiction qui est absolue.

**fig. J 5 (2)**

2095/93

*transports*
**TERRESTRES MARITIMES ET FLUVIAUX**
**Affrètements · Manutention
Assurances**

DUNKERQUE   ROUEN      MARSEILLE
VALENCIENNES THIONVILLE ANVERS
DOUAI        STRASBOURG ROTTERDAM

*Siège social*
10 rue de Sèze. 75009 Paris
Tél. 742 93 19 +    Télex 210 875 Fluctua
Société anonyme au capital de 4 400 000 F
R.C.S. PARIS B 592 007 041

# LETTRE DE VOITURE TYPE N° 1

dressée en vertu d'une Convention d'Affrètement au voyage

Modèle annexé à l'Arrêté du 29 juin 1942 (Annexe 4)
modifié par l'Arrêté du 24 janvier 1944 (1)

A M ....................................................................................
rue ............................................................ n° .................. destinataire :

En exécution d'une Convention d'Affrètement au voyage intervenue le ..................
Expéditeur : M ....................................................................................
Transporteur : M ....................................................................................
Courtier : TMF   TRANSPORTS TERRESTRES MARITIMES & FLUVIAUX
Il vous est expédié sur le bateau .................................., matricule ..................
conduit par le marinier .................................., un tonnage de ..................
tonnes de .................................. d'une valeur déclarée par l'expéditeur de ..................
F par tonne, qui a été chargé au port de .................................. et que le transporteur déclare avoir reçu et s'engage à transporter à .................................. soit en-deçà, soit au-delà entre .................................. et ..................
ainsi que convenu dans le plus bref délai sauf retard résultant des interruptions de la navigation ou de force majeure.
Décomposition du chargement :

................................................................................................................................
................................................................................................................................
................................................................................................................................
................................................................................................................................
................................................................................................................................

**PRIX DE TRANSPORT.** Le fret est celui qui est indiqué à la convention d'affrètement au voyage.
Au-delà ou en-deçà, il sera augmenté ou diminué suivant tarif F .................................. par tonne et par kilomètre.
En outre, le transporteur a droit au remboursement des divers frais énoncés au décompte provisoire figurant à la fin de la présente lettre d'après les éléments forfaitaires figurant à ce décompte.
Il a droit également au paiement des diverses indemnités exposées ci-dessous.
**PAIEMENT DU FRET.** A bonne réception, il vous plaira de payer le solde du fret et des frais dus au transporteur ainsi que les indemnités diverses entre les mains du transporteur à ..................
**DÉCHARGE.** Aussitôt après achèvement des opérations de déchargement, vous aurez à donner décharge de la marchandise avec ou sans réserve. Le déchargement ne sera considéré comme terminé qu'après remise de cette décharge au transporteur.
**DÉLAI DE PLANCHE.** Le délai de planche qui vous est accordé est fixé à .................................. jours ouvrables.
« Le délai de planche commence à courir au premier point de chargement ou au premier point de déchargement :
 - le jour même de l'arrivée du bateau à 12 heures si l'arrivée du bateau est antérieure à 12 heures ;
 - le lendemain de l'arrivée à 0 heure si l'arrivée a lieu entre 12 et 24 heures.
« Le délai aux autres points de chargement ou de déchargement est compté à partir de la première heure qui suit celle de l'arrivée « du bateau. »
**SURESTARIES.** Passé le délai accordé pour le déchargement, vous aurez à payer au transporteur des surestaries calculées à raison de .................................. F au total par jour de calendrier pour la première période, .................................. F pour la deuxième période, et .................................. F pour la troisième et les jours suivants.
Les surestaries sont dues de plein droit sans qu'il soit besoin de mise en demeure et elles sont exigibles en même temps que le solde du fret.
**RETARD.** A l'expiration de la deuxième période de surestaries au déchargement, le transporteur, à défaut d'accord, ou le Directeur de l'Office National de la Navigation, même en cas d'accord du transporteur, mais dans l'intérêt de l'exploitation de voies navigables, peut exiger par simple lettre recommandée le déchargement dans un entrepôt public, aux frais du destinataire.
Ces mesures seront prises, sans préjudice des dommages et intérêts qui pourront être dus au transporteur, et des sanctions administratives encourues.
**PRIME PAR JOUR GAGNÉ AU DÉCHARGEMENT.** Si le déchargement a lieu dans un délai moindre que le délai contractuel, le transporteur remboursera une prime de .................................. F au total par jour ouvrable gagné, tout dimanche ou jour férié employé au déchargement comptant comme jour ouvrable.
**STATIONNEMENT ANORMAL.** Si, par notification de l'expéditeur, le bateau est arrêté en cours de route ou à un point de destination provisoire alors que ce stationnement ne serait pas motivé par des prescriptions administratives ou des difficultés de navigation, la durée de l'arrêt sera défalquée de délais de planche qui vous seront accordés et donneront lieu à paiement de surestaries en cas de dépassement des délais de planche. En outre, si le stationnement anormal impose au transporteur des frais supplémentaires de parcours, ces frais lui seront remboursés. — Après un stationnement de .................................. jours, une autre convention devra intervenir.
**CONDITIONS GÉNÉRALES.** Le transporteur doit tenir son bateau à votre disposition pendant les heures réglementaires de travail fixées par le règlement du port ou, à défaut, par la réglementation générale du travail.
En dehors de ces heures, le transporteur a droit pour chaque heure supplémentaire pendant laquelle le bateau est tenu à disposition, à une indemnité de .................................. F par heure.
Le marinier doit prévenir de son passage à .................................. à .................................. à ..................

**fig. J 6 (1)**

**CONDITIONS PARTICULIÈRES :** ........................................................................................................................
..................................................................................................................................................................................
..................................................................................................................................................................................
..................................................................................................................................................................................

Bateau arrivé au port de chargement le ............................................. à ............................... heure ...............
Chargement commencé le ................. à ............. heure. Terminé le .................. à ................... heure.

Fait à ..............................., le ...............

| | VISA DU BUREAU D'AFFRETEMENT | TIMBRE | Le Chargeur, | Le Transporteur, |

(1) Les mots et phrases en caractères gras sont obligatoires, les autres sont facultatifs, mais ne peuvent être modifiés.

| Enfoncement du bateau | au DÉPART | | | | à l'ARRIVÉE | | | |
|---|---|---|---|---|---|---|---|---|
| | à vide | | à charge | | à vide | | à charge | |
| | G | D | G | D | G | D | G | D |
| **Avant** | | | | | | | | |
| **Milieu** | | | | | | | | |
| **Arrière** | | | | | | | | |
| **Moyenne** | | | | | | | | |
| **Tonnage résultant de la lecture** | | | | | | | | |

## DÉCOMPTE DES SOMMES DUES

| | DÉCOMPTE | |
|---|---|---|
| | Provisoire au chargement | Définitif à l'arrivée |

Fret de ............................ sur ................................ T ..................
Outre ................. km sur ................. T à ................. F .................

**FRAIS**
- Assurance R.C.T. .................
- Moitié taxe d'affrètement et timbre de Convention .................
- Supplément remorquage pour barrages retirés .................
- Déplacement à vide sur demande du bénéficiaire de la marchandise .................

**INDEMNITÉS**
- Surestaries au chargement .................
- au déchargement .................
- Stationnement dans les ports après expiration des délais de planche .................
- Heures supplémentaires .................
- Autres .................

TOTAL .........

A déduire : Primes par jour gagné .................

RESTE .........

## ACOMPTES REÇUS

A ............, le ............ la somme de ............
A ............, le ............ la somme de ............
A ............, le ............ la somme de ............
TOTAL ............

## RÈGLEMENT

Payé au transporteur pour solde la somme : ...............

A ................., le ...............

## DÉCHARGE

Le destinataire, M. ............... à ............... reconnaît que le bateau est arrivé à ..............., le ............... à ............... heures.
Le déchargement a pris fin, le ...............
Les enfoncements aux échelles au commencement et à la fin du déchargement sont reportés ci-dessus.
Dont décharge ................. à .................

Fait à ..............................., le ...............

**fig. J 6 (2)**

# CONNAISSEMENT FLUVIAL

(conclu en vertu d'une Convention d'Affrètement passée dans les conditions prévues par la Loi du 22 mars 1941 et les textes d'application)

EN EXECUTION d'une Convention d'affrètement ................... le ................... intervenue
à (Bourse) ................... ENTRE
**EXPEDITEUR** : M ................... adresse ...................
**TRANSPORTEUR** : M ................... adresse ...................
**COURTIER DE FRET** : M ................... adresse ...................

Il a été reçu à (lieu) ................... par le bateau ................... N° Matricule ...................
les MARCHANDISES CI-DESSOUS :

| Marques | Numéros | Nombre de Colis | NATURE ET CONTENU DES COLIS suivant déclaration du chargeur | Poids déclaré en kilos |
|---|---|---|---|---|
|  |  |  |  |  |
|  |  |  |  |  |
|  |  |  |  |  |
|  |  |  |  |  |

RESERVES ...................

| ECHELLES | ENFONCEMENTS DU BATEAU | AU DEPART | | | | A L'ARRIVEE | | | |
|---|---|---|---|---|---|---|---|---|---|
|  |  | A VIDE | | A CHARGE | | A VIDE | | A CHARGE | |
|  |  | D. | G. | D. | G. | D. | G. | D. | G. |
| Avant |  |  |  |  |  |  |  |  |  |
| Milieu |  |  |  |  |  |  |  |  |  |
| Arrière |  |  |  |  |  |  |  |  |  |
| Moyenne |  |  |  |  |  |  |  |  |  |
| Tonnage résultant de la lecture |  |  |  |  |  |  |  |  |  |

à DESTINATION DE : ...................
NOM DU DESTINATAIRE A L'ORDRE de : ...................
Adresse : ...................
LIEU DE DECHARGEMENT : ...................
Correspondant : **NOM** ................... adresse : ...................
à transporter dans le délai approximatif de ................... jours (aux conditions stipulées au dos) contre paiement du fret, des frais et les remboursements à la Convention d'Affrètement. **SELON REGLEMENT**

| ACOMPTES REÇUS | REGLEMENT DU SOLDE |
|---|---|
|  |  |
|  |  |

Délai de planche au déchargement ...................
Taux des surestaries : ...................
**COURTIER DE FRET** : ................... adresse : ...................
Commission d'affrètement ...................
Valeur de la marchandise déclarée par le chargeur : ...................
Assurance du corps du bateau : (nom de l'Assurance) ................... Police N° et date ...................
Assurance de la Responsabilité du Transporteur : (Nom de l'Assurance) ................... Police N° et date ...................
Assurance de la marchandise : (Nom de l'Assurance) ................... Police N° et date ...................
Visa du Courtier ...................

Pour l'exécution de ces engagements, il a été établi un connaissement ORIGINAL NEGOCIABLE, un ORIGINAL NON NEGOCIABLE, et ................... COPIES.

Fait à ................... le ................... 19 ...................

L'Expéditeur,                    Le Courtier,                    Le Transporteur,

**fig. J 7 (1)**

**CONNAISSEMENT FLUVIAL.**
La compagnie d'assurances couvrant la responsabilité du transporteur et le numéro de la police.

Arrêté du 20 juillet 1960

(J.O. 28-7-60) :

Toute clause du connaissement qui dérogerait aux clauses obligatoires de la convention d'affrètement prévues par l'arrêté du 29 juin 1942 est nulle quand le contrat de transport est régi par la loi du 22 mars 1941.

Art. 1er. — Les marchandises transportées par bateaux de navigation intérieure peuvent faire l'objet d'un connaissement fluvial négociable.
Le connaissement fluvial est à ordre.

Art. 2 — Le connaissement fluvial est rédigé en deux originaux, l'un pour l'expéditeur, l'autre pour le transporteur.
Il est établi également au moins deux doubles du connaissement destinés l'un à l'expéditeur, l'autre au courtier. Ils portent la mention « copie non négociable » imprimée en grosses lettres.
Le connaissement original remis à l'expéditeur est seul négociable. Il porte, imprimée en gros caractères, la mention « négociable ».

Art. 3 — Le connaissement est établi aussitôt après le chargement, et au plus tard dans les vingt quatre heures qui suivent le chargement.
Toutefois, après réception de la marchandise et avant son embarquement, l'expéditeur peut se faire délivrer un connaissement pour embarquer, lequel est, après embarquement, complété ou échangé contre un connaissement « embarqué ».
Le connaissement est daté et signé de l'expéditeur ou de son mandataire et du transporteur ou de son préposé.

Art. 4 — Le connaissement est rédigé conformément au connaissement fluvial type annexé au présent arrêté.
Le connaissement indique obligatoirement :
Le contrat de transport au voyage, au tonnage ou à temps selon lequel il est passé.
Le nom et l'adresse de l'expéditeur.
Le nom et l'adresse du transporteur.
Le nom et l'adresse du courtier de fret.
La devise et le numéro d'immatriculation du bateau.
La nature, le poids ou la qualité de la marchandise.
Le lieu de départ.
Le lieu de destination.
Le délai approximatif normal du transport.
Les modalités de règlement du fret et des frais.
Les délais de planche au déchargement.

Les taux des surestaries.

Art. 5 — Le connaissement fait foi entre tous ceux qui sont intéressés au chargement, ainsi qu'entre eux et les assureurs.
En cas de divergences entre le contrat de transport et le connaissement, celui-ci fait foi sauf pour les clauses obligatoires.

Art. 6 — Le poids de la marchandise embarquée est déterminé conformément à l'art. 12, 2e alinéa, de la loi du 22 mars 1941.
Lorsque pour déterminer la quantité de marchandise chargée, les parties conviennent d'un moyen autre que la lecture des échelles ou le complètent par un autre moyen, l'expéditeur en supporte les frais.
Les réserves du transporteur, s'il y en a, relatives notamment au poids, à la quantité, au conditionnement ou à l'état de la marchandise, doivent être inscrites sur les connaissements et motivées par le transporteur, qui doit indiquer, à peine de nullité, pourquoi, il a été dans l'impossibilité de vérifier la quantité, le conditionnement, l'état de la marchandise. Ces réserves sont présumées être acceptées par l'expéditeur à moins que celui-ci ne les ait rejetées par mention écrite sur le connaissement.

Art. 7 — En cas d'avaries ou de perte, le transporteur ne sera pas tenu au delà de la valeur de la marchandise indiquée par l'expéditeur.
Est nulle la convention par laquelle l'expéditeur renonce à ses droits à l'encontre du transporteur en cas de pertes ou dommages survenus aux marchandises.

Art. 8 — Les transports devant faire l'objet d'un connaissement fluvial sont affichés au tour de rôle avec la mention « transport sous connaissement ».
Le transporteur qui choisira ce transport ne peut refuser le connaissement à peine de résiliation de la convention et de dommages et intérêts au profit de l'expéditeur.

Art. 9 — Le transporteur doit signaler ses arrêts le jour même de l'arrêt au courtier ou à son correspondant.
Il doit signaler, de la même manière, son arrivée trois jours à l'avance au courtier ou à son correspondant.
Le courtier transmet ces renseignements au destinataire indiqué sur le connaissement ou au destinataire à l'ordre de qui le connaissement est endossé, dès que celui-ci s'est fait connaître.
Chaque jour d'arrêt non signalé dans le délai prévu à l'alinéa 1er ci-dessus ainsi que les jours de retard à l'annonce de l'arrivée du bateau s'ajoutent au délai de planche, sans préjudice des dommages et intérêts que le destinataire pourrait réclamer.

Art. 10 — Le destinataire doit se présenter au lieu de destination le jour même de l'arrivée du bateau.
Si le destinataire refuse la marchandise ou s'il ne s'est pas fait connaître à l'expiration du délai de planche, le transporteur peut faire procéder d'office et sans formalité, pour le compte et aux risques et périls du destinataire, au déchargement de la marchandise sur quai ou en magasin ou en demander le dépôt en mains tierces avec mandat d'en faire effectuer la vente par autorité de justice, jusqu'à concurrence du montant du fret, des surestaries et des frais.

Art. 11 — Les marchandises ne sont délivrées au destinataire que contre remise du connaissement et du paiement du prix du fret.
L'expéditeur est garant du paiement au transporteur des surestaries au déchargement.
Le destinataire doit donner décharge au transporteur dans les conditions déterminées soit par l'article 16 de l'arrêté du 29 juin 1942, soit par le contrat de transport.

Art. 12 — Le transporteur produit au courtier qui rédige le connaissement la police d'assurance couvrant sa responsabilité de transporteur. Mention de cette production est faite par le courtier sur le connaissement.
A la demande du transporteur, le courtier vérifie les endos du connaissement et l'identité du destinataire.
Le courtier d'un transport sous connaissement perçoit en sus de la commission prévue par l'art. 8 du 29 juin 1942 une commission supplémentaire payée par l'expéditeur et dont le taux ne pourra dépasser un pour mille de la valeur de la marchandise.

Art. 13 — L'arrêté du 25 juin 1945 relatif aux conventions d'affrètement pour la navigation intérieure et l'organisation de la profession de courtier de fret est abrogé.

CONDITIONS GENERALES. — Le transport est conclu selon Convention d'Affrètement passée dans les conditions prévues par la loi du 22 mars 1941 et les textes d'application.
Le Transporteur responsable de la marchandise, s'engage à ne délivrer les marchandises faisant l'objet du présent connaissement que contre remise entre ses mains du Connaissement portant la mention - ORIGINAL NEGOCIABLE - dûment endossé.
L'accomplissement de l'ORIGINAL NEGOCIABLE annule l'ORIGINAL NON NEGOCIABLE et les COPIES.

Les documents suivants sont joints : ..................................................

..................................................

..................................................

A L'ORDRE DE .......................... (Adresse) : ..........................

signature : ..........................

A L'ORDRE DE .......................... (Adresse) : ..........................

signature : ..........................

A L'ORDRE DE .......................... (Adresse) : ..........................

signature : ..........................

## CERTIFICAT DE DECHARGEMENT

NOUS (nom ou raison sociale et adresse) : ..................................................

certifions avoir déchargé le bateau ..........................

Arrivé le ..........................

Déchargement commencé le ..........................

Déchargement terminé le ..........................

**OBSERVATIONS :** ..........................

..................................................

..................................................

..................................................

..................................................

**Cadre pour le visa du Bureau d'Affrètement**

Date et signature :

**fig. J 7 (2)**

# 3. Le transport maritime

On distingue ici le contrat pour le transport de colis individuels ou de conteneurs qui utilisent des lignes régulières – la marchandise est accompagnée dans ce cas d'un «connaissement» –, et le contrat d'affrètement qui peut concerner un affrètement partiel ou total d'un tramp.[1]) Dans ce cas, la conclusion du contrat est constatée par une «charte-partie» (C/P) ou, sur demande de l'expéditeur, par un connaissement.

## 3.1 Le connaissement[2]) (voir fig. J 9)

Les personnes suivantes sont concernées par un transport maritime de colis:

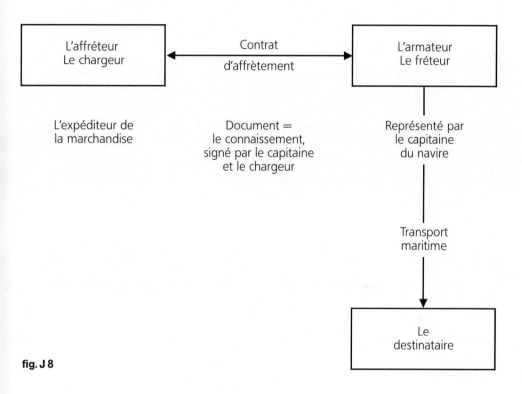

**fig. J 8**

On distingue deux types de connaissement:
– le connaissement correspondant à un «reçu pour embarquement» ou «reçu à quai»
– le connaissement «chargé à bord»
En commerce extérieur on réclame toujours une date d'affrètement, c.-à-d. qu'on recherche un connaissement «chargé à bord», pour éviter tout retard dans l'embarquement de la marchandise qui peut rendre caducs les accréditifs bancaires.

---

[1]) Tramp = Il s'agit d'un navire touchant n'importe quel port à la recherche de fret. Un tramp transporte généralement des produits de masse.
[2]) Anglais = Bill of Lading (B/L). Le mot français vient du latin = cognoscere = reconnaître – connaître – connaissement.

| | | Date d'émission |
|---|---|---|
| Mod. 1920 - Imp. C.G.M., Paris - 82 | CONNAISSEMENT N° | |

**Chargeur**

Transitaire au port de chargement

Références

**Destinataire** — A l'ordre de

# CGM

## Compagnie Générale Maritime
*French Line* — *Linea Francesa*

S.A. au capital de 748 800 000 F — R.C.S. Nanterre B 562 024 422
SIRET 562 024 422 00117

**Arrivée à notifier à**

Siège social :
**TOUR WINTERTHUR**
102, quartier Boieldieu - 92800 PUTEAUX
Adresse postale : Cedex 18 - 92085 PARIS LA DEFENSE
Télégrammes : GEMA PUTEAUX

| Pré-transport par (*) | Lieu de réception (*) | | |
|---|---|---|---|
| Navire principal | Port de chargement | | |
| Port de déchargement | Destination finale (*) | | |
| Marques et numéros | Nombre et genre des colis; description des marchandises | Poids brut | Volume M3 |

Déclarations ci-dessus faites par le Chargeur
FRET ET FRAIS (Indications pour le calcul du fret seulement) (Fret payable d'avance/Fret payable à destination)

Eventuellement, le fret sera taxé par facture séparée. — Juridictions compétentes : Cf. clause 16-B au dos de ce connaissement.

**Conteneurs en pontée**, il est expressément convenu entre le chargeur et le transporteur maritime que les marchandises logées en conteneurs, transportées sur les navires munis de dispositifs de fixation et de saisissage appropriés, pourront être chargées sur ou sous le pont de ces navires, à l'option du transporteur, et que les dispositions de la Convention Internationale de Bruxelles de 1924 (Règles de La Haye)ou celles des Règles de La Haye et de Visby seront applicables dans tous les cas où le transport est effectué sur ou sous le pont. Les marchandises et/ou conteneurs, qu'ils soient transportés en pontée ou en cale, contribueront aux avaries communes.

**EMBARQUE** en bonne condition et en bon état apparents, à moins qu'il ne soit autrement précisé ci-dessus, à bord du navire de mer susmentionné (ou à bord d'un navire pré-transporteur ou d'autres moyens de transport si le lieu de réception ci-dessus est désigné, pour réexpédition dans les termes de l'article 6B imprimé au verso du présent titre) les marchandises spécifiées. Le poids, les dimensions, les marques, le nombre, la qualité, le contenu des colis et la valeur sont inconnus du transporteur. Le transport convenu couvre le déplacement des marchandises depuis le port de chargement jusqu'au port de déchargement mentionnés ci-dessus. (ou autre port ou lieu comme prévu dans la clause 8 ci-après)ou aussi près de là que le navire pourra accéder et demeurer en sécurité toujours à flot et où les responsabilités du transporteur prendront fin, les marchandises devant y être livrées au destinataire susmentionné ou à ses cessionnaires.
Si la destination finale est indiquée ci-dessus, les marchandises seront réexpédiées conformément à la clause 6B ci-après, pour livraison au destinataire susnommé ou à ses cessionnaires.
En acceptant ce connaissement, le Marchand accepte expressément et adhère à toutes les stipulations écrites des deux côtés, qu'elles soient écrites, imprimées, apposées par timbre ou incorporées au connaissement de quelque façon que ce soit, même si elles étaient toutes signées par le Marchand.
Un connaissement original devra être remis dûment endossé en échange des marchandises ou du bon à délivrer.
En foi de quoi, il a été signé le nombre précisé ci-contre de connaissements originaux, tous de même teneur et date, l'un des exemplaires étant accompli, les autres sont de nulle valeur.
(*) Applicable seulement quand ce document est utilisé comme un connaissement direct.

ICS

| Fret payable à | Nombre d'originaux du Cnt |
|---|---|
| Lieu d'émission | |
| POUR LE TRANSPORTEUR | LE CHARGEUR |

**fig. J 9**

Contenu du connaissement

Le connaissement doit contenir les indications suivantes:
1. L'armateur, le chargeur et le destinataire
2. Le nom et la nationalité du navire, le nom du capitaine
3. Le port de chargement et le port de déchargement
4. Marques et numéros, nombre et genre des colis, description des marchandises, poids brut, volume en m$^3$, état et conditionnement apparents des marchandises
5. Les indications pour le calcul du fret (fret payable d'avance, fret payable à destination, etc.)
6. Le lieu d'émission, la date et la signature du transporteur et du chargeur
7. Le nombre d'originaux du connaissement

Destinataires du connaissement

Le nombre des originaux établis doit figurer sur le connaissement.
«Lors de l'émission du connaissement deux exemplaires sont destinés respectivement au capitaine et à l'armateur. Ces deux exemplaires ne sont pas négociables. Le ou les autres exemplaires – les originaux – constituant le document de transport et le titre de propriété de la marchandise sont destinés à circuler. Ils sont négociables. L'ensemble de ces exemplaires constitue ‹le jeu complet› de connaissements (en anglais ‹full set›). Le porteur régulier, c.-à-d. le destinataire de la marchandise d'un seul de ces exemplaires originaux peut retirer la marchandise au port de débarquement. Pour cette raison, les importateurs réclament toujours **la remise du jeu complet** avant de procéder au règlement de la marchandise.»[1]
«Le connaissement peut être établi **à ordre, au porteur** ou à personne dénommée. Le connaissement à ordre se transmet par endossement. C'est un connaissement négociable. Lorsqu'il porte la mention ‹à ordre› sans aucune indication de personne, on admet qu'il est émis à l'ordre du chargeur. Celui-ci doit donc l'endosser, soit en blanc, soit à l'ordre d'une personne physique ou morale.»[2]

Types de connaissement

### 1) Le connaissement net

Lors de la prise en charge de la marchandise, le transporteur en constate l'état extérieur et l'emballage. Si ce contrôle ne fait l'objet d'aucune réserve, il donne **un connaissement net** (en anglais: clean B/L).[3]

### 2) Le connaissement non net

Si le capitaine constate des irrégularités, il les mentionne sur le connaissement qui n'est plus net (en anglais: foul B/L).
«Mais de telles réserves quantitatives ou qualitatives (quand elles portent sur l'état apparent des colis) sont de plus en plus difficilement admises par les chargeurs, soucieux d'éviter tout ce qui peut nuire à la négociabilité du connaissement.»[4]
Celui qui présente un connaissement non net, peut voir l'acheteur ou sa banque refuser un tel document et refuser le paiement correspondant.

---
[1] Société Générale, Le vocabulaire du commerce extérieur, Paris, p. 26.
[2] Société Générale, Le vocabulaire du commerce extérieur, Paris, p. 25.
[3] On dit aussi: connaissement sans remarque, non clausé.
[4] CGM, Mémento du chargeur 1, Paris 1980, p. 26.

### 3) Le connaissement direct[1]

Le connaissement de port à port couvre un transport maritime direct et sans transbordement d'un navire sur un autre. Le connaissement direct couvre soit un transport maritime effectué par plusieurs transporteurs successifs, soit un transport mixte – en partie maritime, en partie terrestre, ou fluvial ou aérien. Dans l'imprimé du connaissement (voir fig. J 9) on trouve les expressions supplémentaires: – pré-transport par, – lieu de réception et – destination finale.

«En principe, le connaissement direct soumet des transports successifs à un régime unique et offre au porteur du connaissement la responsabilité solidaire de tous les transporteurs. En réalité l'émetteur du connaissement direct n'accepte la responsabilité du transport que pour la partie du transport qu'il effectue lui-même.[2]

C'est pour remédier à cette lacune qu'a été mis au point le transport multimodal (TM).» (Voir aussi page 227).

Fonction du connaissement[3]

### 1) Accusé de réception

«C'est un reçu de la marchandise remise pour être chargée (= reçu pour embarquement) ou de la marchandise effectivement chargée à bord du navire désigné (= connaissement embarqué).»

### 2) Engagement de transport

«C'est un document qui constate le contrat de transport maritime et détermine les obligations respectives des parties.»

### 3) Engagement de livraison

«C'est un titre représentatif de la marchandise chargée lorsqu'il porte la mention ‹On board› ou ‹chargé à bord› complétée par la date du connaissement. Ce connaissement confère à son légitime détenteur un droit exclusif à obtenir livraison de la marchandise transportée.»

## 3.2 La charte-partie

Le contrat d'affrètement peut concerner le chargement partiel ou total d'un navire. Un chargement total comprend l'utilisation de toutes les cales d'un navire.
Un chargement partiel peut concerner le chargement de quelques cales bien définies ou un nombre de cales non définies.
Le contrat d'affrètement de volume est appelé «charte-partie». Lors de la signature d'une charte-partie, l'armateur met un navire et son équipage à la disposition du chargeur.

# 4. Le transport aérien

## 4.1 La lettre de transport aérien (L.T.A.)[4] (voir fig. J 10)

Le document de base pour le transport de marchandise par voie aérienne est un contrat de transport matérialisé par une lettre de transport aérien (L.T.A.).

---

[1] En anglais: Through bill of Lading
[2] CGM, Mémento du chargeur/1, Paris 1980, p. 26.
[3] CGM, Mémento du chargeur/1, Paris 1980, p. 25.
[4] En anglais: «Air waybill»

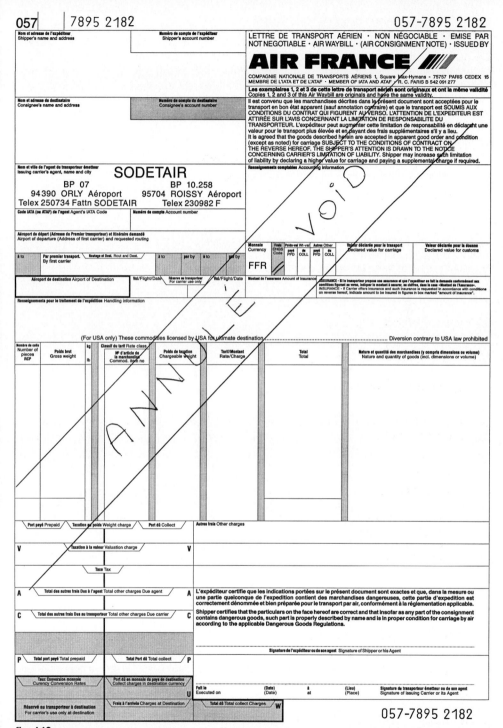

fig. J 10

La lettre de transport aérienne comprend trois originaux:
- pour la compagnie aérienne (n° 1)
- pour le destinataire (n° 2)
- pour l'expéditeur (n° 3)

Un nombre variable de copies peut être fait comme pour la lettre de voiture internationale L.V.I.-CMR (voir page 203) et la lettre de transport international L.V.I.-CIM (voir page 205). L'expéditeur qui possède l'original n° 3 peut modifier le contrat de transport jusqu'à ce que le destinataire soit en possession de la lettre de transport aérienne n° 2.

### La signification de la L.T.A.

a) L'original n° 3 sert d'accusé de réception de la marchandise.
b) L'original n° 3 sert de preuve comme quoi la marchandise a bien été expédiée.
c) L'original n° 3 sert aussi pour l'expéditeur de garantie qu'il peut modifier le contrat de transport aussi longtemps que l'original n° 2 n'a pas été remis au destinataire.
L'original n° 2 est un moyen de blocage. L'expéditeur ne peut plus rien changer dès que le destinataire est en possession de l'original n° 2.
La lettre de transport aérienne sert aussi de document
- pour le dédouanement
- pour l'élaboration de la facture de transport
- de base pour la signature d'un contrat d'assurance.

## 5. L'assurance de transport

### 5.1 L'assurance pour le transport intérieur

Au cours de son transport par route, chemin de fer ou voie d'eau, la marchandise court certains risques et elle peut être endommagée. Si le propriétaire de la marchandise ne peut faire valoir des droits de dédommagement vis-à-vis du transporteur, il doit supporter lui-même les conséquences des avaries. C'est ce qui arrive:
- en cas de force majeure
- en cas d'un vice propre de la marchandise
- en cas d'une faute de l'ayant-droit

Les parties prenantes d'une police d'assurance sont:
- l'assureur: il prend certains risques à sa charge contre le paiement d'une prime d'assurance.
- l'assuré: bénéficie de la couverture de l'assurance.

Parfois l'assurance peut être contractée par un tiers qui en fixe les limites et ainsi le montant de la prime. La signature d'un contrat d'assurance est matérialisée par une police d'assurance. Cette police doit indiquer:
- la nature de la marchandise,
- la quantité, la valeur, la voie d'acheminement,
- les moyens de transport, les risques couverts, le nom de l'assureur et celui de l'assuré.

La police peut être établie au nom de l'assuré ou au nom d'un tiers. Si rien de spécial n'a été convenu, la règle générale est une assurance «tous risques». Elle correspond en gros à la clause A de l'ICC (tous risques).[1]

---

[1] ICC, Institute cargo clauses voir aussi page 226.

## 5.2 L'assurance maritime

On distingue deux catégories d'assurances maritimes:
- les assurances sur corps: elles couvrent les risques se rapportant au navire.
- les assurances sur facultés[1]): elles couvrent les risques se rapportant aux marchandises transportées.

Les assurances maritimes obtiennent les renseignements nécessaires sur l'état de navigabilité des bateaux par le bureau «Veritas». C'est l'office national de renseignements pour les assurances maritimes à Paris.

La police d'une assurance maritime est rédigée par un «courtier d'assurance maritime». Il s'agit d'un officier ministériel qui sert d'intermédiaire entre les assureurs maritimes et l'assuré.

On distingue deux types d'avaries:

### a) L'avarie grosse/commune

Le capitaine d'un navire se trouvant en difficulté a pu ordonner de jeter tout ou partie de la marchandise par dessus bord pour sauver le navire et l'empêcher de chavirer ou de couler, dans ce cas l'assurance couvrant le navire, celle couvrant le transport et celle couvrant la marchandise doivent couvrir en commun le montant des dégâts et des frais supplémentaires pouvant en résulter. Le pourcentage des frais à couvrir par chacune des assurances est fixé par un dispacheur.

### b) L'avarie particulière

Il s'agit d'une avarie ne concernant que le navire ou son chargement. Dans ce cas, les dommages restent entièrement à la charge de celui dont la propriété a été touchée et ainsi à la charge de son assurance.

Le contrat d'assurance

«Le contrat d'assurance est appelé la ‹police› et contient l'énumération des objets assurés et les conditions de la garantie données par les assureurs».[2])
On distingue:
1) **La police au voyage:** elle est établie pour un seul voyage et pour une marchandise déterminée.[3])
2) **La police d'abonnement:** forme fréquente d'assurance sur facultés. Cette police a pour caractéristique la déclaration obligatoire et l'assurance automatique de tous les chargements à risque, sans exception.[4])
3) **La police flottante:** contrat d'assurance couvrant jusqu'à concurrence d'une somme donnée et pour une durée déterminée toutes marchandises expédiées, entreposées ou reçues par l'assuré. Le nom des navires, leur date de départ et la valeur de chaque expédition doivent être communiqués à l'assureur avant chaque départ.[5])
4) **Police française d'assurance maritime sur facultés:** Contrat type applicable en France pour la couverture des risques inhérents à un transport de marchandises par mer.
   «**Tous risques**»: L'assurance «Tous risques» couvre tous les dommages survenus à la marchandise à l'exclusion de certains risques, sous certaines conditions qu'énumère la police.
   «**FAP sauf**», (Franc d'Avaries Particulières)[6]). Elle signifie qu'aucune indemnité ne sera payée pour les dommages subis par la marchandise au cours du voyage, sauf dans le cas où le dommage est la conséquence d'un des risques spéciaux énumérés dans la police (naufrage, abordage, échouement, incendie, etc.).[7])

---

[1]) facultés = le chargement du navire
[2])-[5]) Société Générale, Le vocabulaire du commerce extérieur, Paris, p. 62
[6]) En anglais: FPA = Free of Particular Average
[7]) Société Générale, le vocabulaire du commerce extérieur, Paris, p. 62.

Le «FAP sauf» correspond aussi à la valeur minimale couverte par les Incoterms 1980 CIF/CAF (coût, assurance, fret).

Le terme CAF est à rapprocher de C & F mais, en outre, le vendeur doit fournir une assurance maritime contre le risque de perte ou de dommage aux marchandises au cours du transport. Le vendeur est uniquement tenu de couvrir l'assurance à des conditions minima, dites conditions FAP.

Selon le § 5, le vendeur doit fournir à ses frais et sous forme transmissible une police d'assurance maritime contre les risques du transport.

A côté de la «Police française d'assurance maritime sur facultés» il y a aussi les «Institute Cargo Clauses (I.C.C.)» qui concernent les assurances anglaises de transport maritime. Elles sont très utilisées dans le monde et contiennent depuis 1983 les clauses standard A, B, C.

Les clauses anciennes dont les Incoterms 1980 font état sont remplacées par ces nouvelles clauses standard A, B, C.

**Couverture A:** correspond à la couverture «Tous risques» des Institute Cargo Clauses. Elle offre la plus grande couverture. Couvre tous les dangers qui ne sont pas repris dans la clause B.

**Couverture B:** correspond à l'ancienne clause I.C.C. with average (W.A.) ou with particular average (W.P.A.). L'assurance couvre les dommages provenant de l'avarie courante, mais seulement au-delà de la clause FAP sauf, quand elle provient d'un danger en mer. Les dommages provenant de vol, de cambriolage, d'émeute etc., ne sont pas couverts.

**Couverture C:** cette clause correspond à la clause «FAP sauf» avec la couverture minimale prévue dans les Incoterms 1980.

# 6. Les documents d'expédition du transitaire

En plus des documents d'expédition que nous avons déjà présentés, les documents du transitaire jouent un rôle particulier.
La Fédération Internationale des Associations de Transporteurs et Assimilés (FIATA) a mis au point des formulaires standard.

## 6.1 Attestation de prise en charge FIATA – FCR[1]

Le transitaire atteste par ce document avoir reçu de façon irrévocable une marchandise bien définie, destinée à être transportée et à être remise au destinataire.
Le FCR est une preuve pour le vendeur comme quoi il a respecté ses engagements de livraison. Le document FIATA – FCR n'est pas négociable, car la remise de la marchandise au destinataire n'est pas soumise à la présentation par celui-ci du document. Il est établi un seul original. Les copies portent la mention «non-négociable».

## 6.2 Attestation de transport du transitaire FIATA – FCT[2]

Ce document est établi par l'expéditeur pour un envoi unique. Il certifie avoir pris en charge la marchandise et s'engage à remettre cette marchandise au propriétaire légal du document FCT. Pour l'ensemble du chargement il est établi un connaissement. Sur le lieu d'arrivée les différents destinataires de l'envoi groupé peuvent retirer leur lot à l'aide du document FCT.
Le FIATA – FCT a une fonction de blocage. Le transitaire s'engage à ne livrer la marchandise que contre présentation du document original. Seul le propriétaire de l'original peut exercer certains droits vis-à-vis de la marchandise (p. ex. retarder la livraison). Le document FIATA – FCT peut jouer un rôle dans le paiement: p. ex. «paiement contre documents». Le FIATA – FCT est négociable.

## 6.3 Connaissement FIATA négociable pour transports combinés – FBL[3] (voir fig. J 11)

Il s'agit dans ce cas d'un connaissement direct pour un transport combiné ou multimodal.[4]
Le transitaire fait fonction de «Combined Transport Operator» (CTO) ou «Multimodal Transport Operator» (MTO); en français, on l'appelle «Entrepreneur de Transport Multimodal» (ETM).
Le FBL est un document négociable qui est reconnu par la Chambre de Commerce Internationale de Paris (CCI).
Le transitaire, en tant qu'entrepreneur de transport multimodal (ETM), est responsable lors de l'établissement du FBL de la marchandise et de son transport. Le transitaire n'est pas seulement responsable de la remise de la marchandise en un lieu donné, mais aussi du transport.

---

[1] En anglais: Forwarding-Agents Certificate of Receipt
[2] En anglais: Forwarding Agents Certificate of Transport
[3] En anglais: Combined Transport Bill of Lading
[4] Le FBL est établi quand une marchandise doit être acheminée de port à port à l'aide de différents moyens de transport (route/chemin de fer/navire).

| Chargeur |  | **FBL** | **F** |
|---|---|---|---|
| | | CONNAISSEMENT FIATA NEGOCIABLE POUR TRANSPORTS COMBINÉS |  |
| | F.F.C.A.T. | émis conformément aux Règles Uniformes de la C.C.I. pour un Document de Transport Combiné (Publication C.C.I. n° 298) | |

Consigné à l'ordre de

Notifié à

Lieu de prise en charge

Lieu de livraison

| Marques et numéros | Nombre et nature des colis | Désignation des marchandises | Poids brut | Dimensions |
|---|---|---|---|---|

**SPECIMEN**

En conformité des déclarations de l'expéditeur

Les marchandises et instructions sont acceptées et traitées conformément aux conditions imprimées au verso.

Reçu en bon état et bonnes conditions apparentes, sauf réserves indiquées dans le présent document, au lieu de prise en charge pour transport et livraison comme mentionné ci-dessus.

Un exemplaire de ce connaissement de transport combiné doit être remis dûment endossé en échange des marchandises, en foi de quoi les connaissements originaux de transport combiné, tous de même teneur et date, ont été signés en nombre indiqué ci-dessous l'un d'eux étant accompli les autres originaux sont sans valeur.

| Montant du fret : | Fret payable à : | Lieu et date d'émission : |
|---|---|---|
| Assurance de la marchandise ☐ non couverte, ☐ couverte par les soins du soussigné, selon les conditions de la police ci-jointe. | Nombre de connaissements originaux : | Timbre et signature autorisée : |
| Pour la livraison des marchandises s'adresser à : | | |

Text authorized by FIATA. Copyrigth FIATA / Zurich-Switzerland 1.79

**fig. J 11**

# 7. Les documents concernant la douane:

## 7.1 Procédure simplifiée de dédouanement pour les marchandises expédiées par la poste ou par colis postal (jusqu'à une valeur inférieure à 20.000,– F) vers la CEE.

Imprimé C1 (voir fig. J 12)

«Pour les envois par la poste, une étiquette verte C1 est obligatoire. Lorsque la valeur de l'envoi est supérieure à 550 F, il appartient à l'expéditeur d'apposer sur l'emballage la partie supérieure de l'étiquette verte C1 portant la mention «Douane – Peut être ouvert d'office»1) et de joindre

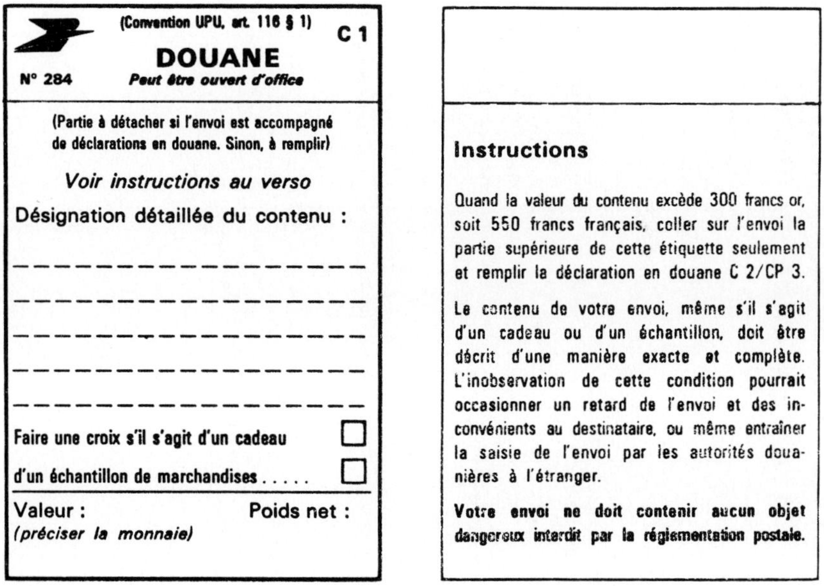
(Convention UPU, art. 116 § 1)
C 1
DOUANE
N° 284
*Peut être ouvert d'office*

(Partie à détacher si l'envoi est accompagné de déclarations en douane. Sinon, à remplir)

*Voir instructions au verso*

Désignation détaillée du contenu :

Faire une croix s'il s'agit d'un cadeau ☐

d'un échantillon de marchandises ..... ☐

Valeur : Poids net :
*(préciser la monnaie)*

**Instructions**

Quand la valeur du contenu excède 300 francs or, soit 550 francs français, coller sur l'envoi la partie supérieure de cette étiquette seulement et remplir la déclaration en douane C 2/CP 3.

Le contenu de votre envoi, même s'il s'agit d'un cadeau ou d'un échantillon, doit être décrit d'une manière exacte et complète. L'inobservation de cette condition pourrait occasionner un retard de l'envoi et des inconvénients au destinataire, ou même entraîner la saisie de l'envoi par les autorités douanières à l'étranger.

**Votre envoi ne doit contenir aucun objet dangereux interdit par la réglementation postale.**

**fig. J 12**

une «Déclaration en Douane» C2/CP 3 (voir fig. J 13)

correctement remplie par ses soins. Cette déclaration doit contenir:
- Nom et adresse de l'expéditeur
- Eventuellement numéro de référence de l'expéditeur
- Nom et adresse du destinataire y compris le pays de destination
- Faire une croix s'il s'agit d'un cadeau ou d'échantillons de marchandises
- Le soussigné est obligé de certifier l'exactitude des renseignements donnés dans la présente déclaration
- Lieu, date et signature
- Observations
- Pays d'origine des marchandises
- Poids brut total, nombre d'envois, désignation détaillée du contenu, numéro tarifaire, poids net et valeur de la marchandise.

A côté de la «Déclaration en Douane», l'expéditeur doit établir un «Bulletin d'expédition CP 2».2)

---
1) CFCE, Principales formalités à l'exportation, tome 2, Paris 1983, p. 16.
2) Voir page 208.

AVANT DE REMPLIR CETTE DÉCLARATION. LIRE ATTENTIVEMENT LES INSTRUCTIONS AU VERSO

**ADMINISTRATION DES POSTES DE FRANCE**

**DÉCLARATION EN DOUANE**

**C 2/CP 3**
Colis postaux
(art. 106, § 1, b)

**(1) EXPÉDITEUR**

M _____

(2) Éventuellement numéro de référence de l'expéditeur

**(3) DESTINATAIRE (Nom en CAPITALES et adresse)**

M _____

(4) Faire une croix (x) s'il s'agit

☐ d'un cadeau          ☐ d'échantillons de marchandises

(5) Le soussigné certifie l'exactitude des renseignements donnés dans la présente déclaration.

**PAYS DE DESTINATION en CAPITALES** _____

(6) Lieu et date

(7) Observations

(8) Signature

(9) Pays d'origine des marchandises

(10) Pays de destination

(11) Poids brut total

| | | Numéro de nomenclature stat. export | (14) N° tarifaire | (15) Poids net | | (16) Valeur | |
|---|---|---|---|---|---|---|---|
| | | | | kg | g | F. français | |

**(12)** Un envoi

(13) Désignation détaillée du contenu

Numéro d'expédition : _____

N° 287 - IN 7 110816 0 03 0 F

« LAUSANNE 1974 » — Dimensions 210 x 148 mm

## INSTRUCTIONS

La déclaration en douane sera établie en français ou dans une autre langue admise dans le pays de destination.

Pour dédouaner votre envoi, la douane du pays de destination doit en connaître le contenu. Vous devez en conséquence, remplir la déclaration d'une manière complète, exacte et lisible. Dans le cas contraire, il peut en résulter des retards dans l'acheminement de l'envoi et d'autres inconvénients pour le destinataire. De plus, toute déclaration fausse, ambiguë ou incomplète, risque d'entraîner notamment la saisie de l'envoi.

Il vous incombe, par ailleurs, de vous renseigner sur les documents (certificat d'origine, certificat sanitaire, facture, etc.), éventuellement exigibles dans le pays de destination, et de les annexer à la présente déclaration.

Case (4) L'indication exigée ici ne dispense pas de l'obligation de remplir la déclaration de manière détaillée, et n'implique pas nécessairement l'admission en franchise de l'envoi dans le pays de destination.

Case (7) Voir renvoi (1) ci-dessous.

Case (13) Indiquer séparément les différentes espèces de marchandises. Ne sont pas admises les indications génériques telles que : « produits alimentaires », « échantillons », « pièces de rechange », etc.

Case (14) Indiquer, s'il est connu, le numéro tarifaire du pays de destination.

Case (15) Indiquer le poids net de chaque espèce de marchandise.

Case (16) Indiquer la valeur de chaque espèce de marchandise, en précisant l'unité monétaire utilisée.

NOTA. — Un exemplaire de cette déclaration est destiné à la Douane française pour les formalités à l'exportation : seuls les documents (factures, etc.) éventuellement requis pour ces formalités doivent y être annexés.

Les documents exigibles dans le pays de destination et devant accompagner les colis seront annexés séparément à un autre exemplaire de la déclaration C 2/CP 3.

---

(1) Donner dans la case (7), le cas échéant, toute autre indication utile (« marchandise en retour », « admission temporaire », par exemple).

**fig. J 13 (2)**

## 7.2 Procédure de dédouanement pour les marchandises d'une valeur supérieure à 20 000,– F, expédiées par la poste ou tout envoi expédié par camion, par avion ou par navire.

Le document suivant est nécessaire si le transport est effectué par camion, par avion ou par navire:

Le Document Administratif Unique (D.A.U.)[1]) (voir fig. J 14/15)

Il doit être établi par le propriétaire de la marchandise. L'exportateur français qui n'est plus propriétaire de la marchandise au moment du dédouanement est cependant autorisé à déposer la déclaration.

Le D.A.U. se présente sous forme d'une liasse de 8 feuillets au maximum. A l'exportation sont utilisés 3 feuillets pour les formalités d'exportation et 5 feuillets accompagnent les marchandises pour les formalités de transit communautaire et pour la préparation des formalités d'importation dans l'Etat membre de destination. A l'importation 5 feuillets arrivent en France.

Le D.A.U. peut être ainsi utilisé de façon fractionnée. Ce fractionnement sera fonction des formalités que souhaitent accomplir les opérateurs: exportation avec ou sans transit, transit ou importation. Dans ce cas, seuls, certains feuillets du D.A.U. seront utilisés.

Pour simplifier et accélérer le commerce international et surtout les opérations de dédouanement, on a créé «**Le Système Harmonisé de désignation et de codification des marchandises – S.H.**».[2]) Sur le D.A.U. seront enregistrées ainsi des codifications à caractère statistique ou réglementaire harmonisées sur le plan communautaire.

Si le transport est effectué par chemin de fer:

**La lettre de voiture internationale – CIM (L.V.I.-CIM)[3])**

ou

**le bulletin d'expédition colis express – CIM-TIEx[4])**

sera utilisé.

---

[1]) D.A.U. = Einheitspapier (gültig seit 1. 1. 1988).
[2]) Hierbei handelt es sich um vereinheitlichte Bezeichnungen und Schlüsselzahlen für die Waren.
[3]) Voir page 205.
[4]) Voir page 209.

# COMMUNAUTE EUROPEENNE

**A** BUREAU D'EXPÉDITION/*ID'EXPORTATION*

**1**

**EXEMPLAIRE POUR LE PAYS D'EXPÉDITION/D'EXPORTATION**

**2** Expéditeur/*Exportateur* No.

**1** DÉCLARATION

**3** Formulaires **4** List. chargem.

**5** Articles **6** Total des colis **7** Numéro de référence

**8** Destinataire No.

**9** Responsable financier No.

**10** *Pays prem. destin.* **11** *Pays trans- action* **13** P.A.C.

**14** Déclarant/Représentant No.

**15** Pays d'expédition/*d'exportation* **15** Code P. expéd./*expor.* a| b| **17** Code P. destination a| b|

**16** Pays d'origine **17** Pays de destination

**18** Identité et nationalité du moyen de transport au départ **19** Ctr. **20** Conditions de livraison

**21** Identité et nationalité du moyen de transport actif franchissant la frontière **22** Monnaie et montant total facturé **23** Taux de change **24** Nature de la transaction

**25** Mode transport à la frontière **26** Mode transport intérieur **27** Lieu de chargement **28** Données financières et bancaires

**1**

**29** Bureau de sortie **30** Localisation des marchandises

**31** Colis et désignation des mar- chandises — Marques et numéros - No(s) conteneur(s) - Nombre et nature

**32** Article No. **33** Code des marchandises

**34** Code P. origine a| b| **35** Masse brute (kg)

**37** RÉGIME **38** Masse nette (kg) **39** *Contingent*

**40** Déclaration sommaire/Document précédent

**41** Unités supplémentaires

**44** Mentions spéciales/ Documents produits/ Certificats et autorisations

Code M.S.

**46** Valeur statistique

**47** Calcul des impositions — Type | Base d'imposition | Quotité | Montant | MP

**48** Report de paiement

**49** Identification de l'entrepôt

**B** DONNÉES COMPTABLES

Total :

**50** Principal obligé No.

Signature :

**C** BUREAU DE DÉPART

**51** Bureaux de passage prévus (et pays) — représenté par Lieu et date :

**52** Garantie non valable pour

Code **53** Bureau de destination (et pays)

**D** CONTRÔLE PAR LE BUREAU DE DEPART

Cachet :

**54** Lieu et date :

Résultat :

Scellés apposés : Nombre :
marques :

Signature et nom du déclarant/représentant :

Délai (date limite) :

Signature :

*cerfa*

No 30-2051

MOD. 5053 En vente à la LIBRAIRIE DU COMMERCE INTERNATIONAL, 10, avenue d'Iéna, 75783 PARIS CEDEX 16 - Vente par correspondance : B.P. 438, 75233 PARIS CEDEX 05 - Tél. (1) 45 05 37 66 - Télex LICOMIN 206 811 F
CB 56 g Blanc

**fig. J 14**

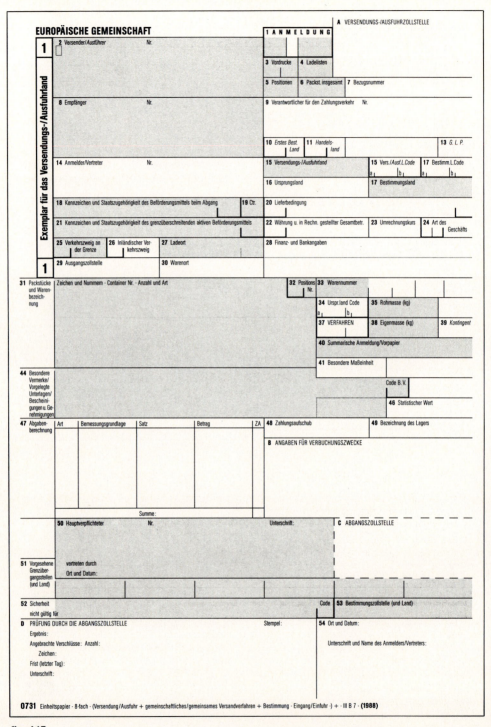

fig. J 15

# 8. Les documents complémentaires

En outre, il incombe à l'expéditeur de se renseigner sur les documents suivants, éventuellement exigibles dans le pays de destination et de les annexer aux documents de douane:

### Le Certificat de Salubrité et
### Le Certificat Vétérinaire (voir fig. J 16)

modèle CEE, sont établis par la Direction des Services Vétérinaires du lieu où ont été traitées les marchandises. Ils ne sont établis que pour des établissements conformes aux normes européennes et pour les viandes et produits carnés.

### Le Certificat Phytosanitaire (voir fig. J 17)

Il est établi par les agents du Service de la Protection des Végétaux (SPV) dépendant du Ministère d'Agriculture. Ils attestent que la marchandise est indemne de certains insectes et de certaines maladies.

### Le Certificat de Qualité (voir fig. J 18)

Il est aussi appelé «Certificat de Contrôle». La sortie du territoire français des conserves est soumise à la présentation d'un certificat de qualité établi par l'Institut Appert de Paris. (Nicolas Appert publia en 1810 un livre sur la conservation des aliments par la chaleur.)

### La facture commerciale/la facture export (voir fig. J 19)

Un nombre suffisant de factures export avec traduction dans la langue du pays destinataire (ou, au moins, en anglais) est nécessaire:
- un exemplaire pour les services de douane de départ,
- un exemplaire pour les services de douane d'arrivée,
- un exemplaire pour le réceptionnaire de la marchandise servant d'attestation de dédouanement.

Il est recommandable d'adresser directement au destinataire final de la marchandise un exemplaire de la facture originale, afin que le client puisse disposer rapidement de son prix et éventuellement d'en effectuer le règlement sans attendre que le transitaire en douane lui remette l'exemplaire présenté et tamponné par la douane. En effet, ce dernier exemplaire pourra dans certains cas ne lui parvenir que 4 semaines après réception de la marchandise.
«Depuis 1981, le calcul de la valeur en douane des marchandises est désormais basé sur le prix de facture. C'est pourquoi une facture export doit être produite à l'appui de chaque déclaration en douane pour justifier de l'exonération de la TVA attachée aux opérations d'exportation. Elle est de surcroît indispensable pour les marchandises passibles de droits de sortie, pour les livraisons à bord des avions et navires. En outre, c'est le document de référence pour l'établissement des déclarations d'exportation et d'importation.

## GENUSSTAUGLICHKEITSBESCHEINIGUNG
für frisches Fleisch, das für einen Mitgliedstaat der EWG bestimmt ist

## CERTIFICAT DE SALUBRITE
relatif à des viandes fraîches destinées à un Etat membre de la C.E.E.¹)

Versandland  
Pays expéditeur

Nr.  
No.

Zuständiges Ministerium  
Ministère

Ausstellende Behörde  
Service

I. Angaben zur Identifizierung des Fleisches  
Identification des viandes

    Fleisch von  
    Viandes de  
    (Tiergattung — espèce animale)

    Art der Teile  
    Nature des pièces

    Art der Verpackung  
    Nature de l'emballage

    Zahl der Teile oder Packstücke  
    Nombre des pièces ou des unités d'emballage

    Nettogewicht  
    Poids net

II. Herkunft des Fleisches  
Provenance des viandes

Anschrift(en) und Veterinärkontrollnummer(n) des (der) zugelassenen Schlachtbetriebes (-betriebe):  
Adresse(s) et numéro(s) d'agrément vétérinaire de l'(des) abattoir(s) agréé(s):

Anschrift(en) und Veterinärkontrollnummer(n) des (der) zugelassenen Zerlegungsbetriebes (-betriebe):  
Adresse(s) et numéro(s) d'agrément vétérinaire de l'(des) atélier(s) de découpage agréée(s):

III. Bestimmung des Fleisches  
Destination des Viandes

    Das Fleisch wird versandt von  
    Les viandes sont expédiés de  
    (Versandort — lieu d'expédition)

    nach  
    à  
    (Bestimmungsort und -land / pays et lieu de destination)

    mit folgendem Transportmittel  
    par le moyen de transport suivant

    Name und Anschrift des Absenders  
    Nom et adresse de l'expéditeur

    Name und Anschrift des Empfängers  
    Nom et adresse du destinataire

**fig. J 16**

| Nom et adresse de l'expéditeur : | MINISTÈRE DE L'AGRICULTURE |
|---|---|
| | **CERTIFICAT PHYTOSANITAIRE** |
| | N° CE/FR/    /         Délivré le |
| Nom et adresse déclarés du destinataire : | Organisation de la Protection des Végétaux de FRANCE |
| | A Organisation(s) de la Protection des Végétaux de |
| | Lieu d'origine : |
| Moyen de transport déclaré : | |
| Point d'entrée déclaré : | |

| Marques, numéros, nombre et nature des colis, nom du produit (y compris le nom botanique des plantes) : | Quantité déclarée : |
|---|---|
| | |

IL EST CERTIFIÉ que les végétaux ou produits végétaux décrits ci-dessus :
- ont été inspectés suivant des procédures adaptées ;
- sont estimés indemnes d'ennemis visés par la réglementation phytosanitaire et pratiquement indemnes d'autres ennemis dangereux ;
- et sont jugés conformes à la réglementation phytosanitaire en vigueur dans le pays importateur.

Déclaration supplémentaire :

| Traitement de désinfestation et/ou de désinfection : | | Cachet de l'Organisation - Nom du fonctionnaire autorisé : |
|---|---|---|
| Produit chimique utilisé (matière active) : | Date : | à : |
| Durée et température : | Concentration : | Signature : |
| Renseignements complémentaires : | | |

**fig. J 17**

| 1. Expéditeur | | CERTIFICAT DE CONTROLE |
|---|---|---|
| | | CE  025652  K |
| | | Le présent certificat est destiné à l'usage exclusif des organismes de contrôle. |
| 2. Emballeur identifié sur l'emballage (s'il diffère de l'expéditeur) | 3. Service de contrôle | |
| | Direction de la Consommation et de la Répression des Fraudes Mission de contrôle des produits horticoles 13, Rue Saint-Georges 75009 PARIS | |
| | 4. Pays d'origine ($^1$)  FRANCE | 5. Pays de destination |
| 6. Identification du moyen de transport | 7. Emplacement réservé aux dispositions nationales ($^2$) | |

| 8. Emballages Nombre [et type ($^2$)] | 9. Nature du produit (variété si la norme le prévoit) | 10. Catégorie de qualité | 11. Poids total en kg brut/net ($^3$) |
|---|---|---|---|
| | | | |
| | | | |
| | | | |
| | | | |
| | | | |
| | | | |
| | | | |
| | | | |

12. Le service de contrôle ci-dessus mentionné certifie sur la base d'un examen par sondage, que la marchandise indiquée ci-dessus correspond, au moment du contrôle, aux normes de qualité en vigueur.

Bureau de douane de sortie ($^2$) ―――――――――――――――

Durée de validité ($^4$) ――――――――――――― jours

Lieu et date d'émission

Contrôleur (nom en caractère d'imprimerie)

Signature : ―――――――――――――

Cachet du service de contrôle

13. Observations

($^1$) Lorsque le produit est réexporté, mentionner son origine après la nature du produit.
($^2$) Facultatif.
($^3$) Rayer la mention inutile.
($^4$) Valable jusqu'au point de sortie du pays expéditeur (y compris le jour de contrôle).

**fig. J 18**

La facture export est aussi le document nécessaire au paiement de la marchandise. Elle sera requise en plus lors de l'établissement des documents suivants:
– la L.V.I.-CMR (voir aussi page 203)
– la L.V.I.-CIM (voir aussi page 205)
– le connaissement (voir aussi page 219)
– la L.T.A. (voir aussi page 222)
– le certificat d'assurance (voir aussi page 224)
– le Document Administratif Unique (D.A.U.) (voir aussi page 234)
En matière de crédit documentaire (voir aussi page 269) la facture export servira de référence aux stipulations de l'accréditif.»[1]
En plus des documents précédents qui sont indispensables pour le dédouanement de la marchandise au sein de la Communauté Européenne, il existe pour les pays de l'A.E.L.E.[2] ou les pays-tiers d'autres documents nécessaires pour le dédouanement, tels que:

## Le certificat de circulation EUR 1/EUR 2

L'exportateur certifie que la marchandise provient d'un pays de la Communauté Européenne ou qu'elle a été mise en libre circulation dans la Communauté. Il sert au dédouanement de la marchandise dans les pays avec lesquels la CEE a des accords particuliers.

## Le certificat d'origine

Certains pays réclament un certificat d'origine qui est établi par les chambres de commerce et d'industrie (voir aussi page 60).

## La facture consulaire

Elle est un document comprenant la désignation des marchandises selon une nomenclature propre au pays importateur. Cette facture est certifiée par le consulat du pays importateur.

## La facture douanière

Elle correspond en gros à une facture consulaire, mais elle n'a pas besoin d'être certifiée par le consulat du pays importateur, mais par un témoin. Elle est demandée pour les pays du Commonwealth.

## La liste de colisage

C'est une liste qui reprend exactement l'ensemble des colis avec leur marquage, type, contenu et poids.

## La facture proforma

Une facture proforma contient les mêmes données qu'une facture commerciale (export). Elle peut être utilisée entre outre pour l'obtention d'une licence d'importation.

---

[1] Jacques de Zelicourt, Facture export, un document clé, MOCI, n° 584/5 Décembre 1983, Paris, p. 15–16.
[2] A.E.L.E. = Association Européenne de Libre Echange (= EFTA)

| Vendeur | Date et n° de la Facture |
| | Autres références |
| Destinataire | Acheteur (s'il diffère du destinataire) |
| | Pays d'origine des marchandises |
| Renseignement sur le transport | Modalités et conditions de la vente et du paiement |

| Marques et numéros, nombre, nature des colis, description des marchandises (en claire et en code) | | Poids brut kg | Cubage m³ |
|---|---|---|---|
| Désignation des articles (en code et en clair) | Quantité | Prix Unitaire | Montant |
| | Emballage | Inclus ci-dessus | Exclus ci-dessus |
| | Fret | | |
| | Autres colis (à préciser) | | |
| | Assurance | | |
| | Montant total de la facture | | |

**fig. J 19**

# 9. Exercices

## 9.1 Compréhension et commentaires

1. Expliquez brièvement quels sont les documents indispensables pour le transport routier international.
2. Quel document doit-on employer pour le transport international par chemin de fer?
3. De quel formulaire a-t-on besoin pour envoyer des paquets à l'étranger par la poste?
4. Nommez un document négociable pour le transport fluvial.
5. Quelle importance a le connaissement fluvial?
6. Quelle différence y a-t-il entre une charte-partie et un connaissement?
7. Expliquez les mots «chargeur», «fréteur», «destinataire» et «contrat d'affrètement».
8. Quels sont les différents types de connaissement que vous connaissez?
9. A qui sont destinés les connaissements?
10. Quelles fonctions a le connaissement?
11. Expliquez l'abréviation «L.T.A.».
12. Quelle est la différence entre une avarie commune et une avarie particulière?
13. Quelles sont les deux formes d'assurance offertes par la «Police française d'assurance maritime sur facultés»?
14. Quels sont les trois types de couverture offerts par Institute Cargo Clauses?
15. Expliquez la procédure de dédouanement simplifiée pour la marchandise envoyée par poste au sein de la CEE, dans le cas de marchandises d'une valeur inférieure à 20.000,– F.
16. Quand le D.A.U. est-il obligatoire?
17. De quels documents douaniers a-t-on besoin pour le transport par chemin de fer?
18. Citez quelques documents qui doivent éventuellement être joints au formulaire douanier.
19. Quel rôle joue la facture commerciale?

## 9.2 Dictée

### Les risques du transport

En matière terrestre notamment, beaucoup de marchandises circulent sans avoir été assurées spécifiquement. On constate, dans cette option essentielle, une fréquente confusion entre la notion d'assurance-transports et celle d'assurance obligatoire «marchandise transportée» des transporteurs.

Les expéditeurs savent que «le transporteur est présumé responsable de la perte des colis et des avaries», et qu'il a l'obligation de couvrir une assurance pour les marchandises qu'il transporte. Dès lors, le raisonnement (à notre sens erroné) est simple: pourquoi s'assurer spécifiquement contre les risques du transport, pourquoi payer une prime supplémentaire qui vient grever le prix de revient des marchandises puisqu'en tout état de cause, le recours demeure entier contre le transporteur? Qu'un ennui survienne, et c'est l'assurance du transporteur qui jouera. D'où la décision de ne pas s'assurer en direct.

Ce raisonnement méconnaît les exonérations de responsabilité des transporteurs, telles que la force majeure ou le cas fortuit. Si le transporteur n'est pas responsable des avaries supportées par les marchandises, son assurance obligatoire «marchandise transportée» ne joue pas, et l'entreprise expéditrice se trouve totalement exposée.

### Voici un exemple: un chauffard percute un camion...

Un bon exemple.
Supposons 350.000 F de marchandises transportées sur un camion, assuré pour 400.000 F. Partant de ces chiffres, l'expéditeur ne juge pas utile de s'assurer spécifiquement. Malheureusement pendant le voyage, le camion est percuté par un chauffard (ivre) à bord d'une voiture volée, sans permis de conduire, sans assurances, et qui est tué dans l'accident. Le camion tombe dans un fossé. La marchandise est détruite, et en aucun cas elle n'est remboursée par l'assurance marchandise transportée du transporteur. La perte est totalement supportée par l'entreprise, démunie de tout recours sinon contre le responsable de l'accident. Plutôt aléatoire, n'est-ce pas?

Extrait de: Denis Chevalier, Transport: le choix des polices, MOCI, n° 713/26 mai 1986, Paris, page 36.

### Compréhension et commentaires

1. Quelle confusion existe-t-il entre les différentes expressions concernant l'assurance pour le transport?
2. Pourquoi l'expéditeur ne juge-t-il pas nécessaire d'assurer sa marchandise?
3. Quel genre de risques encourt-il dans ce cas?
4. Essayez d'expliquer ce point à l'aide d'un exemple.

## 9.3 Traductions

### 9.3.1 Version

### 1) «Conférences Maritimes»

Vers 1870 naquirent les premières ententes d'armateurs – exclusivement britanniques à l'origine – regroupées par secteur géographique exploitant les mêmes lignes maritimes. Leur raison d'être était la mise en place de services réguliers capables de répondre aux besoins du commerce et de l'industrie des pays concernés, et la limitation d'une concurrence ruineuse. Les Conférences Maritimes (ainsi s'intitulèrent ces clubs) poursuivirent ce but en limitant le nombre de leurs adhérents (conférences «fermées») et en convenant de tarifs communs pour des marchandises identiques. Elles en vinrent à rationaliser la fréquence des départs de navires, et à imposer aux armateurs membres des droits d'escale dans les différents ports. Elles stabilisèrent, enfin, les rapports de forces entre leurs membres en délimitant par contrat leurs parts respectives de trafic, au moyen de systèmes de quotas de chargements, ou de redistribution financière des résultats sous des formes diverses.

**Héritières de ces traditionnelles ententes entre professionnels, les Conférences Maritimes (dotées chacune d'un Secrétariat exécutif), établissent les tarifs de fret et surcharges applicables par leurs membres au transport des marchandises. Elles procèdent à la révision périodique de ces tarifs et surcharges.**
S'étant développées dans des pays d'économie libérale et occupant dans les trafics une position importante, mais néanmoins soumises à une concurrence certaine tant interne qu'externe, les Conférences ont joué un rôle régulateur, et demeurent un facteur de stabilité des tarifs, de régularité et de qualité du service indispensables au

commerce international, tout en garantissant une certaine liberté de choix aux chargeurs lesquels ont toujours la possibilité d'approcher les Secrétariats des Conférences pour l'étude de taux spéciaux lorsque cette demande est justifiée.
Cependant, la métamorphose rapide des conditions économiques et politiques singulièrement depuis dix ans, n'a pas été sans conséquences sur la vie des Conférences, qui ont évolué au cours de ces dernières années dans le sens d'une plus grande compréhension des besoins des chargeurs.
Elles n'ont d'ailleurs pas nui à la présence de compagnies hors-conférence («outsiders»), que celles-ci soient nées de l'aventure du capital privé, ou de la volonté politique de certains états, capables de financer, armer et entretenir une flotte.
Elles ont aussi trouvé des interlocuteurs de plus en plus puissants et compétents dans les associations de Chargeurs, souvent regroupés en **Conseils Nationaux de Chargeurs**, soucieux de défendre les intérêts de leurs adhérents.

Extrait de: CGM, Mémento du chargeur
to. 1, Le transport maritime, Paris 1980, page 34

### Compréhension et commentaires

1. Pourquoi les Conférences Maritimes ont-elles été créées?
2. Quels sont les avantages offerts par la Conférence Maritime?
3. Quels changements sont intervenus au cours des dernières années?

## 2) Le transit

«Le Transitaire représente un élément indispensable dans la chaîne du transport, rendue de plus en plus complexe en raison de l'accroissement des échanges internationaux. Son champ d'action est très variable, selon le contrat qui le lie à son client: tantôt il n'intervient que sur une partie de l'opération, tantôt, au contraire, agissant en Commissionnaire de Transport, il organise et fait exécuter tout ou partie du transport qui lui est confié, ainsi que les prestations afférentes. Ce dernier cas devient le plus fréquent, en raison notamment de la tendance à l'intégration des éléments de transport de bout en bout.
L'action du Transitaire/Commissionnaire de transport peut se manifester avant, et/ou après la conclusion du contrat commercial:
AVANT: Il procède à l'étude du prix du transport, selon les indications qui lui sont données, en choisissant les modes et moyens de transport les mieux adaptés. Il est guidé, en cela, par la nature des marchandises, les termes du contrat envisagé, les délais. Il peut traiter également l'emballage et le conditionnement, et proposer les meilleures conditions d'assurance. Il est appelé aussi à prévoir la matière et la forme des documents nécessaires aux formalités consulaires, financières et douanières.
APRES: Agissant sur instructions de son client, il organise, contrôle et coordonne toutes les opérations du transport, quel que soit le moyen d'acheminement employé. Il retient, par exemple le fret et, en qualité de Commissionnaire de Transport, assumera la responsabilité de l'opération jusqu'au point fixé par les instructions de son client. Pour cela il procède à toutes les formalités nécessaires, notamment celles relatives au passage et au transit, aux opérations douanières, à la couverture de l'assurance s'il y a lieu.
Le Transitaire sauvegarde à tous moments les intérêts de la marchandise, formule au besoin des réserves et exerce éventuellement les recours pour compte de ses commettants.

Il est, en fait, en sa qualité de Commissionnaire de Transport, le professionnel de l'organisation du transport international, dont il assume alors toutes les responsabilités.»

Extrait de: CGM, Mémento du chargeur 1,
Le transport maritime, Paris 1980, page 20

### Compréhension et commentaires

1. Quel rôle joue aujourd'hui le transitaire?
2. Quelle fonction a le transitaire avant la signature d'un contrat d'achat?
3. Quelle fonction a le transitaire après la signature d'un contrat d'achat?

### 9.3.2 Thème

### Transport- und Verzollungsdokumente

Zunächst muß die Frage geklärt werden, ob der Versand der Ware mit dem Lkw oder mit der Bahn erfolgt. Im ersten Fall muß ein CMR-Frachtbrief für den grenzüberschreitenden Straßengüterverkehr und ansonsten ein CIM-Frachtbrief für den grenzüberschreitenden Eisenbahnverkehr ausgestellt werden.

Wird der Transport per Lkw ausgeführt, so ist zusätzlich das neue „Einheitspapier" (D.A.U.) auszufüllen.

Wird der Transport jedoch mit der Bahn durchgeführt, muß ein CIM-Frachtbrief oder, falls es sich um Expreßgut handelt, ein internationaler Expreßgutschein CIM-TIEx ausgefüllt werden. Hier erübrigt sich das „Einheitspapier" (D.A.U.), weil der CIM-Frachtbrief bzw. der internationale Expreßgutschein CIM-TIEx diese Aufgabe mit übernommen haben. Sie beinhalten alle Fragen, die für die Verzollung erforderlich sind. Erfolgt der Versand der zu exportierenden Ware also mit der Bahn, so werden einige Zolldokumente überflüssig. Aus diesem Grunde wird diese Art des Versands auch als „vereinfachtes gemeinschaftliches Versandverfahren" bezeichnet.

## 9.4 Pratique de communication

1. Un client allemand sait que vous disposez d'une grande expérience en matière de transport fluvial et il vous demande de lui expliquer les deux expressions: «Lettre de voiture fluviale» et «Connaissement fluvial».
2. Expliquez à votre nouveau collègue l'importance du «Duplicata de la L.V.I.-CIM.».
3. Faites un rapport succinct sur les documents d'expédition du transitaire FIATA.
4. Vous désirez importer un lot de conserves de viande. Indiquez à votre correspondant français les différents documents qu'il ne devra pas oublier de joindre à la marchandise lors de son expédition.

## 10. Lexique: Les documents concernant le transport et la douane

### Les transports terrestres

**les documents concernant le transport et la douane**  Transport- und Zolldokumente
**les transports terrestres**  Landtransporte
**la lettre de voiture internationale (L.V.I.-CMR)**  CMR-Frachtbrief für den grenzüberschreitenden Straßengüterverkehr
**la CMR (Convention relative au contrat de transport international de marchandises par route)**  Übereinkommen über den Beförderungsvertrag im internationalen Straßengüterverkehr
**la condition de transport**  Transportbedingung
**le transporteur**  Frachtführer
**le lieu de l'établissement du document**  Ort der Ausstellung des Dokuments
**le lieu de la prise en charge de la marchandise**  Ort der Übernahme der Ware
**le jour de la livraison**  Liefertag
**la désignation de la marchandise**  Bezeichnung der Ware
**le mode d'emballage**  Verpackungsart
**l'étiquetage (m)**  Kennzeichnung
**la marque des colis**  Zeichen der Kolli (Pakete)
**le dédouanement**  Verzollung
**conséquences pour les parties prenantes**  Bedeutung, Folgen für die beteiligten Parteien
**le papier d'accompagnement**  Begleitpapier
**le déroulement du transport**  Transportabwicklung
**la preuve**  Beweis
**la modification du contrat**  Frachtvertragsänderung
**réclamer**  verlangen
**le blocage**  Sperrung
**paiement contre documents**  Zahlung gegen Dokumente
**la perte totale, partielle**  Total-, Teilverlust
**la détérioration**  Beschädigung
**le retard de livraison**  Lieferverzug
**être exonéré de responsabilité**  von der Haftung befreit werden
**la force majeure**  höhere Gewalt
**le vice propre de la marchandise**  Mangel, der mit der natürlichen Beschaffenheit des Gutes zusammenhängt (z. B. Selbstentzündung)
**être provoqué par**  hervorgerufen werden
**la faute de l'ayant-droit**  Verschulden des Verfügungsberechtigten
**la CIM (Convention Internationale Concernant le transport de marchandises par chemin de fer)**  Internationales Übereinkommen über den Eisenbahn-Frachtverkehr
**la lettre de voiture internationale (L.V.I.-CIM)**  CIM-Frachtbrief (für den grenzüberschreitenden Eisenbahnverkehr)
**les envois (m) de détail**  Stückgutsendungen
**l'envoi en wagon complet**  Wagenladung
**original de la lettre de voiture**  Frachtbrieforiginal
**la feuille de route**  Frachtkarte
**le bulletin d'arrivée**  Empfangsschein
**le duplicata de la lettre de voiture**  Frachtbriefdoppel
**la souche d'expédition**  Versandschein
**la gare de destination**  Bestimmungsbahnhof
**les formalités douanières**  Zollformalitäten
**la gare d'expédition**  Versandbahnhof
**faire attendre la livraison**  Aussetzen der Lieferung
**la sécurité**  Sicherheit
**le moyen de blocage**  Sperrmittel
**le manque partiel ou total**  teilweiser oder totaler Verlust
**les dommages (m) sont dus au hasard**  Schäden beruhen auf einem Zufall

### Le bulletin d'expédition

**le bulletin d'expédition**  Paketkarte
**le fichet de contrôle**  Prüfbeleg
**la souche**  Stammblatt

**le récépissé pour l'expéditeur**   Einlieferungsschein
**le guichet**   Schalter
**la poste aérienne**   Luftpost
**le récépissé de poste aérienne**   Luftposteinlieferungsschein
**au verso**   rückseitig, umstehend
**l'avis (m) de non-livraison**   Unzustellbarkeitsanzeige
**traiter un colis comme abandonné**   Paket als preisgegeben behandeln
**le bulletin d'expédition colis express – CIM/TIEx**   Expreßgutschein CIM/TIEx
**la feuille de route**   Begleitschein
**le bulletin de livraison**   Ablieferungsschein
**le récépissé à l'expéditeur**   Annahmeschein für den Absender
**la copie pour la douane**   Kopie für die Zollbehörde
**la souche pour le CDM-expéditeur**   Stammblatt für CDM(Centre de Messagerie = Stückgutcenter)-Absender
**être soumis,e au régime de la TVA**   MWSt.-pflichtig sein
**la déclaration d'expédition**   Versandschein T 2

## Le transport fluvial

**la lettre de voiture fluviale**   Flußfrachtschein
**le connaissement fluvial**   Ladeschein
**la convention d'affrètement**   Befrachtungsvertrag
**le chargeur**   Befrachter
**affréter**   befrachten
**le courtier (de fret)**   (Fracht-)Makler
**la Bourse d'Affrètement**   Frachtenbörse
**prendre naissance**   entstehen
**le marinier**   Flußschiffer
**en fonction de leur ancienneté à l'attente d'affrètement**   entsprechend ihrer Reihenfolge in der Befrachtungswarteliste
**les céréales (f)**   Getreide
**négociable**   begebbar (verkäuflich)
**le numéro d'immatriculation du bateau**   Schiffszulassungsnummer
**approximatif,ive**   annähernd
**les délais (m) de planche**   Liegefristen
**le déchargement**   Löschung
**les taux de surestaries (f. pl.)**   Gebühren für die Überliegetage

**s'engager à faire qc.**   sich verpflichten, etwas zu tun
**délivrer qc.**   etwas ausliefern
**acheminer qc.**   etw. befördern

## Le transport maritime

**le transport maritime**   Seetransport
**la ligne régulière**   Liniendienst
**le contrat d'affrètement**   Frachtvertrag
**l'affrètement partiel ou total**   Teil- oder Vollbefrachtung
**le tramp**   Trampschiff
**la charte-partie**   Chartervertrag
**le connaissement**   Konnossement
**l'affréteur (m), le chargeur**   Befrachter
**l'armateur (m), le fréteur**   Verfrachter
**le connaissement reçu pour embarquement**   Übernahmekonnossement
**le connaissement chargé à bord**   Bordkonnossement
**rendre caduc qc.**   etw. hinfällig, ungültig werden lassen
**le nom du navire**   Schiffsname
**le port de chargement**   Verladehafen
**le port de déchargement**   Löschhafen
**l'état (m) et le conditionnement apparents des marchandises**   äußerlich erkennbare Verfassung und Beschaffenheit der Ware
**le lieu d'émission**   Ort der Ausstellung
**respectivement**   beziehungsweise
**le titre de propriété**   Besitztitel
**le jeu complet**   voller Satz
**le porteur régulier**   rechtmäßiger Inhaber
**procéder à qc.**   etw. durchführen
**établir qc. à ordre**   „an Order" ausstellen
**établir qc. au porteur**   auf den Inhaber ausstellen
**l'endossement (m)**   Indossament
**endosser en blanc**   mit einem Blankoindossament versehen
**le connaissement net/non net**   reines/unreines Konnossement
**soucieux,se de**   besorgt um, bedacht auf
**l'irrégularité (f)**   Unregelmäßigkeit
**nuire à qc.**   einer Sache schaden
**le connaissement direct**   Durchkonnossement
**le transbordement**   Umladung
**successif,ve**   aufeinanderfolgend
**l'imprimé (m) du connaissement**   Konnossementvordruck

le pré-transport   Vortransport
le lieu de réception   Lieferungsort
la destination finale   endgültiger Bestimmungsort
le régime unique   einheitlicher Frachtvertrag
la responsabilité solidaire   solidarische Haftung
la lacune   Lücke
le transport multimodal (TM)   multimodaler Transport (kombinierter Verkehr)
l'accusé (m) de réception   Empfangsbescheinigung
l'engagement (m) de transport   Beförderungsversprechen
les obligations (f) respectives   gegenseitige Verpflichtungen
l'engagement de livraison   Auslieferungsversprechen
conférer qc. à qn   etw. an jmd. übertragen
le détenteur   Inhaber
le chargement partiel ou total   Teilladung, geschlossene Ladung
la cale   Laderaum
le contrat d'affrètement de volume   Raumfrachtvertrag

## Le transport aérien

le transport aérien   Lufttransport
la lettre de transport aérien (L.T.A.)   Luftfrachtbrief
matérialiser   verkörpern

## L'assurance de transport

l'assurance pour le transport intérieur   Binnentransportversicherung
être endommagé,e   beschädigt werden
faire valoir   geltend machen
le droit de dédommagement   Schadenersatzanspruch
la voie d'acheminement   Beförderungsweg
les risques couverts   versicherte Gefahren
«tous risques»   volle Deckung
l'assurance (f) maritime   Seeversicherung
l'assurance sur corps   Schiffsversicherung
l'assurance sur facultés   Güterversicherung
la navigabilité   Seetüchtigkeit
le courtier d'assurance maritime   Seeversicherungsmakler
l'officier ministériel   öffentlicher, vereidigter Beamter
l'avarie grosse/commune   große Havarie
jeter par dessus bord   über Bord werfen
chavirer   kentern
couler   untergehen, versinken
le dégât   Schaden
le dispacheur   Dispacheur, Havariesachverständiger
l'avarie particulière   partikulare (besondere) Havarie
le contrat d'assurance   Versicherungsvertrag
l'énumération (f)   Aufzählung
la police de voyage   Reisepolice
la police d'abonnement   laufende Police
la police flottante   laufende (offene) Police
jusqu'à concurrence de   bis zum Höchstbetrag von
inhérent   anhaftend, innewohnend
FAP sauf = Franc d'Avaries Particulières sauf   Frei von partikularen (besonderen) Havarien, außer . . .
l'indemnité (f)   Entschädigung
le naufrage   Schiffbruch
l'abordage (m)   Zusammenstoß, Kollision
l'échouement (m)   Strandung
l'incendie (m)   Brand
la valeur minimale couverte par les Incoterms 1980 CIF/CAF   Incoterms 1980 CIF – Mindestdeckung
sous forme transmissible   in übertragbarer Form
la couverture   Deckung
le danger en mer   Seegefahr
le vol   Diebstahl
le cambriolage   Einbruch
l'émeute (f)   Aufruhr

## Les documents d'expédition du transitaire

les documents d'expédition du transitaire   Spediteurversanddokumente
assimilé,e   ähnlich, gleichgestellt

l'attestation (f) de prise en charge FIATA
– FCT   internationale Spediteurübernahmebescheinigung FIATA – FCT
le connaissement FIATA négociable pour transports combinés – FBL   FIATA-Spediteurdurchfrachtkonnossement für kombinierte Transporte – FBL
multimodal   verschiedenartig
le transport multimodal   multimodaler (verschiedenartiger) Transport (Straße/Schiene/Schiff etc.)
l'entrepreneur (m)   Unternehmer

## Les documents concernant la douane

les documents concernant la douane   Zolldokumente
la procédure simplifiée de dédouanement   vereinfachtes Verzollungsverfahren
imprimé C1   Vordruck C 1
Douane – Peut être ouvert d'office   Zoll – Kann von Amts wegen geöffnet werden
la «Déclaration en Douane» C2/CP3   Zollinhaltserklärung C2/CP3
le pays de destination   Bestimmungsland
le cadeau   Geschenk
le soussigné   Unterzeichner
les échantillons (m) de marchandises   Warenmuster oder -proben
certifier l'exactitude des renseignements donnés   Richtigkeit der gemachten Angaben bescheinigen
le pays d'origine des marchandises   Ursprungsland der Waren
l'observation (f)   Bemerkung
le numéro tarifaire   Zolltarif-Nr.

## Les documents complémentaires

incomber à qn.   jm. obliegen
exigible   erforderlich
le certificat de salubrité   Genußtauglichkeitsbescheinigung
le certificat vétérinaire   Veterinärzeugnis
le produit carné   Fleischwarenprodukt
le certificat phytosanitaire   Pflanzengesundheitszeugnis
la protection des végétaux   Pflanzenschutz
être indemne de qc.   frei sein von, unversehrt sein
le certificat de qualité   Qualitätszeugnis
l'Institut Appert   Appert-Institut
la facture commerciale   Handelsrechnung
la facture export   Exportrechnung
tamponné   gestempelt
désormais   von nun an
l'exonération (f) de la TVA   MWSt.-Befreiung
de surcroît   überdies, ferner
passible de droits de sortie   ausfuhrabgabenpflichtig
le crédit documentaire   Dokumentenakkreditiv
la stipulation   Vereinbarung, Klausel
l'accréditif (m)   Akkreditiv
le certificat de circulation EUR 1/EUR 2   Warenverkehrsbescheinigungen EUR 1/EUR 2
le certificat d'origine   Ursprungszeugnis
la facture consulaire   Konsulatsfaktura
la nomenclature   Nomenklatur (das Namens- bzw. Begriffsverzeichnis)
la facture douanière   Zollfaktura
le témoin   Zeuge
la liste de colisage   Packliste
la facture proforma   Proforma-Rechnung
l'obtention (f)   Erlangung
la licence d'importation   Einfuhrlizenz

# Le règlement

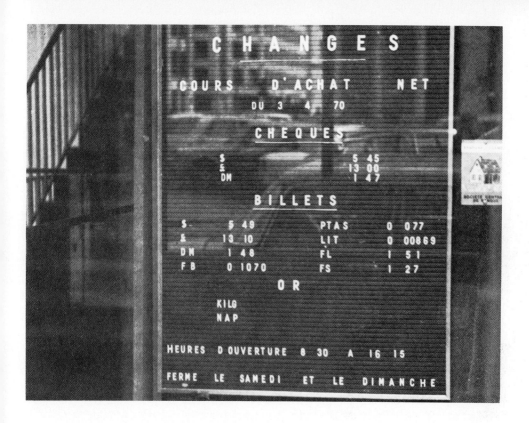

# 1. Le chèque

## 1.1 Définition

«Le chèque est un écrit par lequel le client d'une banque – appelé tireur – donne l'ordre à son banquier – appelé tiré – de payer une somme à une personne qu'il désigne – appelée porteur ou bénéficiaire.»[1])
**Le tiré**: C'est le nom de celui qui doit payer le chèque (la banque)
**Le tireur**: C'est la personne qui établit le chèque et qui s'est fait ouvrir à la banque un compte chèques, qui doit être approvisionné.
**Le porteur/le bénéficiaire**: C'est la personne qui reçoit le chèque.

---

[1]) Voir Société Générale, Notions élémentaires de banque, Le chèque, Paris 1968, p. 1.

## 1.2 Les mentions obligatoires du chèque[2])

a) Le nom de celui qui doit payer (le tiré)
b) Le mot «chèque» inséré dans le texte
c) Le mandat de payer une somme déterminée
d) L'indication du lieu où le paiement doit s'effectuer
e) Le lieu et la date de création du chèque
f) La signature du tireur

## 1.3 Délais de présentation à l'encaissement

Le chèque est payable à vue. Les délais de présentation s'élèvent
a) pour les chèques émis et payables en France métropolitaine à 8 jours
b) pour les chèques émis hors de la France et payables en France
   à 20 jours pour les chèques émis en Europe
   à 70 jours pour les chèques émis hors d'Europe.

**fig. K1**

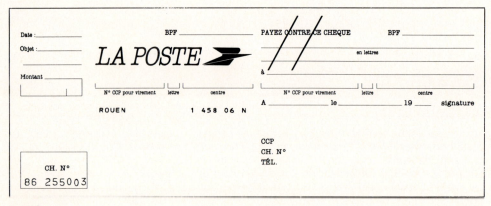

**fig. K2**

---

[2]) Provence, Raymond, Banque, aide-mémoire Dunod, Paris 1967, p. 71.

## 1.4 Encaissement direct du chèque

Aujourd'hui la grande majorité des chèques sont pré-barrés. Le chèque non-barré n'a pas disparu, mais le titulaire du compte doit payer une taxe pour chacun de ces chèques et son nom est communiqué à l'administration fiscale.[1]

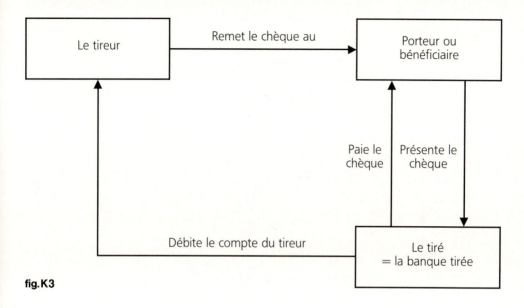

**fig. K 3**

## 1.5 Encaissement du chèque par l'intermédiaire d'une autre banque (voir fig. K 4)

Pour encaisser un chèque, il faut l'endosser et le remettre à sa banque. Il s'agit dans ce cas d'un «endossement de procuration». La banque reçoit seulement l'ordre d'encaisser le chèque. La propriété reste au bénéficiaire. On peut distinguer deux types d'endossements:
1. **L'endossement simplifié ou «en blanc»**
   Ce type d'endossement est le plus courant en France. Le bénéficiaire du chèque pose sa signature au verso de celui-ci et la banque y ajoute son tampon.
2. **L'endossement complet**
   Le bénéficiaire inscrit au verso du chèque la formule:
   «Payez à l'ordre du Crédit Lyonnais pour encaissement»
   date et signature du bénéficiaire

---
[1] Association Française des Banques, Lexique bancaire, Paris 1986, p. 7.

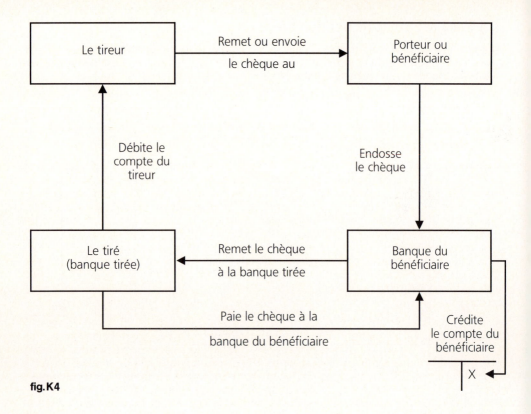

**fig. K4**

### Remarques

Un chèque barré ne peut être endossé qu'au profit d'une banque ou d'un bureau de poste. Sur le chèque barré figure la mention «non endossable, sauf au profit d'une banque, d'une caisse d'épargne ou d'un établissement assimilé».
En Allemagne Fédérale, on peut transmettre un chèque barré avec ou sans endossement. Généralement un chèque barré n'a pas besoin d'être endossé pour être porté au crédit d'un compte.

## 1.6 Les différents types de chèques

### 1.6.1 Le chèque au porteur non-barré

Il s'agit d'un chèque qui n'indique pas le nom du bénéficiaire et qui est transmissible de la main à la main. Ce type de chèque n'a pratiquement plus cours en France, car il est grevé de frais.

## 1.6.2 Le chèque à ordre

Il s'agit d'un chèque qui indique le nom du bénéficiaire précédé de la clause «à ordre» et qui n'est transmissible que par endossement.

## 1.6.3 Le chèque barré

- **le barrement général**
  Sur le chèque se trouvent deux barres parallèles au recto et il ne peut, en raison de ce barrement, être encaissé directement. Le bénéficiaire doit le remettre à une banque ou à un Centre de Chèques Postaux où son compte sera crédité. Il est donc presque impossible qu'une personne autre que le bénéficiaire (cas de chèques volés ou perdus) en encaisse le montant sans être connu.[1])
- **le barrement spécial**
  On parle de barrement spécial, si le nom d'une banque est inscrit entre les deux barres. Ainsi le chèque ne peut être payé qu'à la banque désignée.

### Remarques

Les tireurs de chèques irréguliers sont passibles d'amende, ceux de chèques sans provision de peine d'emprisonnement. En France il est interdit de postdater un chèque, c'est-à-dire pour le tireur de porter sur le chèque une date postérieure à celle de son émission. En Allemagne Fédérale par contre c'est légal, le tireur prie dans ce cas le bénéficiaire de ne pas présenter le chèque à la banque tirée avant la date convenue. Entre-temps le tireur peut approvisionner son compte. De plus, en France, l'utilisation des chèques est limitée par le contrôle des changes. Dans les transactions internationales, seuls les chèques d'un montant inférieur à 250.000 F sont autorisés.

## 1.6.4 Le chèque de banque (voir fig. K 5)

On appelle «chèque de banque» un chèque émis par une banque. Il ne présente donc que très peu de risques. Le chèque de banque peut être remis au bénéficiaire soit par le client, soit par la banque directement.
Le chèque de banque peut être employé pour différentes raisons. Le plus souvent, un vendeur réclame un chèque de banque à l'acheteur comme garantie de paiement, car dès son établissement le compte du client est débité par la banque émettrice, il ne peut donc être établi que s'il y a provision.
L'acheteur peut aussi avoir intérêt à employer le chèque de banque afin de se couvrir à moindres frais contre les risques de variation du taux de change lorsqu'il a fait ses achats en devises.
Le bénéficiaire du chèque de banque, dans notre exemple l'exportateur français, ne supporte aucun risque et aucuns frais car le chèque est émis par une banque sur une autre banque qui se trouve en France. Bien qu'émis à l'étranger le chèque, dans ce cas, sera traité comme un chèque émis en France. On peut accélérer cette procédure en demandant que la banque émettrice du chèque (le tireur) l'adresse directement à la banque du bénéficiaire.

---

[1]) voir Déjax, Peyrou, Holveck, Mull, Commerce, Aide-mémoire Technor, Delagrave, Paris, 1982, p. 61.

## Schéma d'encaissement d'un «chèque de banque» tiré à l'étranger

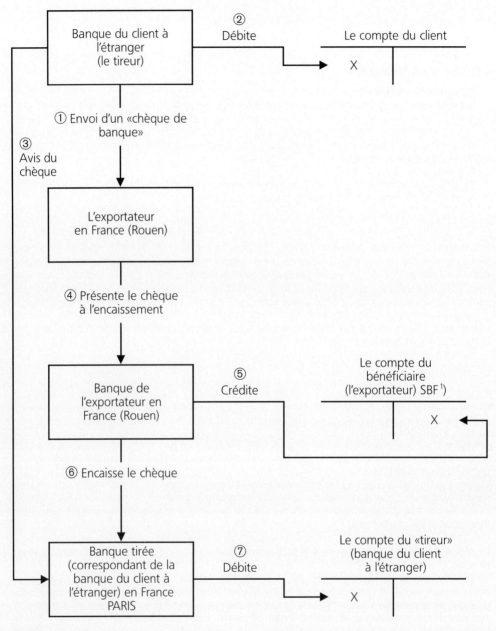

**fig. K5**

---
[1] SBF = Sauf bonne fin

## 1.6.5 L'euro-chèque

Il est employé de façon courante dans quelques pays européens p. ex. en R.F.A. La banque du tireur garantit le paiement des euro-chèques jusqu'à un certain montant. Actuellement 400,– DM et 1000,– F. Il n'offre donc qu'une garantie partielle et il ne peut être employé que pour des factures dont le montant est peu élevé.

## 1.6.6 Le chèque avalisé

Le paiement d'un chèque peut être garanti par un aval. C'est un tiers qui garantit le paiement (p. ex. une banque écrit au recto du chèque «bon pour aval» avec signature et tampon).

## 1.6.7 Le chèque certifié

La banque sur laquelle le chèque est tiré, certifie d'en garantir le paiement, c.-à-d. que la provision du chèque reste bloquée au profit du bénéficiaire du chèque pendant le délai de présentation légal (p. ex. la banque certifie la provision par sa signature au recto du chèque et par un tampon).

## 1.6.8 Le chèque visé

Si le chèque est visé par une banque, cela signifie seulement que la provision était suffisante au moment de l'établissement du chèque. Mais la banque ne donne aucune garantie pour le paiement.

## 1.6.9 Autres chèques

A côté des chèques précédents, le vendeur peut recevoir un simple chèque établi en F ou en devises. Les banques créditent souvent le compte du bénéficiaire connu de ses services en portant toutefois sur l'avis de crédit «sauf bonne fin» (S.B.F.) ou «sous réserve d'encaissement du chèque».
Certaines banques créditent le compte à l'encaissement (C.A.E.) c.-à-d. qu'elles ne portent le montant du chèque au crédit du compte du bénéficiaire qu'après avoir reçu un avis de réception du paiement. Lorsque le chèque est établi en devises, le taux de change retenu est celui du jour de la présentation à la banque tirée.
Pour terminer, on peut encore énumérer les chèques suivants:

### Chèque de caisse[1]

Il s'agit d'un chèque détaché d'un carnet appartenant au guichet de la banque, qui permet au titulaire d'un compte, en cas d'oubli de son carnet de chèques ou d'interdiction d'émettre des chèques, de retirer de l'argent sur son compte.

### Chèque en blanc[2]

Il s'agit d'un chèque portant la signature du titulaire et sur lequel le nom du bénéficiaire ou/ et la somme à payer, ne sont pas inscrits.

---

[1]–[2] Voir Lexique bancaire, AFB (Association Française Bancaire), Paris 1986, p. 7

# 2. Le virement

## 2.1 Définition

«Le virement est une opération qui consiste à transférer, par un simple jeu d'écritures, une somme d'un compte à un autre.»[1])

## 2.2 Le document utilisé

Pour effectuer le virement, les banques utilisent une liasse de quatre exemplaires superposés:
- le premier exemplaire est l'**ordre de virement**
- le deuxième exemplaire est appelé «**avis de débit**»
- le troisième et le quatrième exemplaire sont appelés «**avis de crédit**», l'un est adressé au bénéficiaire, l'autre à sa banque.

L'ordre de virement porte la signature du donneur d'ordre. La banque le garde comme preuve de l'ordre reçu. L'avis de débit, muni du cachet de la banque, est remis au donneur d'ordre. Ainsi il sait et peut prouver que l'ordre a été exécuté. Les deux avis de crédit sont adressés à la banque du bénéficiaire, qui en envoie un exemplaire au bénéficiaire.

## 2.3 Les différents types de virement

- **Le virement direct**
  On parle de virement direct quand il est effectué entre deux personnes qui ont un compte auprès de la même banque.
- **Le virement indirect**
  Un virement est appelé «indirect» lorsqu'il est effectué entre deux personnes qui ont un compte auprès de banques différentes.

**Remarques:**

Les virements postaux ou bancaires sont employés couramment lorsque les partenaires travaillent régulièrement ensemble et que règne dans leurs rapports une confiance réciproque.
Le virement bancaire est dans ce cas le moyen de paiement le plus rapide, qu'il soit ordinaire, par télex ou S.W.I.F.T.
Le virement offre l'inconvénient pour le bénéficiaire, tant qu'il n'a pas reçu l'argent sur son compte, de n'avoir aucune preuve qu'il a réellement été effectué.
Si le bénéficiaire d'un virement doit toucher le montant correspondant à sa facture, il faut préciser sur le virement qu'aucun frais ne doit être facturé au bénéficiaire, par la formule «sans frais pour le bénéficiaire». Dans ce cas, le donneur d'ordre doit prendre à sa charge les frais de la banque émettrice et ceux de la banque réceptrice.

### 2.3.1 Le virement international postal

Des virements postaux peuvent être traités normalement ou bien être effectués par voie télégraphique. Dans ce dernier cas, ils sont soumis à des frais particuliers.

---

[1]) Provence, Raymond, Banque, Aide-Mémoire, Dunod, Paris 1967.

### 2.3.1.1 D'Allemagne vers la France

La condition essentielle pour qu'un virement international postal puisse être effectué est que le donneur d'ordre et le bénéficiaire du virement soient titulaires d'un compte chèque postal (CCP).
Il arrive souvent que le numéro du compte chèque postal ou celui du compte bancaire ne figure pas sur le papier à en-tête ou sur les factures d'une entreprise française. Il y a donc lieu avant d'effectuer un virement d'obtenir de son correspondant son relevé d'identité bancaire (RIB) ou postal.
Il y a 19 centres de chèques postaux en France et 13 en RFA. Un virement p. ex. de Cologne à Paris s'effectue sans problème et demande au maximum une semaine. Le virement peut être effectué en DM ou en F. Pour le virement de compte à compte il n'y a pas de montant maximum de fixé.
Pour les virements de plus de 2000,– DM, il faut remplir un formulaire établi par la «Deutsche Bundesbank» et nommé «Zahlungsauftrag im Außenwirtschaftsverkehr», Meldung nach § 59 der Außenwirtschaftsordnung.
Lorsque le correspondant ne dispose pas de compte chèque postal (CCP), le paiement peut être fait par la poste dans la devise locale moyennant quelques frais payés par le donneur d'ordre. Pour la France, le montant maximum d'un tel paiement est limité à 9.000,– F. Pour les sommes supérieures à 9.000,– F et inférieures à la contrevaleur de 20.000,– DM, il peut être établi un chèque sur une banque locale. Ce chèque est adressé directement au bénéficiaire par la poste.

### 2.3.1.2 De France vers l'Allemagne

Pour les sommes inférieures à 5.000,– F, on peut effectuer facilement en France des virements postaux internationaux. Au delà, les virements sont soumis à la réglementation sur le contrôle des changes, c.-à-d. qu'il faut apporter la preuve que le virement correspond à la contrevaleur d'une marchandise importée ou d'un service rendu à l'étranger.

## 2.3.2 Le virement international bancaire

### 2.3.2.1 D'Allemagne vers la France

Un virement bancaire entre l'Allemagne Fédérale et la France ne fait l'objet d'aucune difficulté. Il se fait de la même manière qu'un virement interne. Néanmoins pour répondre à la loi sur le commerce extérieur, mentionnée plus haut, les montants de plus de 2.000,– DM doivent faire l'objet d'une déclaration dans la plupart des cas auprès de la Bundesbank.
Le virement peut être plus au moins rapide selon qu'il est effectué directement par la banque émettrice à la banque bénéficiaire ou qu'il doit emprunter des circuits intermédiaires. Il faut compter en général une semaine pour un virement normal d'Allemagne vers la France.
Dans le cas où la banque qui reçoit directement les fonds de l'étranger, est la banque du client, le virement ne sera grevé d'aucun frais pour le bénéficiaire. Dans le cas où le transfert se fait par l'intermédiaire d'une banque tierce, la commission prélevée sera de 1% avec un minimum de l'ordre de 35 F et un maximum de 300 F.

### 2.3.2.2 De France vers l'Allemagne

Les virements bancaires ordinaires de France en Allemagne Fédérale sont soumis au contrôle des changes et ne peuvent être effectués que par des établissements de crédit appelés «intermédiaires agréés». Les donneurs d'ordre doivent payer une commission de transfert, qui est dégressive.

C'est ainsi que cette commission est de 1% pour les virements allant jusqu'à 400.000 F avec un minimum de 35 F et de 1/8% pour les virements supérieurs à 3 millions de F. Le minimum grève lourdement les factures d'un petit montant. C'est pourquoi il paraît plus avantageux pour les petits virements de se servir des chèques postaux plutôt que d'une banque.

L'acheminement des ordres s'effectue généralement par courrier. Suivant les circuits empruntés, il faut compter que le compte du client sera crédité entre huit et quinze jours après que l'ordre de virement ait été donné.

### 2.3.3 Le virement télex

Le virement télex est transmis de banque à banque sur l'ordre du payeur. Si ce type de virement est effectué à la demande du vendeur et sans qu'une clause spéciale figure dans le contrat, les frais de virement, qui sont plus élevés que pour le virement ordinaire, sont à la charge du bénéficiaire. Suivant que la banque du donneur d'ordre et celle du bénéficiaire sont directement en relations ou qu'elles doivent passer par des intermédiaires, un virement télex peut être acheminé en quelques heures ou au plus dans les 48 heures.

### 2.3.4 Le virement S.W.I.F.T.

Le système S.W.I.F.T. (Société de Télécommunications Financières entre Banques au niveau mondial) (voir fig. K 6) permet une intercommunication rapide entre toutes les banques membres de ce système. C'est une création des banques européennes pour accélérer les virements internationaux. Le réseau S.W.I.F.T. comprend 3 centres reliés entre eux à savoir Bruxelles en Belgique, Leyde aux Pays-Bas et Culpeper aux Etats-Unis. Ces trois centres principaux permettent d'être connectés deux fois au réseau et de rester fonctionnels si un des réseaux devait tomber en panne. Chaque centre est relié à un certain nombre de pays. Le système S.W.I.F.T. permet des paiements très rapides, mais seulement entre les banques reliées à ce réseau. Il faut donc que les partenaires vérifient ce point avant de signer leur contrat de paiement.

**Exemple d'un virement S.W.I.F.T. de Cologne à Marseille (voir fig. K 7):**
En Allemagne Fédérale le poste centralisateur de Francfort (a) rassemble les ordres provenant de Cologne et les transmet au centre de commutation compétent pour l'Allemagne Fédérale, à savoir Bruxelles (b). Si la ligne principale est interrompue pour une raison quelconque, les ordres sont transmis au centre de Leyde par la ligne de réserve.
Le centre de Bruxelles vérifie les données et les enregistre. Chaque ordre sera confirmé par le réceptionnaire à l'émetteur. Le virement destiné à Marseille va être transmis au centre de Leyde (c) qui est compétent pour la France, d'où il sera acheminé par le concentrateur national situé à Paris (d). Si la ligne de transmission est en dérangement, la France peut être reliée par une ligne de réserve la reliant à Bruxelles via Luxembourg.
«La sécurité de ce type de virement est totale dans la mesure où les messages sont cryptés par ordinateur, une clé permet de vérifier leur authenticité, ils sont normalisés et les moyens de transmission sont équipés de moyens très fiables de détection des erreurs».[1]
Dès que l'ordre de virement est arrivé à Paris, il sera transmis au système S.A.G.I.T.T.A.I.R.E. (Système automatique de gestion intégrée par télétransmission de transactions avec imputation de règlements «étranger») qui est le prolongement sur le plan national du système S.W.I.F.T. et la banque à Marseille reçoit ainsi très rapidement le virement (e).

---

[1] Vermorel, Marcel, Guide des paiements internationaux, CFCE, Paris 1986, p. 113.

Le système S.W.I.F.T.

S.W.I.F.T. = Society for Worldwide Interbank Financial Telecommunication

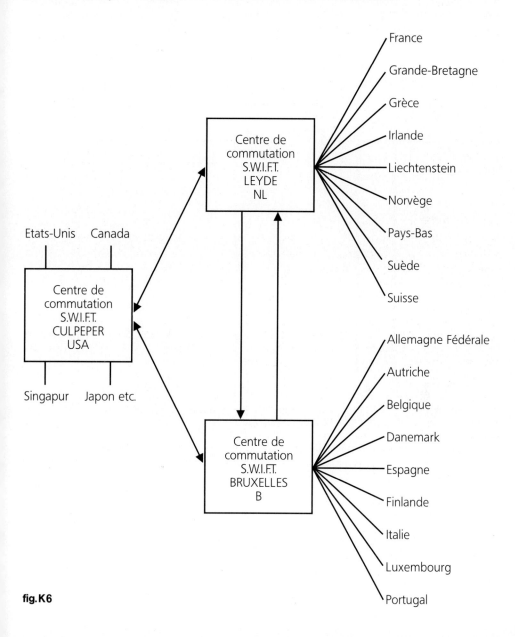

fig. K6

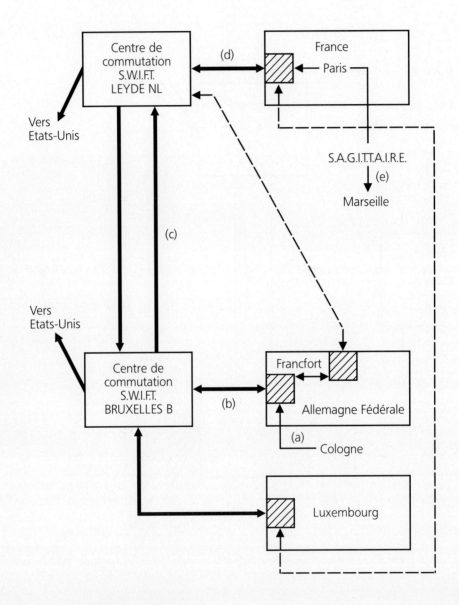

Explication du tableau voir page 258.

fig. K7

# 3. Les effets de commerce

La lettre de change (ou traite)[1], le billet à ordre et le warrant[2] sont appelés «effets de commerce».

## 3.1 La lettre de change ou traite simple (voir fig. K 8)

### 3.1.1 Définition

«La lettre de change est un écrit par lequel ‹le tireur› donne l'ordre au ‹tiré› de payer à une date indiquée une certaine somme à une personne qu'il désigne.»[3]

### 3.1.2 L'émission de la lettre de change

#### 3.1.2.1 Les mentions obligatoires d'une lettre de change

a) la dénomination «lettre de change» dans le texte
b) le montant de la somme à payer
c) le nom et l'adresse de celui qui doit payer (le tiré)
d) l'indication de l'échéance
e) l'indication du lieu où le paiement doit s'effectuer
f) le nom du bénéficiaire
g) la signature du tireur
h) la date et le lieu de création

#### 3.1.2.2 Acceptation de la lettre de change

Par le mot «accepté» suivi d'une signature, le tiré s'engage de manière irrévocable à payer la somme inscrite sur l'effet à la date indiquée.

#### 3.1.2.3 Timbre fiscal

Dès l'émission de la lettre de change par le tireur, un timbre doit être apposé sur la traite. Pour les effets domiciliés en banque ou aux chèques postaux un droit fixe de 1,50 F est obligatoire. Pour les effets non domiciliés, le droit fixe est majoré de 5 F.

#### 3.1.2.4 L'échéance de la lettre de change

On distingue une échéance:
– à jour fixe
  p. ex. «au 15 juillet 19 . . .»
– à un certain délai de date
  p. ex. à 30 jours de date (émission le 15 juin, échéance le 15 juillet)
– à un certain délai de vue
  elle est payable à l'expiration d'un certain délai, calculé à partir de l'acceptation. Pour cette raison l'acceptation doit être datée.
– à vue
  elle est payable à la présentation.

---

[1] En France on ne fait pas de différence entre «Wechsel» et «Tratte». En RFA on appelle «Wechsel» une lettre de change en blanc, «Tratte» une lettre de change remplie et adressée au tiré. Une fois signée par celui-ci, la lettre de change deviendra «Akzept».
[2] Le warrant, voir page 102.
[3] Voir Société Générale, Notions élémentaires de banque, Paris 1968, p. 6.

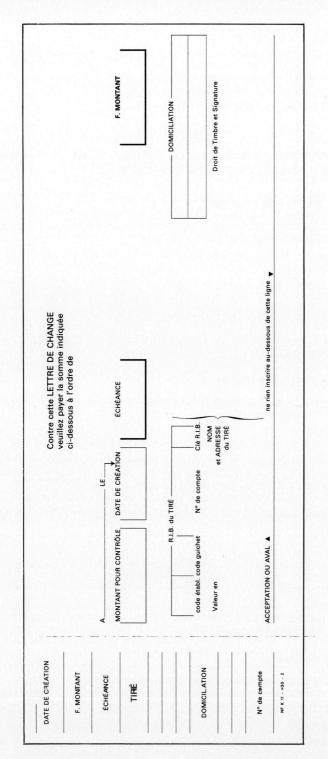

fig. K8

### 3.1.2.5 Aval

Le donneur d'aval ou «avaliste» s'engage à payer la lettre de change si la personne dont il garantit l'engagement n'exécute pas son obligation. En général, c'est une banque qui consent cette garantie sous forme de signature précédée des mots «Bon pour Aval». Mais attention! Un aval peut jeter une suspicion sur la solvabilité du tiré.

### 3.1.2.6 Domiciliation

Le domiciliataire est toujours la banque ou le CCP chargé du paiement.

### 3.1.3 L'emploi de la lettre de change

Le bénéficiaire d'une traite peut en faire l'usage suivant:
- il conserve la traite jusqu'au jour de l'échéance et l'encaisse lui-même chez le tiré
- il paie une dette à l'aide de la traite, c.-à-d. qu'il endosse la traite au nom d'un nouveau bénéficiaire
- il fait escompter la traite auprès d'une banque[1]). Celle-ci retient ce qu'on appelle des agios (l'escompte, une commission et des taxes) et paie le solde au client
- il conserve la traite jusqu'à la date de l'échéance, puis il charge sa banque de l'encaisser.

### 3.1.4 La circulation de la lettre de change (voir fig. K 9)

Le transfert de la lettre de change s'effectue par endossement. Celui qui endosse est appelé «endosseur» et celui qui reçoit la traite est appelé «endossataire».

#### Les formes de l'endossement

L'endossement translatif de propriété se donne à l'aide des mêmes formules que sur le chèque
- **l'endossement complet**
  p. ex. payez à l'ordre de Monsieur Dubois, 261 passage Dantzig, Paris
  Le Havre, le 16 juillet 19 . . .
  signature
- **l'endossement en blanc**
  Dans ce cas l'endossement est effectué à l'aide de la seule signature de l'endosseur. Ainsi la traite est devenue au porteur. Quand il est nécessaire, on remplit le blanc soit de son nom, soit du nom d'une autre personne.

Il peut arriver que le verso de la traite ne puisse plus recevoir d'autres endossements. Pour cette raison on colle une «allonge» à la traite.
Le tireur et **tous** les endosseurs garantissent solidairement au bénéficiaire (le porteur) le paiement de la traite.

### 3.1.5 Difficultés de paiement

Si le tiré ne peut faire face à ses obligations le jour du paiement, il y a deux possibilités:
- si la traite se trouve encore entre les mains du tireur, celui-ci peut proroger l'échéance.
- si la traite se trouve en circulation, le tireur peut garantir au tiré une avance de fonds et il établit une traite de remplacement pour couvrir son avance de fonds.

Si le tireur ne désire pas faire appel aux mesures précédentes, il peut remettre la traite à un huissier qui la présentera une nouvelle fois au tiré. Si celui-ci n'est pas en mesure de payer, il dressera un protêt.

---

[1]) c.-à-d. qu'il vend la traite à une banque .

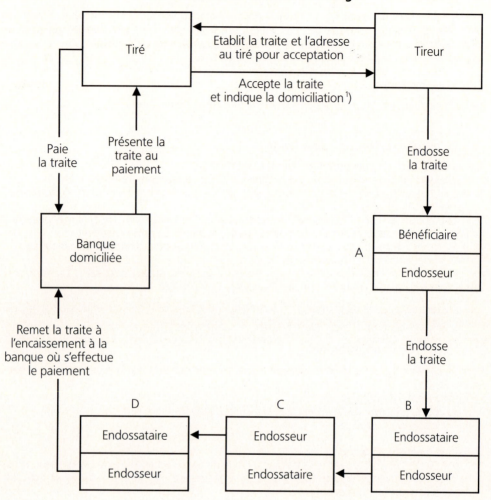

¹) Le lieu ou le paiement doit s'effectuer.

**fig. K9**

Le protêt est une justification pour le porteur qui, à défaut de protêt, est considéré comme «négligent».
Le protêt est un acte grave, car le porteur a désormais la possibilité de poursuivre le tiré en justice. On peut éviter un protêt par la mention suivante sur la traite: «Sans frais» ou «Sans protêt». Ce qui veut dire: «Ne faites pas les frais d'un protêt.»

Traites irrégulières

- **Effets de complaisance**
  Le tiré accepte une traite par complaisance, mais le tireur s'engage à mettre à la disposition du tiré la somme nécessaire pour couvrir cette traite le jour d'échéance.
- **Effets croisés**
  Des personnes ayant besoin d'argent tirent l'une sur l'autre de façon frauduleuse des lettres de change qu'elles essaient de négocier.
- **Tirages en l'air**
  Tirer des traites sur des personnes fictives, est une pratique frauduleuse qui est condamnée.
- **Effets de cavalerie**
  Une personne tire une traite sur une autre personne pour se procurer de l'argent liquide. Pour rembourser cette première traite, il en tire avant le jour de l'échéance une nouvelle dont le produit servira à rembourser la traite précédente et ainsi de suite.

### 3.1.6 La traite dans le commerce extérieur

Pour que le client ne puisse pas invoquer devant les tribunaux une incompréhension ou un vice de forme, la traite devra être rédigée dans sa langue et suivant les formulaires conformes à la législation en vigueur dans son pays.[1]
L'exportateur français qui désire tirer une traite sur un client allemand, devra le faire sur des formulaires allemands.
Le client allemand acceptera la traite, la domiciliera et la retournera à son fournisseur. Au moins 15 jours avant son échéance le fournisseur devra remettre la traite à sa banque pour encaissement. La banque française transmettra cet effet de commerce à son correspondant allemand pour encaissement. Celui-ci transmettra la traite à la banque où elle est domiciliée.

#### Remarques:

Voir aussi les informations supplémentaires sur la traite émise
- dans le cadre d'une remise documentaire (voir page 267),
- dans le cadre d'un crédit documentaire (voir page 269),

## 3.2 Le billet à ordre (voir fig K 10)

### 3.2.1 Définition

«Le billet à ordre est un écrit par lequel le souscripteur s'engage à payer une somme déterminée au bénéficiaire à une certaine date.»[2]
Le billet à ordre suit les mêmes règles que la lettre de change.

### 3.2.2 L'émission d'un billet à ordre

#### 3.2.2.1 Les mentions obligatoires d'un billet à ordre

L'article 183 du Code de Commerce indique les mentions obligatoires:
- la clause «à ordre» ou la dénomination du titre insérée dans le texte même. La mention «à l'ordre» est indispensable pour exprimer qu'il s'agit d'un effet de commerce **transmissible** par endossement

---

[1] Vermorel, Marcel, Guide des paiements internationaux, CFCE, Paris 1986, p. 124
[2] Société Générale, Notions élémentaires de banque, Paris 1968, p. 10

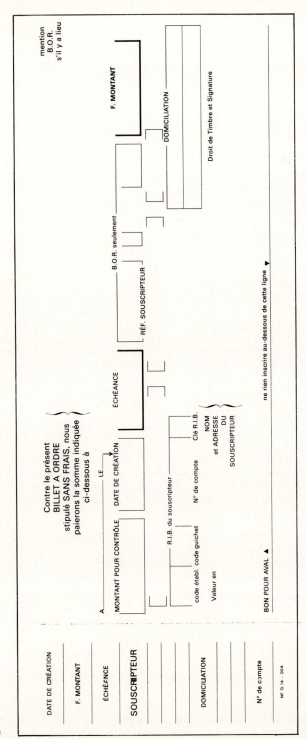

fig. K10

- la promesse de payer une somme déterminée
- l'indication de l'échéance
- le nom du bénéficiaire
- la date et le lieu où le billet à ordre est souscrit
- la signature de celui qui émet le titre (il est appelé souscripteur)

#### 3.2.2.2 Acceptation

Dans le cas du billet à ordre il n'y a pas d'acceptation. Le tiré et le tireur se confondent: c'est le souscripteur.

#### 3.2.2.3 Usage

Le billet à ordre est principalement utilisé
- lors d'un prêt
- lors de «ventes à tempérament»
- lors de la vente à forfait (voir page 274).

## 3.3 Le warrant

(voir chapitre «Notions générales sur le commerce», page 102).

# 4. La remise documentaire

## 4.1 Définition

Le paiement contre remise documentaire signifie que la banque est chargée de ne remettre les documents prévus au contrat de vente que contre le paiement d'une certaine somme.
Les règles et usances uniformes relatives aux remises documentaires n° 322, éditées par la Chambre de Commerce internationale à Paris en 1978 sont aujourd'hui toujours valables (RUU).

## 4.2 Les différents types de remise documentaire

On distingue deux sortes de remise documentaire:
- la remise documentaire contre paiement comptant

    $\boxed{\text{d/p}}$  [1]

- la remise documentaire contre acceptation d'un effet

    $\boxed{\text{d/a}}$

Il s'agit d'une affaire donnant donnant réalisée avec le concours des banques.

---

[1] Pour différencier la remise documentaire et le crédit documentaire, les Allemands ajoutent entre paranthèses après l'abréviation d/p et d/a le mot «inkasso» dans le premier cas et le mot «credit» dans le second.

## 4.3 Le fonctionnement de la remise documentaire

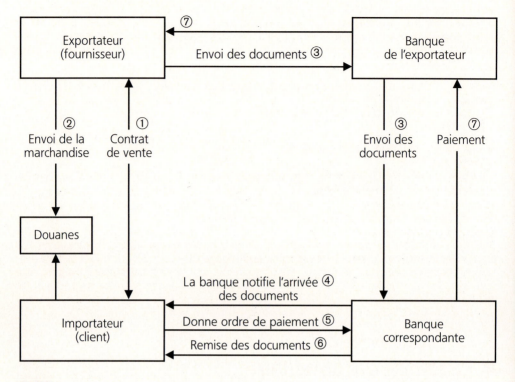

**fig. K11**

### 4.3.1 En cas de condition de paiement d/p

Un exportateur allemand vend des machines à un importateur français. Dans le contrat de vente la condition de paiement d/p a été retenue. L'exportateur remet les machines à un transporteur à la date convenue. Il demande à sa banque de transmettre les documents à la banque de l'importateur. Dès que cette dernière a reçu les documents, elle en informe l'importateur. Celui-ci peut vérifier la marchandise si celle-ci est déjà arrivée en douane. Si elle n'est pas encore là, il court un risque, car les documents doivent être levés par l'importateur dès de leur première présentation. L'importateur effectuera donc un ordre de paiement au bénéfice de l'exportateur et la banque lui remettra les documents lui permettant de retirer les marchandises en douane.

### 4.3.2 En cas de condition de paiement d/a

Si la remise documentaire est prévue «d/a», c.-à-d. contre acceptation d'un effet, la banque agira comme précédemment, mais ne remettra les documents que contre l'effet prévu.
Mais c'est l'importateur qui accepte l'effet et non la banque. La garantie est ainsi assez faible.

**Remarque:**

Le règlement n'est effectué par l'importateur qu'après le transport de la marchandise jusqu'au lieu de destination. En plus l'exportateur court un risque que l'importateur n'accepte plus pour n'importe quelle raison les documents présentés par la banque correspondante.

# 5. Le crédit documentaire

## 5.1 Définition

Le crédit documentaire est un engagement écrit, pris par la banque de l'acheteur et sur la demande de celui-ci, pour payer dans un délai donné et contre remise de certains documents une somme donnée, contre-valeur d'un achat. Ce paiement peut être effectué directement ou sous la forme d'un effet tiré sur la banque de l'acheteur.
Un crédit documentaire doit reposer sur un contrat de vente détaillé et précis. Les «Nouvelles règles et usances uniformes relatives aux crédits documentaires» (RUU), brochure n° 400 de la Chambre de Commerce Internationale de Paris, ont été révisées en 1983. Les nouvelles règles appliquées depuis le 1er octobre 1984 prévoient que le crédit documentaire peut être utilisé pour des marchandises mais aussi, fait nouveau, pour des services ou toute autre prestation.

## 5.2 Le fonctionnement du crédit documentaire

Un exportateur Y dans un pays B vend une marchandise à un importateur X dans un pays A. Les deux partenaires ne se connaissent pas. Etant donné la somme élevée en cause et l'éloignement des contractants, le contrat prévoit que le paiement s'effectuera par crédit documentaire irrévocable (voir page 272).
Le souci principal de l'exportateur est d'obtenir le paiement de ses marchandises, celui de l'importateur de recevoir une marchandise conforme au contrat d'achat. Pour y remédier, ils font appel à un institut de crédit qui représentera aussi bien les intérêts de l'importateur que ceux de l'exportateur. Le crédit documentaire est réglementé par les «Règles et usances uniformes relatives aux crédits documentaires» de la CCI qui définissent entre autres les points que la banque devra faire respecter.

### 5.2.1 Ouverture et notification d'ouverture du crédit documentaire

Le processus du crédit documentaire se déroule comme suit (voir aussi fig. K 12):
1. L'exportateur et l'importateur signent un contrat commercial. Dans les conditions de paiement figure la clause d/a (crédit).
2. L'importateur (le donneur d'ordre) demande l'ouverture d'un crédit documentaire auprès de sa banque (la banque émettrice). Il peut le faire de la manière suivante:
«Je désirerais par ordre et pour compte de moi-même que vous ouvriez chez l'un de vos correspondants dans tel pays, un crédit documentaire de tel montant en faveur de Monsieur UNTEL, contre remise de tels documents.»[1]
3. La banque de l'importateur, munie d'un tel ordre, s'adresse à une banque correspondante appelée aussi banque notificatrice dans le pays de l'exportateur et lui transmet l'ordre de son client.

---
[1] Banque Paribas, Les opérations documentaires, Centre de formation, Paris Octobre 1985, p. 9.

La banque peut utiliser le texte suivant:
«Nous ouvrons d'ordre de notre client ..., en faveur de Monsieur UNTEL, un crédit documentaire qui sera utilisable sur vos caisses, contre remise d'un certain nombre de documents et nous fixons les dates limites de validité du crédit du ... au ...»[1])

4. Quand la banque correspondante a reçu cette lettre, elle peut adresser une notification d'ouverture du crédit documentaire au bénéficiaire. On dit que le crédit documentaire est «logé». Souvent la banque précise dans sa notification, que le crédit n'est pas confirmé et que la banque ne prend aucun engagement garantissant le paiement de ce crédit documentaire. Il en est autrement quand le crédit documentaire est confirmé et irrévocable (voir page 272).

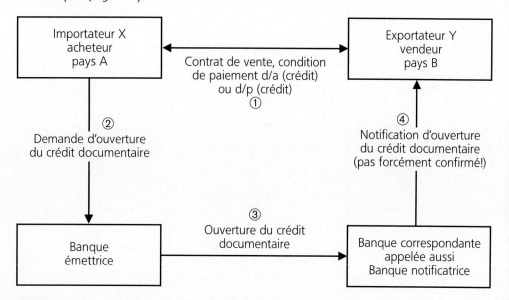

**fig. K12**

### 5.2.2 Circuit des documents et des paiements

5. L'exportateur entreprend la fabrication des marchandises ou leur expédition. Si le transport se fait par bateau, la marchandise sera remise au capitaine qui délivrera un connaissement en échange.
6. L'exportateur remettra le connaissement et les autres documents commerciaux comme la facture, la police d'assurance, les documents complémentaires (voir chapitre «Les documents concernant le transport et la douane») à la banque correspondante.
7. La banque correspondante contrôle de façon très précise si les documents remis correspondent bien à ceux prévus au contrat.
8. Dans l'affirmative, la banque correspondante paie la somme correspondante au crédit documentaire à l'exportateur.
9. + 10. La banque correspondante établit un avis de paiement qu'elle transmet avec les documents à la banque de l'importateur.
11. + 12. Celle-ci transmet les documents à l'importateur et le prie de lui rembourser la somme correspondante.
13. Maintenant l'importateur peut retirer sa marchandise à l'aide des documents à la douane.

---

[1]) Banque Paribas, Les opérations documentaires, Paris 1985, p. 9.

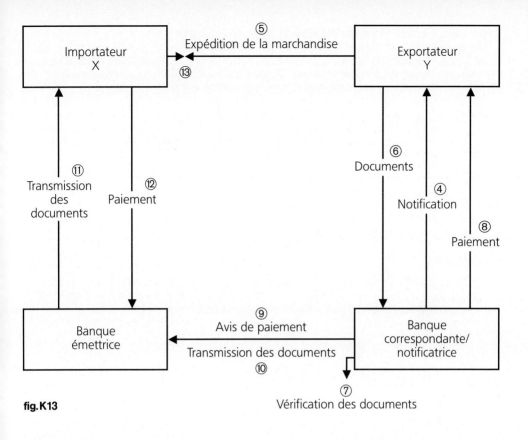

**fig. K13**

## 5.3 Les différentes modalités d'utilisation du crédit documentaire

### 5.3.1 Procédure: documents contre paiement d/p (crédit)

L'exportateur peut réclamer le paiement immédiat des marchandises contre présentation des documents dans les délais de validité du crédit. La banque correspondante contrôle les documents remis et c'est seulement lorsqu'**elle** les jugera corrects qu'elle paiera le vendeur. Lorsque le paiement est effectué, la banque émettrice recevra un avis de paiement de la banque correspondante, soit par courrier, soit par télex. Elle pourra alors débiter le compte de son client.

### 5.3.2 Procédure: paiement différé d/p (crédit)

Dans ce cas, la banque prend l'engagement de payer la somme prévue au contrat à une date ultérieure à celle de la levée des documents sans qu'il y ait acceptation d'effet.
Par exemple: on se met d'accord pour un paiement à 90 jours après la levée des documents

- soit avec le simple engagement irrévocable de la banque émettrice,
- soit en vertu de la confirmation de la banque correspondante.

La banque correspondante pourra consentir à l'exportateur **une avance en compte** jusqu'à l'échéance fixée au crédit documentaire. Dans un tel cas le crédit documentaire devient un véritable «aval» garantissant le règlement sans avoir utilisé une lettre de change.[1])

### 5.3.3 Procédure: documents contre acceptation d/a (crédit)

Dans ce cas il s'agit aussi d'un paiement à une échéance convenue. Le vendeur (l'exportateur) accorde à son acheteur (l'importateur) un certain délai de paiement.
La banque correspondante est obligée de vérifier si les documents sont conformes aux termes du crédit documentaire. Si les documents présentés par l'exportateur correspondent aux exigences, la banque émettrice acceptera une traite tirée par l'exportateur sur elle-même.
En vertu de cette lettre de change, l'exportateur peut obtenir un crédit d'escompte, c.-à-d. que l'exportateur peut vendre une telle lettre de change à une banque.

### Remarque:

Le crédit documentaire permet déjà un paiement par la banque correspondante avant que la marchandise arrive au lieu de destination et en plus l'exportateur ne court aucun risque que l'importateur n'accepte plus les documents présentés par la banque émettrice.

## 5.4 Les différents types de crédits documentaires

### 5.4.1 Le crédit documentaire révocable et irrévocable

Selon l'article 7 des «Règles et usances uniformes relatives aux crédits documentaires», un crédit documentaire peut être révocable ou irrévocable. Si aucune mention n'est portée sur le contrat, il s'agit d'un crédit révocable. Selon l'article 9 un crédit révocable peut être annulé ou modifié par la banque émettrice à tout moment. Le crédit documentaire révocable n'assure donc aucune garantie à l'exportateur et il est donc peu utilisé.
Selon les RUU article 10a, un crédit documentaire irrévocable offre plus de sécurité, car il ne peut pas être modifié ou annulé sans l'accord du vendeur.
La banque correspondante peut informer l'exportateur de l'ouverture d'un crédit irrévocable:
1. Par notification.
   Dans ce cas il s'agit d'un crédit documentaire irrévocable et notifié.
2. Par confirmation.
   Cette confirmation constitue un engagement ferme de paiement de la part de cette banque. On parle d'un crédit irrévocable et confirmé.

### 5.4.2 Le crédit documentaire transférable

Selon les RUU article 54 le premier bénéficiaire peut désigner un ou plusieurs seconds bénéficiaires. On parle dans ce cas de crédit documentaire transférable.
«Selon les RUU, le crédit documentaire n'est transférable qu'une seule fois; par conséquent, le second bénéficiaire ne peut pas le transférer à un troisième bénéficiaire. En revanche, le premier bénéficiaire peut transférer différentes tranches du montant total du crédit à plusieurs seconds bénéficiaires, notamment s'il achète la marchandise auprès de plusieurs fournisseurs.»[2])

---
[1]) Voir aussi Grivet, Jacques, Les opérations documentaires, Banque Paribas, Paris 1986, p. 31–32.
[2]) Rowe, Michael, Le crédit documentaire: cas spéciaux, MOCI, n° 712/19 Mai 1986, Paris.

### 5.4.3 Le crédit documentaire revolving

Si un importateur travaille de façon regulière avec un exportateur, il peut demander à sa banque l'ouverture d'un crédit documentaire revolving. Il s'agit d'un crédit documentaire irrévocable qui se renouvelle régulièrement soit dans le temps soit du point de vue «valeur». Le crédit documentaire revolving peut être cumulatif, c.-à-d. que les sommes non utilisées pour une période donnée peuvent l'être pendant les périodes suivantes. Dans le cas contraire, on dit qu'il est non-cumulatif.

### 5.4.4 Le crédit documentaire back-to-back

Si le vendeur achète de la marchandise auprès d'un fournisseur et qu'il n'a pas obtenu de son client un crédit documentaire transférable, il demande à sa banque d'émettre un contre-crédit documentaire en faveur de son fournisseur, dont les documents requis s'intègrent à ceux qui sont nécessaires pour l'ouverture du premier crédit documentaire.

### 5.4.5 Le crédit documentaire red clause

La mention «red clause» permet à l'exportateur d'obtenir de la banque notificatrice ou confirmatrice des avances avant la présentation des documents. Le montant de l'avance doit être précisé par le donneur d'ordre. On l'appelle crédit documentaire red clause parce qu'à l'origine la mention était portée à l'encre rouge.

# 6. Le rachat de créances

## 6.1 L'affacturage (le factoring)

### 6.1.1 Définition

L'affacturage est l'achat par un intermédiaire spécialisé, appelé «factor», de l'ensemble des créances commerciales d'un fournisseur.
La signature d'un contrat de vente ne peut se faire sans l'accord du factor. Le factor prend à sa charge le risque d'insolvabilité de l'acheteur ainsi que le risque de non paiement à l'échéance.
Les sociétés d'affacturage disposent de filiales dans les différents pays où elles travaillent.

### 6.1.2 La technique de l'affacturage (voir fig. K 14)

La société d'affacturage paie au fournisseur après contrôle la contre-valeur de la marchandise livrée, déduction faite de la commission d'affacturage (0,5 – 2,5% du chiffre d'affaires), des intérêts et de 10% du montant de la facture comme garantie en cas de réclamations de l'acheteur. Cette garantie sera reversée au fournisseur si le client n'a fait aucune réclamation dans les délais prévus au contrat.

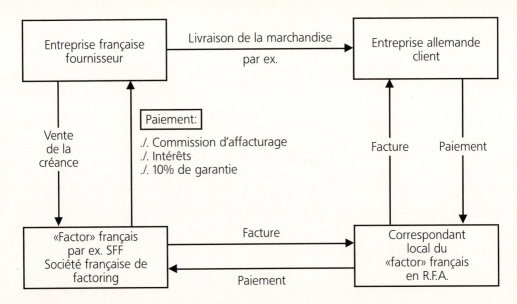

**fig. K14**

## 6.2 La vente à forfait (le rachat forfaitaire, le forfaitage)

### 6.2.1 Définition

Le forfaitage est l'achat de créances sur un client étranger par un intermédiaire spécialisé, appelé forfaiteur. L'achat de la créance s'effectue moyennant un forfait pour le coût de l'escompte et le risque étranger.

### 6.2.2 La technique du forfaitage (voir fig. K 15)

1. Un exportateur signe un contrat de vente et de paiement avec un acheteur étranger. Les conditions de paiement prévoient la remise d'une traite ou d'un billet à ordre. L'expéditeur exige comme garantie l'aval d'une grande banque ou une acceptation bancaire pour le paiement de l'effet de commerce.
2. Il se tourne ensuite vers un forfaiteur et lui vend son effet de commerce sans recours.
3. Les marchandises sont livrées. Le financement à forfait n'intervient qu'après la livraison de la marchandise.
4. Dès que l'exportateur a obtenu la lettre de change/le billet à ordre, il la/le remet au forfaiteur après l'avoir endossé(e) sans garantie. Cet endossement à forfait (sans garantie) le libère de tout recours ultérieur contre lui.
5. Le forfaiteur paie la lettre de change après avoir déduit une commission d'engagement et une prime de risque qui forment la commission du forfaitage. L'exportateur n'a donc pas de risques à supporter pour des variations de change ou des difficultés de transfert.
6. A la date prévue, le forfaiteur présente à l'importateur l'effet de commerce. Celui-ci paie.

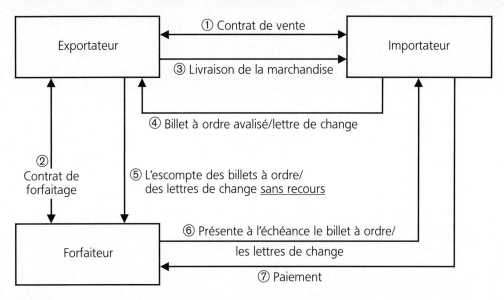

**fig. K15**

# 7. Exercices

## 7.1 Compréhension et commentaires

1. Quelles sont les mentions obligatoires qui doivent figurer sur un chèque?
2. Quelles sont les limites de validité d'un chèque dans le temps?
3. Peut-on utiliser en France un chèque barré de la même manière qu'en R.F.A.?
4. Enumérez les différents types de chèques que vous connaissez!
5. Qu'appelle-t-on chèque certifié?
6. Quelle différence y a-t-il entre un chèque certifié et un chèque visé par une banque?
7. Qu'appelle-t-on virement indirect?
8. Quand est-il recommandable d'effectuer des paiements internationaux par voie postale?
9. Quelle différence y a-t-il entre un virement télégraphique et un virement S.W.I.F.T.?
10. Que faut-il faire pour que le bénéficiaire d'un virement bancaire n'ait pas à en supporter les frais?
11. Qu'appelle-t-on lettre de change?
12. Quelles mentions doivent figurer sur une lettre de change?
13. Expliquez ce que vous comprenez par «aval»!
14. Que faites-vous pour avaliser un document?
15. Quelles sont les possibilités que vous offre une lettre de change?
16. Qu'appelle-t-on l'endossement?
17. Si le tiré ne peut honorer une traite, que fait le tireur en France?
18. Dans quelle langue doit être libellée une traite tirée sur l'étranger?
19. Qu'est-ce qu'un billet à ordre?
20. Quelle différence y a-t-il entre une lettre de change et un billet à ordre?

21. Quelle différence faites-vous entre la remise documentaire et le crédit documentaire?
22. Définissez le crédit documentaire!
23. Qui est le tiré dans un effet de commerce courant et qui est le tiré dans un crédit documentaire d/a (crédit)
24. Qu'est-ce qu'un crédit documentaire irrévocable et confirmé?
25. Enumérez la liste des documents pouvant intervenir dans un crédit documentaire!
26. Quels types de crédit documentaire connaissez-vous? Décrivez-les!
27. Quelle différence y a-t-il entre l'affacturage et le forfaitage?

## 7.2 Dictée

### L'origine du crédit documentaire

Autrefois, la durée du transport entre les pays était longue. Un importateur français pouvait attendre sa marchandise pendant plusieurs mois.
De même un banquier étranger qui avançait des fonds à un exportateur ne recevait le règlement de sa créance, de la part du banquier de l'importateur que dans un délai au moins égal à celui du transport de la marchandise.
Pour couvrir ce risque, les banquiers prenaient un gage sur la marchandise en se faisant remettre, à leur nom, les documents représentant cette marchandise ainsi que le certificat d'assurance.
Ainsi est né le crédit documentaire, introduit dans la technique des banques et du commerce international à la fin du 19e siècle.

Extrait de: Banque Paribas, Les opérations documentaires,<br>Centre de formation, Paris 1985, p. 3

### Le chèque sans provision

Près de 4,5 milliards de chèques ont été émis en France en 1984. Ce volume fait du chèque le moyen de paiement de très loin le plus utilisé dans les transactions quotidiennes.
Mais, dans le même temps, près de 3 millions de chèques sans provision ont été émis. Et actuellement, près de 700.000 personnes sont sous le coup d'une interdiction d'émettre des chèques.
Dans un grand nombre de cas, les chèques sans provision étaient la conséquence de négligences ou d'imprudences de la part des émetteurs (tireurs) qui pouvaient être facilement évitées.
C'est la raison pour laquelle les pouvoirs publics et la profession bancaire ont récemment assoupli la réglementation du chèque, notamment en portant à un mois la période de régularisation des chèques impayés pour permettre aux personnes négligentes ou imprudentes de réparer plus sûrement leur erreur et en facilitant et en élargissant le recours des personnes victimes de chèque sans provision.

Extrait de: Le chèque sans provision, Association Française<br>des Banques (AFB), Paris 1986, p. 2

### Compréhension et commentaires

1. Comment est né le crédit documentaire?
2. Quelles sont les formes de gage que vous connaissez?
3. Qu'est-ce qu'un chèque «sans provision»?
4. Pourquoi le gouvernement français a-t-il modifié la réglementation concernant les chèques «sans provision»?

## 7.3 Traductions

### 7.3.1 Version

Les cartes de paiement

**Carte accréditive** (carte de paiement)

Carte de retrait dans les distributeurs de billets, de paiement chez les commerçants, ou de paiement et de retrait permettant à son titulaire d'utiliser également les services offerts par l'émetteur de la carte (par exemple la consultation du solde, etc.)

**Carte à mémoire** (ou carte «à puce»)

Carte accréditive dont les informations concernant l'identification du titulaire ainsi que les informations relatives aux opérations effectuées sont inscrites, sous forme codée, dans un micro-processeur. Cette technologie permet d'élargir la gamme des services offerts (paiement dans les téléphones publics, paiement à distance, etc.)

**Carte à piste** (ou carte magnétique)

Carte accréditive dont les informations concernant l'identification du titulaire sont inscrites, sous forme codée, sur une ou plusieurs pistes magnétiques.

**Carte mixte**

Carte accréditive dont les informations concernant l'identification du titulaire sont inscrites sous forme codée, à la fois sur piste magnétique et dans un micro-processeur. Cette carte permet à la fois de développer la technologie de la carte à mémoire et de continuer à utiliser les distributeurs automatiques de billets et les terminaux.[1]

Extrait de: Lexique bancaire, Association Française des Banques, Paris 1986, p. 5/6

**Distributeur automatique de billets (D.A.B.)**

Ordinateur placé dans un lieu public: il permet à un client, à l'aide de sa carte et grâce à son code personnel et confidentiel, de retirer de l'argent. Les sommes ainsi retirées (dans la limite d'un plafond [maximum qu'on ne peut dépasser] hebdomadaire) sont ensuite portées au débit du compte de ce client.

**Guichet automatique de banque (GAB)**

Distributeur automatique de billets qui permet également au client, à l'aide de sa carte et grâce à son code individuel et confidentiel, d'effectuer un certain nombre d'opérations sur son compte (consultation de solde, commande de chéquier, etc.).

Extrait de: Lexique bancaire, Association Française des Banques, Paris 1986, p. 11/13

---

[1] Terminal-point de vente (T.P.V.) = Ordinateur placé chez un commerçant et relié avec les banques, qui permet le paiement direct par carte bancaire (carte de paiement). Le client remet sa carte au commerçant qui l'introduit dans le terminal-point de vente. Le client compose alors son code confidentiel sur un clavier indépendant.

### Compréhension et commentaires

1. Quels avantages offrent les cartes de paiement?
2. Pourquoi ne parle-t-on plus en France de carte de crédit, mais de carte de paiement?
3. On connaît aujourd'hui quatre types de cartes de paiement. Lequel est appelé à se développer?

### 7.3.2 Thème

## So „bezahlt" man mit Wechsel

Ein Kaufmann kauft von einer Fabrik Fahrräder, möchte sie aber erst dann bezahlen, wenn er nach dem Wiederverkauf flüssige Mittel in der Kasse hat. Die Fabrik kann in diesem Fall einen Wechsel auf ihren Kunden ausstellen, der erst zu einem späteren Zeitpunkt (z. B. nach 90 Tagen) fällig wird. Der Kaufmann verpflichtet sich durch seine Unterschrift (Akzept), die Wechselsumme an einem bestimmten Tag zu zahlen. Der Wechsel ist demnach nicht nur ein Zahlungs-, sondern auch ein Kreditmittel.

Möchte die Fabrik schon vor dem Fälligkeitstag das Geld für die Fahrräder erhalten, dann übergibt sie den Wechsel für eigene Verbindlichkeiten an andere Geschäftspartner. In der Regel wird sie aber die Urkunde an ein Kreditinstitut verkaufen: Sie gibt den Wechsel zum Diskont. Das Kreditinstitut schreibt der Fahrradfabrik den Gegenwert des Wechsels unter Abzug der Wechselzinsen (des sogenannten Diskonts) und der Spesen auf deren Girokonto gut. Das Kreditinstitut kann nun seinerseits den Wechsel an die Deutsche Bundesbank zu einem festgesetzten Satz (Diskontsatz) weiterverkaufen.

Quelle: Dr. Ulrich Fritsch, Wirtschaft auf einen Blick, Daten, Fakten und Funktionen, Bank Verlag, Köln, 1981, S. 135

## Elektronische Dienstleistung für private Kunden

Um die Bargeldbeschaffung für die Kleineinkäufe des täglichen Lebens zu erleichtern, ist das Bankgewerbe dazu übergegangen, Geldautomaten in Bankgebäuden und auch an öffentlich zugänglichen Stellen zu installieren. Die in der BRD inzwischen eingeführte neue Generation von Geldautomaten gestattet neben Barabhebungen bis zu 2.000 DM innerhalb 24 Stunden auch Kontostandsabfragen und drei verschiedene Überweisungen an vorher festgelegte Konten. Die Funktion des Ausweises hat dabei die Eurocheque(ec)-Karte übernommen, von der bundesweit 18 Millionen Stück ausgegeben sind. Mit einem codierten Magnetstreifen ist sie – die gleichzeitig als Legitimationskarte im eurocheque-Verkehr dient – damit zu einer „Multifunktionskarte" geworden.

Quelle: Bayerische Vereinsbank, Oft verwendet – kurz erklärt, München, 12. Auflage 1986, S. 86

## 7.4 Pratique de communication

1. Comme moyen de paiement, il a été convenu d'employer un chèque. Votre chef vous demande d'appeler la société Dubois en France et de lui demander si le paiement doit être fait avec un chèque tiré sur le compte de l'entreprise ou bien par un chèque établi par une banque.
2. Votre employeur vous demande de lui faire part de votre expérience avec les nouvelles cartes de paiement et les cartes télécommunications (voir page 277 et page 130).
3. Un de vos correspondants vous demande au téléphone de lui expliquer comment effectuer un virement postal pour la France. Répondez-lui brièvement en lui précisant les points essentiels.
4. Préparez une circulaire pour vos correspondants français en leur expliquant que votre banque allemande est reliée au système S.W.I.F.T. et que les virements qui vous sont destinés, doivent être versés sur le compte n°. COBA DE DD 380 (Commerzbank Bonn). Expliquez-leur les avantages du système S.W.I.F.T.
5. Expliquez à la vue du tableau de la page 260 comment fonctionne un virement S.W.I.F.T. de Cologne à Marseille.

# 8. Lexique: Le règlement

## Le chèque

**le chèque**  Scheck
**l'écrit (m)**  Schriftstück
**le tireur**  Aussteller
**le tiré**  Bezogener
**le porteur**  Inhaber/Überbringer
**le bénéficiaire**  Scheckinhaber
**le compte chèques**  Scheckkonto
**la provision (d'un chèque)**  Deckung
**les mentions obligatoires**  gesetzliche Bestandteile
**insérer**  einsetzen
**le mandat de faire qc.**  Anweisung, etwas zu tun
**le lieu de création du chèque**  Ausstellungsort des Schecks
**la date de création du chèque**  Ausstellungsdatum des Schecks
**le délai de présentation à l'encaissement**  Vorlegefrist für die Scheckeinlösung
**payable à vue**  zahlbar bei Sicht
**le chèque au porteur**  Inhaberscheck
**le chèque à ordre**  Orderscheck
**l'endossement (m)**  Weitergabevermerk
**le chèque barré**  gekreuzter Scheck/Verrechnungsscheck
**au recto**  auf der Vorderseite
**à barrement général**  mit einfacher Kreuzung
**à barrement spécial**  mit besonderer Kreuzung
**irrégulier, ière**  regelwidrig, vorschriftswidrig
**être passible de qc.**  mit etwas belegt werden, etw. erhalten
**l'amende (f)**  Geldstrafe
**la peine d'emprisonnement**  Gefängnisstrafe
**postdater**[1]  vordatieren
**le contrôle des changes**  Devisenkontrolle
**l'émission (d'un chèque)**  Scheckausstellung
**la banque tirée**  bezogenes Kreditinstitut

**approvisionner un compte**  Konto mit Deckung versehen
**le chèque de banque**  Bankorderscheck
**la banque émettrice**  Bank, die den Scheck ausstellt/Absenderbank
**le risque de variation du taux de change**  Wechselkursrisiko
**le chèque avalisé**  avalierter Scheck (der mit einer Bürgschaft versehene Scheck)
**bon pour aval**  per Aval/als Bürge
**l'aval (m)**  Bürgschaft
**le tiers**  Dritter
**le tampon**  Stempel
**le chèque certifié**  bestätigter Scheck
**le chèque visé**  „beglaubigter" Scheck (der mit einem Sichtvermerk versehene Scheck)
**sauf bonne fin (S.B.F.), sous réserve d'encaissement du chèque**  Eingang vorbehalten
**le chèque de caisse**  Barauszahlungsformular
**détaché de**  abgetrennt, losgelöst von
**le carnet (de chèques)**  Scheckheft
**le titulaire d'un compte**  Kontoinhaber
**retirer de l'argent**  Geld abheben
**le chèque en blanc**  Blankoscheck

## Le virement

**le virement**  Überweisung
**le jeu d'écritures**  Buchungssatz
**la liasse**  Durchschreibeformular
**superposé, e**  übereinandergelegt
**l'ordre (m) de virement**  Überweisungsauftrag
**l'avis (m) de débit**  Lastschriftanzeige
**l'avis (m) de crédit**  Gutschriftanzeige
**le donneur d'ordre**  Auftraggeber
**muni, e de**  versehen mit
**le cachet**  Stempel
**la confiance réciproque**  gegenseitiges Vertrauen
**l'inconvénient (m)**  Nachteil
**réellement**  wirklich
**la banque réceptrice**  Empfängerbank

---

[1] Chèque postdaté: il consiste à porter sur le chèque une date postérieure à celle de son émission

**le relevé d'identité bancaire (R.I.B.)** Bankidentitätsnachweis (Name des Inhabers, Name der Bank, Code der Filiale, Kto.-Nr. Bankleitzahl etc.)
**de compte à compte** von Konto zu Konto
**la banque bénéficiaire** begünstigte Bank
**emprunter des circuits intermédiaires** Zwischenverbindungen benutzen
**grever de qc.** mit etw. belasten
**tiers, tierce** adj. dritter, dritte, drittes
**prélever** abziehen
**l'établissement (m) de crédit** Kreditinstitut
**l'intermédiaire agréé** Bank bzw. Kontrollorgan für die devisenrechtlich korrekte Abwicklung im Auslandszahlungsverkehr
**la commission de transfert** Überweisungsprovision
**au fur et à mesure que** je nachdem
**l'acheminement (m)** Beförderung
**le virement télex** per Fernschreiber ausgeführte Überweisung
**acheminer** befördern
**le virement S.W.I.F.T.** SWIFT-Überweisung
**le centre de commutation S.W.I.F.T.** SWIFT-Schalt-(Rechen)Zentrum
**Leyde** Leiden (Stadt in Holland)
**le poste centralisateur** nationaler Konzentrator
**compétent, e** zuständig
**la ligne principale** Hauptleitung
**la ligne de réserve** Ersatzleitung
**les données (f)** Daten
**enregistrer** hier: speichern
**le réceptionnaire** Empfänger
**l'émetteur (m)** Absender
**être en dérangement** gestört sein
**relier** verbinden
**crypter** verschlüsseln
**l'ordinateur (m)** Computer
**la clé** Schlüssel
**l'authenticité (f)** Echtheit, Unverfälschtheit
**normaliser** normen, vereinheitlichen
**fiable** adj. zuverlässig
**la détection** Anzeigen, Aufspüren
**l'erreur (f)** Irrtum
**S.A.G.I.T.T.A.I.R.E.** Système automatique de gestion intégrée par télétransmission de transactions avec imputation de règlements «étranger». unter einheitlicher Leitung stehendes Datenfernübertragungssystem für den Auslandszahlungsverkehr der Banken
**centre de commutation** Rechenzentrum

## Les effets de commerce

**les effets (m) de commerce** Handelswechsel
**la lettre de change** Wechsel
**la traite** Wechsel, Tratte (beide Begriffe werden im Französischen synonym gebraucht)
**le billet à ordre** Solawechsel, Eigenwechsel
**le warrant** Lagerschein
**l'émission (f)** Ausstellung
**la dénomination** Bezeichnung
**l'échéance (f)** Fälligkeit
**le bénéficiaire** hier: Wechselnehmer
**la date et le lieu de création** Ausstellungsdatum und Ausstellungsort
**l'acceptation (f)** Annahme
**accepté** angenommen
**de manière irrévocable** auf unwiderrufliche Art und Weise
**le timbre fiscal** Steuermarke
**domicilier** zahlbar stellen
**l'échéance à jour fixe** Fälligkeit ist kalendermäßig genau bestimmt (Tagwechsel/Datumswechsel)
**l'échéance (f) à un certain delai de date** Fälligkeit ist kalendermäßig nicht genau bestimmt (Datowechsel/Zeitwechsel)
**l'échéance à un certain délai de vue** Fälligkeit nach Sicht (Nachsichtwechsel)
**l'échéance à vue** Fälligkeit bei Sicht (Sichtwechsel)
**l'avaliste (m)** Bürge
**l'obligation (f)** Verpflichtung
**la suspicion** Verdacht
**la domiciliation** Domizilierung
**le domiciliataire** Zahlstelle
**l'emploi (m)** Verwendungsmöglichkeit
**encaisser** einlösen
**la dette** Schuld
**endosser** indossieren, mit einem Weitergabevermerk versehen
**faire escompter une traite auprès d'une banque** einen Wechsel bei einer Bank diskontieren lassen
**l'escompte (m)** Diskont
**la commission** Provision

**les taxes (f)** Gebühren
**le solde** hier: Barwert
**conserver** aufheben
**l'agio (m)** Auf-/Abschlag
**l'endosseur (m)** Indossant/Girant
**l'endossataire (m)** Indossatar/Girat
**l'encaissement (m)** hier: Einzug/Inkasso
**la circulation de la lettre de change** Weitergabe des Wechsels
**l'endossement (m)** Indossament/ Weitergabevermerk
**l'endossement translatif de propriété** Indossament mit eigentumsübertragender Wirkung
**l'endossement complet** Vollindossament
**l'endossement en blanc** Blankoindossament
**le verso** Rückseite
**coller** kleben
**l'allonge (f)** Verlängerung des Wechselformulars
**solidairement** solidarisch, gesamtschuldnerisch
**faire face à ses obligations** seinen Zahlungsverpflichtungen nachkommen
**proroger l'échéance** Laufzeit (Fälligkeit) des Wechsels verlängern
**se trouver en circulation** sich im Umlauf befinden
**l'avance (f) de fonds** Vorschuß
**la traite de remplacement** Ersatzwechsel
**couvrir** decken
**dresser un protêt** Wechselprotest erheben
**la justification** Rechtfertigung
**le porteur** Wechselberechtigter
**négligent** nachlässig
**poursuivre qn. en justice** jn. gerichtlich belangen, hier: Wechselklage erheben
**sans frais** ohne Kosten
**sans protêt** ohne Protest
**l'effet (m) de complaisance** Gefälligkeitswechsel
**mettre qc. à la disposition de qn.** jm. zur Verfügung stellen
**l'effet croisé** «gekreuzter» Wechsel
**de façon frauduleuse** in betrügerischer Absicht
**négocier** hier: an die Bank verkaufen
**le tirage en l'air** „Kellerwechsel" ziehen
**la personne fictive** fiktive (erfundene) Person

**condamner** verurteilen
**les effets de cavalerie** Wechselreiterei
**l'incompréhension (f)** Unverständnis
**le vice de forme** Formfehler
**la législation en vigueur** gültige Rechtsprechung
**le souscripteur** Unterzeichner
**s'engager à faire qc.** sich verpflichten, etwas zu tun
**transmissible** übertragbar
**la promesse de payer** Zahlungsversprechen
**se confondre** hier: übereinstimmen
**le prêt** Kredit
**les ventes (f) à tempérament** Teilzahlungsverkäufe

## La remise documentaire

**la remise documentaire** Dokumenteninkasso
**les règles et usances uniformes relatives aux remises documentaires (RUU)** einheitliche Richtlinien für das Inkasso von Handelspapieren (ERI)
**la remise documentaire contre acceptation d'un effet** Dokumente gegen Akzept „D/A inkasso"
**la remise documentaire contre paiement comptant** Dokumente gegen Kasse „D/P inkasso"
**donnant donnant** Zug um Zug

## Le crédit documentaire

**le crédit documentaire** Dokumentenakkreditiv
**la prestation** Leistung
**la demande d'ouverture du crédit documentaire** Antrag auf Eröffnung eines Akkreditivs
**la banque émettrice** hier: Akkreditivbank
**la banque correspondante** Akkreditivstelle/Korrespondenzbank
**la banque notificatrice** Akkreditivstelle, welche das Akkreditiv avisiert
**la notification d'ouverture du crédit documentaire** Avisierung des Dokumentenakkreditivs
**l'éloignement (m)** Entfernung
**le contractant** Vertragspartner

**le souci** Sorge
**le processus** Vorgang/Ablauf
**la validité** Gültigkeit
**loger** unterbringen
**confirmé** bestätigt
**irrévocable** unwiderruflich
**la vérification** Überprüfung
**la transmission** Weitergabe
**dans l'affirmative** wenn ja, zutreffendenfalls
**l'avis (m) de paiement** Zahlungsanzeige
**le paiement différé d/p (crédit)** Auszahlungsakkreditiv mit hinausgeschobener Zahlung (defferred-payment-Akkreditiv)
**la levée des documents** Annahme der Dokumente
**en vertu de** kraft, vermögens, auf Grund
**l'avance (f) en compte** Vorschuß
**le crédit d'escompte** Diskontkredit
**révocable** widerruflich
**modifier** abändern
**annuler** annulieren
**l'accord (m)** Zustimmung
**la notification** Mitteilung, Notifikation hier: Benachrichtigung des Begünstigten, daß ein Akkreditiv eröffnet worden ist. Nicht zu verwechseln mit „Notifikation" beim Wechsel!
**la confirmation** Bestätigung
**l'engagement ferme de paiement** festes Zahlungsversprechen
**le crédit documentaire transférable** übertragbares Dokumentenakkreditiv
**le premier bénéficiaire** Erstbegünstigter
**le second bénéficiaire** Zweitbegünstigter
**la tranche du montant total** Teilbetrag
**notamment** insbesondere
**le credit documentaire revolving** revolvierendes Dokumentenakkreditiv
**cumulatif** kumulativ (sich anhäufend)
**non-cumulatif** nicht-kumulativ
**le crédit documentaire back-to-back** Back-to-back Akkreditiv/Gegenakkreditiv
**le contre-crédit documentaire** Gegenakkreditiv
**le crédit documentaire red clause** Red clause Akkreditiv

## Le rachat de créances

**le rachat de créances** Kauf von Forderungen

**l'affacturage (m)** Factoring
**le «factor»** Factor, Factoringinstitut
**le risque d'insolvabilité** Risiko der Zahlungsunfähigkeit
**le risque de non paiement** Forderungsausfallrisiko
**la société d'affacturage** Factoringgesellschaft
**la commission d'affacturage** Factoringprovision
**les intérêts (m. pl.)** Zinsen
**la déduction** Abzug
**la réclamation** Mängelrüge
**reverser** zurückerstatten
**la vente à forfait, le rachat forfaitaire, le forfaitage** Forfaitierung (à forfait = in Bausch und Bogen kaufen)
**le forfaiteur** Forfaiteur
**le forfait** Pauschale
**le coût de l'escompte** Diskontierungskosten
**le risque étranger** Auslandsrisiko
**le contrat de forfaitage** Forfaitierungsvertrag
**le billet à ordre avalisé** von einer Bank verbürgter (avalierter) Solawechsel
**sans recours** ohne Rückgriff/ohne Wechselregreß
**à l'échéance** bei Fälligkeit
**l'acceptation (f) bancaire** Bankakzept
**l'endossement (m) à forfait/sans garantie** Angstindossament (Indossament ohne Haftung)
**libérer qn. de qc.** jm. von etwas befreien
**la commission d'engagement** Delkredereprovision
**la prime de risque** Risikoprämie
**les variations de change** Wechselkursrisiken
**les difficultés de transfert** Transferschwierigkeiten
**avancer des fonds à qn.** jm. einen Vorschuß gewähren
**le gage** Pfand
**être sous le coup de qc.** hier: von etwas betroffen sein
**l'interdiction (f) d'émettre des chèques** Verbot der Scheckausstellung
**la négligence** Nachlässigkeit
**l'imprudence (f)** Unvorsichtigkeit
**le pouvoir public** hier: Staat
**la profession bancaire** Bankgewerbe
**récemment** kürzlich
**assouplir** hier: lockern

**la règlementation du chèque** Scheckgesetz
**la période de régularisation** Regulierungszeitraum (Zeitraum, in dem auf dem Konto für Deckung gesorgt werden muß)
**le chèque impayé** unbezahlter Scheck
**élargir** ausweiten, ausdehnen
**le recours** Regreß
**la victime** Opfer
**la carte de paiement** Bankkarte/Ausweiskarte für bargeldlose Zahlungen (das Konto des Karteninhabers wird unmittelbar belastet)
**la carte de crédit, la carte accréditive** Kreditkarte
**la carte de retrait** Ausweiskarte für die Bargeldabhebung am Geldautomaten
**le distributeur de billets** Geldautomat
**l'émetteur de la carte** Kartenaussteller
**la consultation du solde** Kontostandabfragung
**carte à mémoire, carte «à puce»** Chip-Karte/Ausweiskarte mit Mikroprozessor/Bankkarte
**sous forme codée** in codierter Form
**le micro-processeur** Mikroprozessor
**le paiement à distance** bargeldlose Zahlung mit Hilfe einer Chip-Karte (Bankkarte), z. B. an einer automatisierten Kasse im Einzelhandel

**la gamme des services** Palette, Anzahl der Dienstleistungen
**la carte à piste (magnétique), la carte magnétique** Bankkarte mit Magnetstreifen
**la carte mixte** „Multifunktionskarte". Diese Ausweiskarte verfügt sowohl über einen Mikroprozessor (Chip) als auch über einen oder mehrere Magnetstreifen
**le terminal – point de vente** automatisierte Kassenterminals am Verkaufsort (point of sale) z. B. im Einzelhandel mit Datenübertragung zu den Banken
**le code confidentiel** Geheimnummer/-code
**le clavier indépendant** mit dem terminal-point de vente (T.P.V.) per Kabel verbundene Tastatur
**le distributeur automatique de billets (D.A.B.)** „Bankomat", Geldautomat, Geldausgabegerät
**le guichet automatique de banque (GAB)** „automatischer Bankschalter", Geldausgabegerät mit zusätzlichen Serviceleistungen im Bereich des «electronic banking»
**le chèquier** Scheckheft

# Index

## A

affacturage   273
affréteur   219
Agence France-Presse   27
agent commercial   109
agriculture   63
annuaires généraux   147
appel automatique   125
appel d'offre   154
armateur   219
arrondissement   40
Assemblée Nationale   35
assurance   107
assurance de personnes   108
assurance de responsabilité civile   108
assurance de transport   224
assurance des dommages aux biens   108
assurance maritime   225
attestation de prise en charge   227
attestation de transport
   du transitaire   227
audioconférence   126
audiovisuel   24
auxiliaires du commerce   108
aval   263
avance sur marchandise   102
avarie commune   225
avarie grosse   225
avarie particuliére   225
avis de crédit   256
avis de débit   256

## B

banque   100
banque correspondante   268
banque de données   147
Banque de France   100
banque émettrice   270
banque notificatrice   270
banque tirée   251
Bâtiment-Travaux Public (B.T.P.)   70
bénéficiaire   264
besoin énergétique   61
billet à ordre   265
budget de l'Etat   55
bulletin d'expédition   207
bulletin d'expédition colis express   209

## C

C.A.E.   255
cabotage   97
canton   41
carte à mémoire   277
carte à piste   277
carte de paiement   277
carte mixte   277
carte télécommunication   130
centre de commutation   258
Centre Francais du Commerce
   Extérieur   150
certificat d'origine   239
certificat de circulation EUR 1/ EUR 2   239
certificat de qualité   235
certificat de salubrité   235
certificat phytosanitaire   235
certificat vétérinaire   235
chambre d'agriculture   60
chambre de commerce et
   de l'industrie   60
chambre de métier   60
chargeur   219
charte-partie   222
chèque   249
chèque à ordre   253
chèque au porteur   252
chèque avalisé   255
chèque barré   252
chèque certifié   255
chèque de banque   253
chèque de caisse   255
chèque en blanc   255
chèque non-barré   251
chèque sans provision   276
chèque visé   255
chiffre d'affaires   136
clause d'arbitrage   179
clause de juridiction   198
climat   18
climat continental   18

climat océanique   18
commerce   82
commerce de détail   88
commerce de gros   87
commerce extérieur   92
commissionnaire   108
commune   41
communication spéciale   124
compagnie de transport   99
compte bancaire   101
compte chèque postal (CCP)   257
conditionnement   166
conditions commerciales   139
conditions de paiement   176
conditions générales pour le commerce   140
conférence à trois   125
conférence maritime   242
conformité du produit   135
connaissement   219
connaissement fluvial   211
connaissement net   221
Conseil Constitutionnel   36
Conseil d'Etat   36
Conseil des Prud'hommes   43
Conseil Economique et Social   36
contrat d'assurance   193, 225
contrat d'assurance-crédit   193
contrat de paiement   193
contrat de transport international   193
contrat de vente   189, 193
contrat de vente international   194
convention d'affrètement   213
coopérative   85
Cour des Comptes   36
courtier   109
crédit   101
crédit documentaire   269
crédit documentaire back-to-back   273
crédit documentaire irrévocable   272
crédit documentaire red clause   273
crédit documentaire révocable   272
crédit documentaire revolving   273
crédit documentaire transférable   272
crédit irrévocable et confirmé   272

# D

déclaration en douane   229
dédouanement   229
demande d'offre générale   154

demande d'offre spéciale   154
département   40
désignation de la marchandise   162
distributeur automatique de billets   277
document administratif unique (D.A.U.)   232
document commercial   136
document d'expédition du transitaire   227
domiciliation   263, 264
donnant donnant   267
droit applicable   178

# E

éducation   20
effets croisés   265
effets de cavalerie   265
effets de complaisance   265
emballage   166
endossataire   264
endossement   263
endossement complet   251
endossement simplifié   251
endosseur   264
énergie primaire   61
enseignement primaire   21
enseignement secondaire   21
enseignement supérieur   21
entreprise individuelle   84
entreprise publique   87
escompte   102, 164
euro-chèque   255
évolution démographique   19

# F

facilité de caisse   101
facturation   165
facture commerciale   235
facture consulaire   239
facture douanière   239
facture export   235
facture proforma   239
FBL   227
FIATA-FCT   227
fiche technique   139
fichier d'approvisionnement   146

fichier fournisseurs   147
fichier produits   147
force majeure   176
forfaitage   275
frais de transport   168
fréteur   219

## G

gage   276
guichet automatique de banque   277

## H

hexagone   17

## I

imprimé   229
incoterms maritimes   173
incoterms terrestres   170
indication d'appel en instance   125
industrie agro-alimentaire   65
industrie de biens d'équipement   67
industrie de biens de consommation courante   69
industrie de biens intermédiaire   67
industrie de la construction   69
industrie manufacturière   65
Institute Cargo Clauses   224
intermédiaires agréés   257

## L

lettre de change   261
lettre de transport aérien   222
lettre de voiture fluviale   211
lettre de voiture internationale (L.V.I.)   203
liste de colisage   239

## M

mailing   155
marquage   167

matériel de transport terrestre   68
médiateur   36

## N

navigation au long cours   97
navigation côtière   97
navigation maritime   97
négoce   87
norme   135
notification   270
numéro vert   126

## O

obligation de l'acheteur   191
obligation du vendeur   191
offre   161
ordre de virement   256
organisation ouvrière   61
organisation patronale   59

## P

paiement différé d/p (crédit)   271
périodiques   24
plan   53
politique familiale   20
population active   19
porteur   251
Poste d'Expansion Economique   150
pouvoir central   35
pouvoir judiciaire   41
pouvoir local   36
Premier Ministre   35
Président de la République   35
presse écrite   23
prix   163
produit animal   64
produit intérieur brut   55
Produit National Brut (PNB)   55
produit végétal   64
programme de rendez-vous   155
propriété   190
protêt   264
publi-postage   155

## Q

quotidien  23

## R

rabais  163
rachat de créances  273
récépissée-warrant  102
réductions sur le poids  164
région  38
règlement des litiges  178
relevé d'identité bancaire  257
relief  18
remise  163
remise documentaire  267
renvoi temporaire  125
répondeur téléphonique  126
représentant V.R.P.  110
réserve de propriété  192
réunion-téléphone  126
réveil automatique  125
ristourne  163

## S

salaire  57
sauf bonne fin (S.B.F.)  57
secteur primaire  19
secteur secondaire  19
secteur tertiaire  19
Sénat  35
service télex  125
S.M.I.C.  57
société à responsabilité limitée  84
société anonyme  84
société en commandite par actions  85
société en commandite simple  84
société en nom collectif  84
société privée  84
sondage téléphonique  155
souscripteur  267
Système Harmonisé (S.H.)  232
système S.A.G.I.T.T.A.I.R.E.  258

## T

tarif  139
taxe sur la valeur ajoutée  165
télécopie  125
téléphone  121
télétel  126
terminal-point de vente  277
tirages en l'air  265
tiré  251
tireur  251
titulaire du compte  251
traite simple  261
transport  92
transfert  190
transitaire  243
transport aérien  98, 222
transport fluvial  211
transport maritime  219
transport par bateau  95
transport par chemin de fer  94
transport par route  94
transport terrestre  94, 203
tribunal administratif  44
tribunal d'instance  43
tribunal de commerce  43
tribunal de grande instance  43

## V

vente à forfait  274
vente à tempérament  267
vente par correspondance  91
vice caché  191
virement direct  258
virement indirect  256
virement international bancaire  257
virement international postal  256
virement S.W.I.F.T.  258
virement télex  258
visioconférence  126

## W

warrant  267